BIBLIOTHÈQUE CONTEMPORAINE

C.-A. SAINTE-BEUVE

NOUVELLE

CORRESPONDANCE

AVEC DES NOTES

DE SON DERNIER SECRÉTAIRE

PARIS
CALMANN LÉVY, ÉDITEUR
ANCIENNE MAISON MICHEL LÉVY FRÈRES
RUE AUBER, 3, ET BOULEVARD DES ITALIENS, 15
A LA LIBRAIRIE NOUVELLE

1880

NOUVELLE
CORRESPONDANCE
DE

C.-A. SAINTE-BEUVE

CALMANN LÉVY, ÉDITEUR

OUVRAGES
DE
C.-A. SAINTE-BEUVE
Format grand in-18.

CHATEAUBRIAND ET SON GROUPE LITTÉRAIRE SOUS L'EMPIRE, nouvelle édition, augmentée de notes de l'auteur....................................	2 vol.
CORRESPONDANCE..	2 —
CHRONIQUES PARISIENNES........................	1 —
ÉTUDE SUR VIRGILE, suivie d'une étude sur Quintus de Smyrne, nouvelle édition............................	1 —
PREMIERS LUNDIS...	3 —
LETTRES A LA PRINCESSE, troisième édition.......	1 —
LE GÉNÉRAL JOMINI, deuxième édition............	1 —
MADAME DESBORDES-VALMORE......................	1 —
MONSIEUR DE TALLEYRAND, deuxième édition.....	1 —
NOUVEAUX LUNDIS, deuxième édition..............	13 —
PORTRAITS CONTEMPORAINS, nouvelle édition, revue et très augmentée.................................	5 —
P.-J. PROUDHON, SA VIE ET SA CORRESPONDANCE, cinquième édition...	1 —
SOUVENIRS ET INDISCRÉTIONS. — Le diner du vendredi saint, nouvelle édition.........................	1 —
A PROPOS DES BIBLIOTHÈQUES POPULAIRES.....	Broch.
DE LA LIBERTÉ DE L'ENSEIGNEMENT SUPÉRIEUR	—
DE LA LOI SUR LA PRESSE.............................	—

POÉSIES COMPLÈTES
NOUVELLE ÉDITION REVUE ET TRÈS AUGMENTÉE
Deux beaux volumes in-8°.

NOUVELLE
CORRESPONDANCE

DE

C.-A. SAINTE-BEUVE

AVEC DES NOTES DE SON DERNIER SECRÉTAIRE

PARIS
CALMANN LÉVY, ÉDITEUR
ANCIENNE MAISON MICHEL LÉVY FRÈRES
RUE AUBER, 3, ET BOULEVARD DES ITALIENS, 15.
A LA LIBRAIRIE NOUVELLE

1880

Droits de reproduction et de traduction réserves.

NOUVELLE CORRESPONDANCE

I.

A M. L'ABBÉ BARBE.

(1818)

Mon cher ami,

Je pense sans cesse à toi ; et, étant aussi séparé de mes parents, je ressens plus que jamais le besoin d'un ami, et je n'en puis trouver tel que toi. Je ne puis me rappeler sans une douce sensation ces petites promenades que nous faisions sur le sable, et qui nous délassaient si agréablement le corps et l'esprit. La pension où je suis[1] est, au moins, semblable à celle de M. Blériot ; mais le fils du maître de pension est un excellent jeune homme et ne manque pas de connaissances. Je suis bien content que tu

1. L'Institution Landry, à laquelle Sainte-Beuve avait gardé un inaltérable souvenir.

ne m'aies pas oublié, et je te prie, dès que tu auras fini la lettre, de la remettre à la maison, car j'aurai bien du plaisir à la lire. J'aime beaucoup notre professeur du lycée [1] ; je crois qu'il est impossible de mieux faire une classe que lui. Nous expliquons, en grec, Homère, IIe livre de l'*Iliade*; *Vie de Cicéron*, par Plutarque, et les Évangiles; en latin, Salluste, *Guerre de Jugurtha*; les *Pensées de Cicéron*, et Virgile, IIIe livre, *Énéide*.

Je te donnerai sur notre classe de plus grands détails une autre fois, lorsque je répondrai à ta lettre. Je te conseille de ne pas trop travailler et de te reposer un peu, cette année, des fatigues de la dernière.

B..., qui est avec moi, travaille très bien et a l'air d'aimer l'étude. G..., que nous avons manqué de perdre, commence à se rétablir. Présente mes respects à tes parents et embrasse pour moi tes frères. Je me propose de t'écrire par M. G... et de te souhaiter une heureuse année.

Je t'embrasse; pense quelquefois à ton fidèle ami.

II.

AU MÊME.

Paris, 11 janvier 1819.

Cher ami,

Si j'ai tardé si longtemps à répondre à ton aimable lettre, n'en accuse pas ma paresse, encore moins mon cœur;

---

[1]. M. Gaillard, avec lequel Sainte-Beuve resta lié au sortir de ses classes, comme on le verra bientôt par la suite de cette Correspondance.

mais, malgré les fréquents congés qu'on a eus, je n'ai pu satisfaire mon désir.

Je suis charmé de voir que M. Haffreingue[1] sache apprécier tes connaissances, et qu'il te donne le rang que tu mérites. J'espère que tu profiteras, comme tu me l'as promis dans ta dernière lettre, du loisir que tu pourras avoir, et que tu n'oublieras pas un ami qui t'est aussi fidèlement attaché. Je commence à m'habituer à l'absence de ma chère maman; ce n'est pas que je n'en ressente tout le prix; mais, quand je considère avec quelle rapidité ces trois premiers mois se sont écoulés, je m'engage à la patience, dans l'attente que les suivants se passant avec la même vitesse, je pourrai bientôt les embrasser[2] et revoir des amis que je ne puis retrouver nulle part ailleurs.

La religion est ce qui contribue beaucoup aussi à me consoler; à la maison, quand j'avais quelques petits chagrins, je les déposais dans le sein de mes bons parents, ou dans le tien, cher ami; car tu étais digne de cette confiance. Aujourd'hui, au contraire, je n'ai personne à qui je puisse les confier; alors je prie intérieurement le bon Dieu, et, par là, je m'ouvre une ressource pour dissiper ma peine.

J'observe le plus exactement que je peux tous mes devoirs, et ton exemple est toujours trop présent à mes yeux pour que jamais je m'écarte des bons principes que j'ai reçus. Je me trouve aussi très heureux d'avoir un aussi bon profes-

---

1. Chef d'institution préparatoire aux études ecclésiastiques, à Boulogne-sur-Mer.

2. Embrasser sa mère et sa tante, avec lesquelles il vivait à Boulogne-sur-Mer, et qui l'avaient élevé.

seur, et qui me soit aussi attaché : après M. Cloüet [1], c'est, je crois, celui qui m'a montré le plus d'affection et prodigué le plus de soins. Aussi je fais tous mes efforts pour le contenter et me conserver son amitié. Quand tu m'écriras, tu auras la bonté de me dire, si tu le sais, quels sont ceux de mes anciens camarades ou de mes connaissances qui ont le plus de succès; j'y prendrai toujours part, et ça me fera le plus grand plaisir. Ne crains pas, cher ami, de faire tes lettres trop longues; tu ne saurais trop t'entretenir avec moi. Je voudrais pouvoir moi-même t'en dire davantage; mais mon cœur te parle assez, et le temps ne me permet pas de m'étendre plus longuement. Embrasse pour moi tes frères, et présente mes respects à tes bons parents. Je t'aime et serai, pour la vie,

Ton fidèle ami.

III.

AU MÊME.

(1823)

Mon cher Barbe,

Quoique je sois en vacances, je n'ai pas grand temps à moi, continuant de prendre des leçons de mathématiques, et jouant de mon reste pour la littérature; c'est-à-dire profitant de ces quelques jours de loisir pour lire des ouvrages agréables qui me seront désormais interdits.

---

1. Un de ses professeurs à la pension Blériot, de Boulogne-sur-Mer. Parmi les livres de classe ayant appartenu à Sainte-Beuve, il s'en trouve un certain nombre qui portent un *ex-libris* ou un *ex-dono*, signé de ce nom-là.

Parmi ces derniers, je te citerai les Mémoires relatifs à la révolution française, qui sont recueillis d'une manière impartiale ; ceux de madame Campan avec ceux de madame Roland ; ceux de Ferrières avec ceux de Bailly ; ceux de Lally-Tolendal avec ceux de Rabaut-Saint-Etienne, etc. Il y a aussi ceux de Riouffe que tu as lus les vacances dernières, et dans lesquels il y a une imagination si jeune et si exaltée. C'est une chose bien digne de remarque et de réflexion que les récits différents et même contradictoires, faits des mêmes événements par des témoins oculaires, sur la bonne foi desquels on est, d'ailleurs, assez d'accord. Et si, pour les faits publics et ostensibles, il y a tant d'obscurité, qu'est-ce donc quand il s'agit des causes qui sont cachées? comment tirer d'un tel chaos d'autre vérité que celle-ci : qu'il y a eu bien des intrigants, des criminels, des corrupteurs et des corrompus ; et que ce peuple, qui avait donné tant à espérer d'abord, est descendu, par la faute de ses flatteurs, à un degré d'immoralité tel, qu'on n'en retrouve d'exemple qu'à Rome, sous l'Empire ?

Quand les premières fureurs furent passées, et que la Convention eut légué la France au Directoire, c'est alors qu'on vit, ce me semble, tout ce qu'il y a de plus impudent dans le vice. La perversité avait gagné jusqu'aux plus basses classes de la société ; et Pigault-Lebrun, dans ses romans scandaleux, n'a fait que peindre sans exagération les mœurs du pays où il vivait. Au milieu de tout ce hideux tableau il y avait de grands caractères, des Thraséas, des Helvidius, qui consolent un peu par le contraste de leurs vertus ; mais le commun de la société était flétri.

Vraiment, c'est un bien triste spectacle que celui que présente cette époque ; on doit y puiser des raisons pour en aimer davantage le temps où nous sommes venus. Je m'en félicite comme toi. Cependant, pour te parler franchement comme tu me parles, je te dirai, mon cher ami, qu'un passage de ta lettre ne m'a pas paru tout à fait d'accord avec mes idées, si toutefois j'ai le droit d'en avoir en ces matières si douteuses et si difficiles. Tu me dis que le gouvernement est un pouvoir servi par des ministres, ce qui est très juste; et tu ajoutes : « Pouvoir émané de Dieu seul, » etc. Sans doute, ce pouvoir vient de Dieu, en ce sens que tout en vient et qu'il est la source de tout ; mais je crois qu'il est une source plus prochaine et immédiate du pouvoir, et je vais tâcher de t'exposer mon sentiment.

Les hommes sont en société, c'est un fait ; ils ont des droits, et par conséquent des devoirs les uns envers les autres ; c'en est un autre. S'ils étaient parfaits, ils se respecteraient mutuellement, et il n'y aurait pas besoin de gouvernement, de pouvoir qui maintînt l'ordre, puisque l'ordre existerait naturellement, dans notre hypothèse. Mais les hommes sont loin d'être parfaits ; ils le sentent eux-mêmes. Pour obvier au désordre, ils nomment d'abord des juges, des magistrats, des gérontes ; voilà un commencement de gouvernement dans une petite société. Agrandis la scène ; imagine un groupe immense, joins-y la consécration du temps, et tu auras le gouvernement tel qu'il peut nous paraître.

Tu me diras, peut-être, que le premier père est le premier roi ; et, alors, il serait vrai que la monarchie est immédiatement divine. Mais, si un fils obéit à son père jusqu'à l'âge de raison, lorsqu'il a atteint cet âge, il n'obéit plus de la même manière ; il a de la déférence pour le vieillard qui l'aime ; mais il examine son conseil, et se réserve de le suivre ou de ne pas le suivre. Si, tant qu'il obéit aveuglément, ou du moins sans hésiter, il peut paraître faire comme le citoyen à l'égard de la loi, certes, ce n'est plus quand il discute le conseil du vieillard et se permet quelquefois d'en écarter sa conduite.

Je crois que tu dois saisir mon idée, bien que mal exprimée. Elle me semble juste et non en contradiction avec ce qu'il y a de plus rigoureux dans nos croyances religieuses. — Observe bien, aussi, que de cette idée ne sortent pas toutes les conséquences désastreuses qu'on a voulu en tirer contre les gouvernements. Car, si les hommes ont créé un pouvoir, c'est qu'il était nécessaire ; s'il est nécessaire à une petite société, il l'est bien plus à une grande...

Je vois assez souvent M. Bousson[1], qui est notre voisin ; il veut bien me donner les renseignements dont j'ai besoin et me traiter presque en camarade.

Adieu, mon cher ami ; conserve-moi ton affection et écris-moi quelquefois tes réflexions, en attendant que nous puissions nous revoir.

---

1. M. Bousson, d'abord maître de philosophie chez M. Haffreingue, professait alors la même classe au collège Stanislas. Il fut plus tard professeur de philosophie à Charlemagne.

IV.

AU MÊME.

(1828)

Mon cher Barbe,

Je profite de l'occasion annuelle pour te donner de mes nouvelles et t'en demander des tiennes. Je commence par te dire que j'ai publié mes deux volumes [1], et que je te les aurais envoyés, si j'en avais dans ce moment à ma disposition ; il ne m'en reste aucun exemplaire, et ce sera, si tu le permets, pour plus tard. Je souhaiterais bien te les remettre moi-même, pour beaucoup de raisons ; j'aurais peur que, sans mes explications verbales, mon livre, fort sérieux et modéré sous tous les rapports pour nous autres littérateurs du monde, ne te parût, à toi solitaire religieux, bien frivole et bien profane. Tu en verras, au reste, une annonce dans *la Quotidienne*, du moins à ce que m'a promis l'un des rédacteurs de mes amis.

J'ai presque vu, il y a quelques mois, l'abbé de la Mennais chez Victor Hugo, mon voisin et mon ami bien cher. J'eusse été heureux de faire la connaissance de l'illustre écrivain, et je ne désespère pas que l'occasion s'en représente encore. Bien des événements se sont passés depuis que je t'ai écrit. Tu dois comprendre que la question est

---

1. *Tableau historique et critique de la Poésie et du Théâtre français au* xvie *siècle, et Œuvres choisies de Pierre Ronsard, avec notice, notes et commentaires,* 2 vol. in-8°.

plus compliquée qu'elle ne te paraissait d'abord ; que ce ne sont pas tout simplement la religion et l'impiété, la légitimité et la révolution, le bien et le mal qui sont en présence. — Ou plutôt, tu finiras, j'espère, par comprendre, au point où en sont venues les choses, que la question s'est simplifiée, et que, aujourd'hui, j'en suis certain dans mon âme et conscience, ce sont (à part quelques hommes de bonne foi et abusés) quelques intrigants, très violents, très indifférents en matière de croyance, mais avides du pouvoir, et furieux de le voir échapper, qui cherchent à troubler le pays et à remuer des cendres. Le temps, en passant sur les *libéraux*, a frappé les vieux incorrigibles, qui sont de moins en moins nombreux, et a communiqué à tous ceux qui avaient quelque sens une modération qu'ils n'ont pas toujours eue. On s'est attaché sincèrement à la dynastie avec les garanties de la Restauration ; on s'est entendu avec les *royalistes-ultra*, mais honnêtes gens, que l'âge et l'expérience ont aussi tempérés ; et il en est résulté une union forte, qui s'enracine de plus en plus, et promet stabilité à l'ordre de choses existant. — Au reste, sur tout cela, il y aurait tant à dire que je crains d'en avoir trop dit sans développements. Seulement, persuade-toi bien qu'il y a mille choses dont, en province, on ne peut avoir qu'une vue incomplète ; et suspends, le plus que tu pourras, ton jugement.

Je vais faire un petit voyage en Angleterre ; mais je ne sais si j'aurai le temps de repasser par Boulogne ; dans ce cas, tu serais sûr de ma visite.

Dis-moi comment tu vas, ce que tu fais, comment tu vis ; rien ne saurait m'être indifférent de toi. Pour mon compte, quoique je voie assez de monde et des gens distingués que j'aime et qui ont de la bonté pour moi ; quoiqu'il semble qu'avec un peu de constance et d'activité une carrière assez belle peut enfin s'ouvrir pour moi, j'ai souvent et même toujours un grand vide, de grandes défaillances d'âme, des ennuis, des désirs. Les doutes religieux y sont sans doute pour quelque chose ; et, quoique cet état d'esprit tienne aussi à d'autres causes presque impossibles à analyser, les grandes et éternelles questions y interviennent fréquemment. C'est le lot de l'humanité. Mille amitiés.

Mes respects à tes parents, et mes souvenirs à tes frères.

V.

AU MÊME.

Ce 3 janvier 1829.

Mon cher Barbe,

Je suis bien fâché de n'avoir pas reçu de tes nouvelles, cette année, par le retour de nos Boulonnais ; il y aura eu de leur faute ; ils n'auront pas été prendre tes commissions et tu n'auras pas voulu me répondre par la poste. J'espère qu'au moins tu auras eu une lettre de moi par G... Mais, cette fois, je t'en prie, ne me laisse pas sans réponse. Dis-moi ce que tu fais, ce que tu penses ; ces communications, toutes rares et incomplètes qu'elles sont, nous tiennent toujours un peu au courant l'un de l'autre. J'espère, d'ailleurs, que cette année 1829 ne se passera pas sans que j'aie revu Boulogne, toi surtout... J'étais un peu trop pressé, à mon retour d'Angleterre, pour passer par Boulogne, et surtout pour y rester comme il l'aurait fallu. Aussi ai-je repris le chemin du Havre et de Rouen. J'avais, d'ailleurs, un nouveau volume sur le métier, qui est fini maintenant et va s'imprimer[1]. Mais je te porterai tout cela à la fois; c'est trop profane pour être envoyé de loin, sans explication et commentaire de vive voix ; d'ailleurs très inoffensif, sois-en sûr, pour la religion et la monarchie : c'est purement littéraire.

Je te dirai que, depuis la chute du ministère Villèle, je vois les choses comme ceci : quoique le nouveau ministère soit mou, indécis, sans principes arrêtés, vivant, au jour le jour, de concessions et de restrictions, il n'est pas mauvais; et, s'il dure quelque temps encore, tout me paraît sauf; y compris, bien entendu, la dynastie et la religion, que l'autre ministère compromettait étrangement et d'une manière coupable au dernier degré. Un bon esprit modéré tend à s'établir et a déjà gagné la majorité des esprits; l'esprit constitutionnel pur, l'esprit de la monarchie selon la Charte. Car demande-toi de bonne foi si les gens, très estimables et très convaincus peut-être, dont tu peux connaître quelques-uns, voudraient et auraient voulu de la *Charte?* — La main sur la conscience, — non. — D'un autre côté, les vieux révolutionnaires, les plus convaincus, les plus intègres, gens estimables comme les autres, selon moi, auraient-ils voulu, voudraient-ils encore de la dynastie, sinon de la monarchie? — La main sur la conscience, — non. — Or, ce qui est à souhaiter, pourtant; ce qui est le

---

1. *Vie, Poésies et Pensées de Joseph Delorme.*

vœu de la majorité paisible, c'est qu'on s'entende, qu'on s'apaise, que la monarchie, que la dynastie soit, mais pas comme auparavant, pas absolue ; avec des garanties, au moins avec les garanties essentielles, avec la Charte, telle quelle. Eh bien, l'ancien ministère allait évidemment au renversement de la Charte, et celui-ci la respecte au moins. Conclus de là.

Quant à la religion, plus j'y pense, plus je vois que c'est une chose de l'âme, de l'homme individu à Dieu. Qu'elle ait ses pompes, son culte extérieur, sa protection publique ; voilà tout ce à quoi elle doit prétendre ; c'est aux âmes qu'elle s'adresse, et c'est la seule conquête qui l'intéresse ; et on ne gagne pas sincèrement les âmes par les choses du monde, qui ne sont pas de l'âme, mais de la matière.

Mille adieux, mon cher Barbe.

Tout à toi de cœur.

Rue Notre-Dame-des-Champs, 19.

Mes respects à tes parents ; mes souvenirs à Joseph et à Louis.

VI.

AU MÊME.

Ce 26 juillet 1829.

Mon cher Barbe,

Je profite du voyage de ma mère à Boulogne pour te dire que je ne t'ai pas oublié depuis ces six derniers mois ; et j'espère que tu m'auras aussi gardé quelque souvenir.

Il ne s'est rien passé, selon moi, de bien grave depuis ; et je vois les choses allant doucement ; non pas au mieux, mais non pas au pire. Il doit t'être prouvé, maintenant, qu'au moins il n'y a pas de révolution à craindre de la part des gens qui auraient assez de crédit et de nom dans le pays pour tenter de la faire. Tous les honnêtes gens veulent bien évidemment la paix : seulement ils désireraient plus ou moins d'économies au budget ; et, qu'ils parviennent ou non à ce but, il n'y a rien là de capital ni contre la dynastie ni contre la religion. Mais, si tu as encore des nuages là-dessus, comme il est très permis à cette distance et avec les journaux que tu lis presque exclusivement, il serait trop long de te détromper par lettres ; et ce serait plutôt en causant ; ce que je n'espère pas de sitôt encore.

Quant à moi, rien n'est changé dans ma situation, au moins extérieurement. J'ai publié l'hiver dernier un petit livre[1] qui a eu tout le succès qu'on peut attendre en ce temps-ci ; on en a dit beaucoup de bien, et encore plus de mal ; et, en somme, il s'est vendu. Tu liras tout cela un jour. S'il s'est opéré quelque changement qui me concerne, c'est plutôt en moi qu'en dehors de moi ; et (je ne dois pas hésiter à te le dire, puisque cela te fera probablement quelque plaisir) mes idées, qui, pendant un temps, avaient été fort tournées au philosophisme, et surtout à un certain philosophisme, celui du XVIIIe siècle, se sont beaucoup modifiées, et ont pris une tournure dont je crois déjà sentir les bons effets. Sans doute, nous ne serions pas encore, sur beaucoup de points et surtout en orthodoxie, du

---

1. *Joseph Delorme.*

même avis, je le crains; pourtant, nous nous entendrions mieux que jamais sur beaucoup de questions qui sont bien les plus essentielles dans la vie humaine; et, là même où nous différerions, ce serait de ma part parce que je n'irais pas jusque-là, plutôt que parce que j'irais ailleurs et d'un autre côté.

Au reste, je dois t'avouer que, si je suis revenu avec conviction sincère et bonne volonté extrême à des idées que j'avais dépouillées avant d'en sentir toute la portée et tout le sens, ç'a été bien moins par une marche théologique, ou même philosophique, que par le sentier de l'art et de la poésie. Mais peu importe l'échelle, pourvu qu'on s'élève et qu'on arrive.

Je dois te dire, encore, que ma vie est loin d'être conforme à ce que je voudrais et ce que je croirais le bien; mais c'est déjà quelque chose que je le sente et que je tâche d'être plus d'accord avec moi-même. J'aurais beaucoup à causer avec toi; je te parlerais, plus sciemment qu'auparavant, de beaucoup d'hommes célèbres que je connais maintenant. J'ai vu tout intimement Lamartine à son dernier voyage. J'ai vu aussi M. de Chateaubriand. Mais bien des raisons m'empêcheront d'aller à Boulogne avant quelque temps, et je n'ose espérer de te voir ici.

Écris-moi, par le retour de ma mère, ce que tu fais, comment tu te portes. Combien, toi qui n'as point quitté tes foyers et le sol natal, tu es plus heureux que moi, qui ai déjà fait bien des courses sans but et stériles, et qui voudrais en faire beaucoup encore! Écris-moi tout ce qui peut t'intéresser, et crois-moi toujours

Ton ancien ami.

VII.

AU MÊME.

Ce 30 mai 1830.

Mon cher ami,

J'ai reçu avec un grand plaisir la lettre que m'a apportée ma mère. J'ai eu le tort de ne pas t'écrire par son occasion. J'étais allé en Normandie, quand elle a quitté Paris, de sorte que j'ai pensé trop tard à te donner de mes nouvelles; mais je lui ai bien recommandé de le faire et de m'en rapporter des tiennes.

Il s'est fait, depuis que nous nous sommes vus, bien des changements dans ma situation, mais encore plus dans mes idées; j'ai bien varié et tenté bien des voies. Mes opinions politiques ont peu changé pour le fond, mais se sont singulièrement modifiées quant aux nuances et à la vivacité. Je crois la marche actuelle des choses funeste; mais, à te dire vrai, je ne la juge pas maintenant aussi grave qu'elle l'a été en d'autres circonstances; et j'espère que, ce ministère-ci tombé (ce qui me paraît indispensable), le prochain (le plus modéré et le plus royaliste possible) sanctionnera la fusion si désirée entre la Charte et la dynastie. Cela me paraît ici le vœu de tout ce qu'il y a de plus sage et de plus ami de l'ordre; de M. de Lamartine, comme de M. Royer-Collard.

M. de Polignac, sans doute, à son arrivée au pouvoir,

n'eût pas mieux aimé que de s'adjoindre des collègues autres et moins décidés ; mais la position a été plus forte et l'a entraîné : c'est, je crois, personnellement un fort honnête et vertueux personnage, mais connaissant peu le pays, fort entiché de certaines théories politiques et accordant trop aux idées aristocratiques anglaises. Quant au parti qui s'agite autour de quelques hommes honnêtes et convaincus de ce côté, il est ici très peu nombreux ; et, à mille égards, mérite peu de considération, quand on le voit de près.

Nous nous accorderons mieux sur les idées religieuses. Après bien des excès de philosophie et des doutes, j'en suis arrivé, j'espère, à croire qu'il n'y a de vrai repos, ici-bas, qu'en la religion, en la religion catholique, orthodoxe, pratiquée avec intelligence et soumission. Mais, hélas! ce n'est là encore, pour moi, qu'un simple résultat théorique ou d'expérience intérieure ; et je suis loin d'y ranger ma vie et toutes mes actions, comme il conviendrait. L'instabilité perpétuelle de ma condition, mon manque de fortune, mes nécessités littéraires, tout cela me jette dans une manière de vivre qui n'a rien de réglé ni de fixe ; et, après quelques heures de bonnes résolutions, je suis bien vite retombé en proie aux impressions du dehors, ou, ce qu'il y a de pis, au vague des passions que personne, peut-être, n'a ressenti aussi cruellement que moi. C'est ce que, en mes moments de demi-loisir, j'ai essayé de peindre dans mes poésies, que j'ai toujours eu pudeur de te faire lire, et que je te prie de ne pas connaître avant que moi-même je ne t'aie vu et expliqué bien des choses.

J'ai la réputation d'un homme très tenace en fait d'opinions littéraires, et fort exagéré en romantisme ; mais, en vérité, ce sont là de ces préjugés de journaux qui arrangent, à leur façon, ceux qu'ils ne connaissent pas. Je tiens très peu aux opinions littéraires; et les opinions littéraires occupent très peu de place dans ma vie et dans mes réflexions. Ce qui m'occupe sérieusement, c'est la vie elle-même, son but, le mystère de notre propre cœur, le bonheur, la sainteté; et, parfois, quand je me sens une inspiration sincère, le désir d'exprimer ces idées et ces sentiments selon le type éloigné de l'éternelle beauté. Si j'avais plus d'ardeur aux choses d'en haut, ce serait un grand bien pour moi d'être aussi détaché que je le suis de tout le bruit et le monde d'alentour; j'y suis indifférent à toute heure et en tous lieux. J'ai trouvé le moyen, en voyant ceux que je ne puis éviter, de me faire une existence assez à part, et d'être seul un grand nombre d'heures par jour. Par malheur, ne tenant plus à rien du dehors, et ne me rattachant pas assez activement à l'échelle du salut, je me trouve dans les régions d'entre-deux : véritable enfer des tièdes. Espérons que cela aura une fin.

Je ne sais si j'irai en Grèce; c'est tout ce qu'il y a de plus douteux. Il n'y a pas de roi, partant pas d'ambassadeur, partant pas de secrétaire. Le fait est que, dans la disposition où je suis depuis des années, j'irais volontiers au bout du monde pour y chercher un autre moi-même. Mais, *cœlum non animum mutant*, etc.

Adieu, mon cher Barbe; je te félicite sur ton ordination et sur tes succès à prêcher. Par succès, je n'entends pas l'approbation frivole et qui vient des lèvres, mais cette puissance d'agir sur les âmes qu'on m'a dit se trouver dans ta parole et qui est un don. Pense quelquefois à moi. J'espère ne plus être bien longtemps sans aller à Boulogne; et le désir de te voir serait pour beaucoup dans mon voyage.

Présente mes respects à tes parents et mes amitiés à tes frères.

Ton ami.

VIII.

AU MÊME.

18 décembre 1831.

Mon cher Barbe,

Il y a, je crois, dix-huit mois que je ne t'ai écrit; mais tant de choses se sont passées dans cet intervalle, que notre rare correspondance a été enveloppée dans le tourbillon. Je n'essayerai pas, mon cher ami, de renouer le fil à l'endroit où il s'est brisé; ce sera, quand nous nous reverrons, un chapitre de plus à ces causeries que nous amoncelons pour l'avenir, sans savoir, hélas! si nous en jouirons jamais. J'ai eu, pour mon compte, dans ma vie toute privée, bien des traverses et de petites révolutions aussi. Grâce à Dieu! elles n'ont pas eu d'aussi tristes effets que les grandes. Tu me trouves donc aujourd'hui, comme il y a deux ans, installé modestement dans ma *rue Notre-Dame-des-Champs, 19*, avec ma mère; plus vieux tous les deux, chacun à sa manière, mais vivant assez doucement.

Je te dis, mon ami, que je suis vieilli, et c'est bien vrai, surtout intérieurement. Je n'oserais te dire qu'il y a progrès en moi; il n'y a pourtant pas de résultats fâcheux. Je suis toujours en voie vers ces idées dans lesquelles tu t'es assis de bonne heure ; mes convictions y tendent et essayent de s'y affermir de plus en plus. Comme opinion, comme conversation, tu serais content de moi ; et je ne contesterais plus à M. de Bonald ses idées sur le langage, et ne me ferais plus tirer l'oreille pour lire les *Soirées de Saint-Pétersbourg.* Mais cela ne suffit pas, je le sais, et il faut arriver à assimiler sa vie aux idées qu'on croit vraies, et qui ne le sont que parce qu'elles fournissent une lumière morale ici-bas.

J'ai beaucoup connu et vu M. de la Mennais depuis que je ne t'ai écrit. Il m'a marqué une amitié touchante. J'ai été le voir à Juilly, lorsqu'il y était, et je le voyais beaucoup à Paris ; car il était notre voisin. Je vois, pendant son absence, l'abbé Gerbet[1] qui est un homme charmant et d'une onction qui se mêle à une science si vive. Imagine que M. de la Mennais voulait m'emmener avec lui à Rome. J'en eusse été comblé ; mais des raisons impérieuses et durables me retiennent ici.

J'ai eu bien des douleurs dans ces derniers mois, de ces douleurs qu'on évite en gardant le port de bonne heure. La passion que je n'avais qu'entrevue et désirée, je l'ai sentie ; elle dure, elle est fixée, et cela a jeté dans ma vie bien des nécessités, des amertumes mêlées de douceur, et un devoir de sacrifice qui aura son bon effet, mais qui coûte bien à notre nature. J'ai peu travaillé littérairement, excepté dans des journaux et revues. J'ai à faire un roman qui te plairait assez, si je l'exécute comme je le conçois.

---

1. Sur l'abbé Gerbet, lire *Causeries du Lundi*, t. VI, l'article qui lui est consacré.

S'il se fait, je te l'enverrai. — Je dois recueillir aussi un volume de prose composé d'articles biographiques et littéraires insérés dans des revues; mais ce n'est pas une composition suivie, c'est une galerie de Portraits.

Je vis donc très retiré, mon ami ; lisant, regardant, ne voyant pas du tout ce qu'on appelle le monde; pesant chaque chose à la même heure autant que possible, comme les *collègues* du rempart [1].

Toi, mon cher Barbe, que fais-tu ? Y a-t-il eu quelques changements pour toi, pour ta famille, tes frères et tes parents? Garde-moi toujours un bon et fidèle souvenir, comme je fais à ton égard, malgré ces espaces de temps et de lieu.

IX.

A M. RAULIN.

Ce mercredi, 20 juin 1832.

Mon cher ami,

Je reçois votre lettre trop tard ; elle est arrivée hier soir chez ma mère à six heures, et j'étais déjà sorti de dîner pour faire l'article, de sorte qu'on ne me l'a apportée que ce matin. J'y vois que j'ai été bien malheureusement inspiré de toucher précisément avec trop peu de révérence ce qu'il m'aurait été aisé de ménager, et agréable, je vous

---

1. Il s'agit ici des remparts de Boulogne, et d'un souvenir essentiellement local.

assure, vous m'en priant. Au fond, je n'ai atteint, en rien de sérieux, le noble abbé[1], que je tiens pour très honnête homme et digne de toute estime, mais peu estimé assurément. S'il a contresigné les Chartes, il n'en a nullement compris les conditions : il y a une certaine loi d'avril 1814 contre la presse qui est absurde et de lui. Au reste..., [2] l'a assez bien traité. Mais tout ceci est racheté par ma maladresse que je vous prie de me pardonner et d'atténuer, si vous le pouvez, auprès de la personne qui a dû en être choquée.

Tout à vous.

X.

A M. ÉMILE SOUVESTRE, A BREST.

6 septembre 1833.

Monsieur,

Je n'avais pas attendu votre lettre pour insister auprès de M. Buloz, directeur de *la Revue des Deux Mondes*, pour qu'il lût votre article et me promît de l'insérer. Ses occupations l'avaient empêché de le lire jusqu'à ces derniers jours ; mais il vient de me dire que l'article lui convenait

---

1. L'abbé de Montesquiou, mort en cette même année (1832), et remplacé à l'Académie française par M. Étienne Jay. On peut lire, au tome II des *Premiers Lundis* (recueillis pour la première fois en volumes en 1875), l'article du *National*, consacré à la séance où M. Étienne Jay, reçu de l'Académie, fit l'éloge de l'abbé de Montesquiou. — Cet article est daté, comme cette lettre, du 20 juin 1832.
2. Nom illisible.

tout à fait, et qu'il l'insérerait, mais seulement le 1er octobre[1] ; à cause de la longueur, ce retard l'accommode, à ce qu'il paraît, pour la distribution matérielle de ses numéros. J'espère que vous n'en serez pas trop contrarié ; une lettre de vous d'ici là à M. Buloz ne serait peut-être pas mauvaise, pour le presser et lui rappeler sa date, que je lui rappellerai de mon côté. — Je m'estimerai heureux, monsieur, si j'ai pu ou je puis être bon en quelque chose à un homme dont j'apprécie si vivement l'âme élevée et poétique, le talent original et sincère.

Votre bien dévoué.

XI.

A MADAME CARLIER,
AU COLLÈGE DE SAINT-OMER.

10 octobre 1833.

Madame,

Vous êtes un très aimable médecin, et je suis sûr aussi qu'on retrouverait bien vite joie et santé à suivre vos ordonnances. Pourquoi faut-il qu'on ne se croie pas assez malade, qu'on ne le soit réellement pas assez, pour avoir le droit de les suivre ?

Certainement une quinzaine de jours, et surtout de jours aux environs du pays natal, serait un rapatriement déli-

---

[1]. M. Buloz avança probablement sa promesse d'une quinzaine, car la première œuvre d'Émile Souvestre, *Études sur la Bretagne.* — *La Cornouaille,* qui parut dans *la Revue des Deux Mondes*, porte la date du 15 septembre 1833.

cieux pour quelqu'un qui est à toute heure rongé par cet air irritant et desséchant de Paris ; mais, je vous le répète, je ne me crois pas assez en droit de quitter les ennuis et les travaux commencés ici, pour me donner cette récréation agréable. Je reste donc attaché à mon pieu et tournant de mon mieux dans un court rayon.

Quant à ma mère, vous pensez bien qu'à son âge on craint tout remuement un peu fort. J'ai eu du regret de n'avoir pas rencontré Carlier durant mon séjour ici ; nous nous sommes croisés inutilement. Je ne suis chez ma mère qu'à une certaine heure de l'après-midi, ce qui m'est absolument indispensable, sous peine de n'avoir pas une seule matinée de libre, et ne quittant presque jamais Paris ; c'est la seule espèce de retraite que je puisse me procurer, que ces quelques heures de travail et de matinée.

Avec cela, sans être malade, j'ai des jours de souffrance qui me font rester coi et farouche. Soyez assez bonne, madame, pour lui redire cela. J'ai été contrarié d'apprendre que l'affaire de Vitry n'avait pas réussi comme il l'eût désiré. J'espère pourtant que votre séjour là-bas vous est assez doux et tolérable.

J'ai reçu d'un de ses collègues, M. Noël, un discours dont je prie Carlier de le remercier beaucoup pour moi. Il y a grande habitude d'écrire et bien des connaissances.

Adieu, madame ; permettez à un indigne malade de baiser du moins la main qui a tracé cette impossible ordonnance.

Votre dévoué et respectueux.

XII.

A MADAME PÉLEGRIN [1].

Ce jeudi, 16 (1834).

Madame,

En reprenant ici ma vie un peu tracassée, que je vais tâcher de rendre aussi retirée et aussi studieuse que possible, il m'est bien doux de vous remercier de toute cette fraîcheur et de toute cette provision de calme que j'ai faite à Précy [2], sous votre toit hospitalier et en si aimable et si heureuse compagnie. Comme vous avez la bonté de vous intéresser à mes affaires, je vous dirai que la *mienne* [3] est, sinon éteinte, du moins apaisée, et elle l'est surtout pour moi par la résolution où je suis de ne m'en plus occuper et d'ignorer tout ce qui s'y rapportera. Vous trouverez dans l'une des *Revues des Deux Mondes* l'article innocent qui est le corps du délit. Les autres *Revues* sont un

---

1. Belle-mère de M. Th. Gaillard, à qui est dédié le sonnet à madame P. dans *les Pensées d'août* :

> Heureux, loin de Paris, d'errer en ce doux lieu...

2. C'est de Précy qu'est datée la première pièce des *Pensées d'août* :

> Assis sur le versant des coteaux modérés...

3. Sainte-Beuve fait allusion ici à la querelle qui lui fut faite à propos de son article de *la Revue des Deux Mondes* sur Ballanche (15 septembre 1834). — L'histoire de cette querelle est racontée tout au long à la fin de ce même article, recueilli dans les *Portraits contemporains*, t. II, p. 46, édition de 1869. — On peut voir aussi, à ce sujet, dans le tome Ier de cette Correspondance (p. 25), une autre lettre datée de ce joli pays de Précy, et écrite à Jean-Jacques Ampère (8 octobre 1834).

peu prises pêle-mêle dans ma collection dépareillée. Je n'ai pas joint *Jacques* [1] à *Henri Farel* [2], parce qu'il paraît que je serai obligé d'écrire un portrait de l'auteur, et que, alors, j'aurai besoin du livre pour quelques jours, mais je vous l'enverrai plus tard...

J'espère que madame Gaillard va toujours bien et fait toujours force italien dans son *Silvio Pellico*, ce qui va la faire sourire et dire que je raille, tandis que je suis le plus respectueusement sérieux du monde; et, pour preuve, c'est que je joins ici, mais pour elle seule, un sonnet qu'elle a désiré et qui lui donnerait bien lieu de me rendre la raillerie au centuple, si je ne comptais sur son aimable indulgence.

Adieu, madame et amie ; gardez-moi toujours, s'il vous plaît, un souvenir bienveillant, comme moi j'en garde un bien vif de toutes vos bontés et de cet accueil si cordial qui me rappellera à Précy irrésistiblement toutes les fois que Paris ne me tiendra pas le collier trop serré.

Veuillez présenter mes respects à madame Gaillard, mes amitiés à monsieur, et mes compliments à vos hôtes, s'ils y sont encore.

Votre dévoué et respectueux.

Ma mère vous fait mille remerciements aussi; et elle m'a trouvé très engraissé, ce qui a été, en arrivant ici, mon premier petit chagrin.

1. De George Sand.
2. Roman alsacien, par Louis Lavater, c'est-à-dire M. Louis-Adolphe Spach, archiviste du Bas-Rhin de 1847 à 1853.

XIII.

A M. L'ABBÉ BARBE.

Ce 1er février 1835.

Mon cher Barbe,

J'apprends, par un de mes amis, qu'une lettre de Boulogne et d'une personne demeurant chez M. Haffreingue a dû m'être remise ; et, comme aussi je présume qu'elle ne peut être que de toi, je ne veux point ajouter à mon silence, déjà si long, un nouveau silence qui te semblerait un tort réel envers notre ancienne et toujours bien durable amitié. Car, quoique je ne t'écrive pas, mon cher Barbe, je ne songe pas moins fréquemment à toi et à tous les souvenirs qui nous sont communs et qui acquièrent encore plus d'autorité en s'éloignant. Des travaux interrompus, beaucoup de liens de tous les jours, mille gênes qui se sont succédé m'ont empêché de quitter Paris depuis plus de quatre ans ; et je n'ai pas, durant tout ce temps, passé, en tout, plus de trois semaines à la campagne, même dans les environs. C'est pour te dire que, si je ne suis pas allé à Boulogne, où tu es certainement la personne qui m'attirerait le plus, ce n'est pas que j'aie donné la préférence à d'autres lieux ni à d'autres objets d'une date moins ancienne dans mon cœur. Nous aurions tant à causer, mon cher ami, soit sur les remparts, dont le contour ne suffirait pas aux circuits et aux longueurs de nos conversations ; soit du côté de cette vallée du Denacre où nous avons cheminé tant de fois ; soit aux bords de la mer que nous aimions à côtoyer au loin dans nos après-dînés du jeudi ! Des lettres ne peuvent en rien suppléer à ce que la parole directe rendrait seule, au gré de notre promptitude et de notre abondance ; et c'est, en grande partie, pourquoi je ne t'écris pas, considérant que ce que je te pourrais dire en quelques lignes n'est rien, au prix de ce que nous désirons et de ce dont est véritablement affamée notre amitié si longtemps sevrée.

Ma situation littéraire extérieure s'est beaucoup plus améliorée que ma situation matérielle. Je te l'avouerai, je ne vis que de ce que j'écris ; et, sans ma mère, qui y met beaucoup du sien, je ne suffirais pas aux dépenses croissantes et cependant modérées auxquelles je suis par degrés porté. C'est une des causes, je te le dis bien bas, de mon peu de voyages hors de Paris ; et, quoique ce ne soit pas la seule, ce n'est pas la moindre. Je n'ai pas, d'ailleurs, à me plaindre, et j'ai prospéré plus que je n'aurais osé prétendre. Il me reste maintenant à bien employer les moyens et instruments littéraires dont je dispose, à faire de mon temps et de mon esprit une application de plus en plus bonne ; c'est à quoi je tâcherai. Je m'occupe, en ce moment, d'une histoire littéraire de Port-Royal et des solitaires qui s'y rattachent ; c'est une belle part de l'histoire littéraire du xviie siècle, la plus belle peut-être, en y faisant rentrer Racine, Despréaux même, madame de Sévigné un peu, et en parlant, par occasion, de Bossuet et Fénelon, qui eurent des rapports, de contradiction, il est vrai, avec le jansénisme. J'espère, à la fin de l'année, être avancé dans ce travail, dont je suis pourtant trop souvent distrait par d'autres travaux secondaires de Revue ou autres. Quant aux journaux, je les ai tout à fait quittés, et n'y rentrerai pas.

Mes sentiments, mon ami, sur les points qui nous touchent le plus et que nous traitions déjà, il y a tant d'années, le long de nos grèves en vue de la mer (comme saint Augustin ou Minutius Félix à Ostie), mes sentiments sont toujours avoisinant le rocher de la foi, s'y brisant souvent comme des vagues, plutôt qu'y prenant pied comme un naufragé qui aborde enfin. Je ne m'écarte pourtant guère de cette vue plus ou moins prochaine. Si tu as reçu un volume de poésies de ma part, qui a dû te parvenir, tu auras pu lire, aux dernières pages, l'expression de cet état d'âme. Il y a dans ma vie quelques circonstances réelles qui tendent à le faire durer; mais le papier ne peut souffrir ceci.

Adieu, mon cher Barbe; écris-moi de toi, de tes occupations et de tes sentiments, tout simplement *par la poste* et sans affranchir, bien entendu : je reçois, de la sorte, tant de lettres insignifiantes et sottes, qu'une de toi, du moins, me dédommagera. Mille amitiés à tes frères, et crois-moi toujours ton affectionné.

Ma mère va bien et te dit beaucoup de choses.

XIV.

À M. HIPPOLYTE DE LA MORVONNAIS[1].

Ce 28 (mars ou avril 1835).

Monsieur et ami,

J'apprends par un mot de M. Quemper l'affreux malheur qui vient de vous frapper, au moment même où un aimable projet allait vous amener vers nous; et dans la situation où vous êtes, et où, je le sais bien, toutes paroles sont inutiles, je sens le besoin de vous dire combien j'y prends part et combien j'entre, ainsi que tous vos amis, dans l'excès de votre douleur. C'est dans des moments comme ceux-là surtout qu'on éprouve le désir, la nécessité d'être croyant, pour avoir le droit de proférer à celui qui souffre les seuls mots qui valent la peine de lui être dits, les promesses d'immortalité et de future rencontre avec les êtres

---

1. Lettre communiquée par M. Frédéric Saulnier, ami du poète Turquety, et qui a déjà fourni de si précieux documents, tant au nom de son ami qu'au sien, dans le premier volume de cette Correspondance. — M. Saulnier, en nous envoyant cette nouvelle lettre, qu'il tient de l'obligeance de M. de la Blanchardière, conservateur des hypothèques à Saint-Malo, gendre du poète Hippolyte de la Morvonnais, a bien voulu y joindre la note suivante : « Hippolyte-Michel de la Morvonnais, poète distingué, auteur de *la Thébaïde des Grèves*, et philosophe aux larges idées, plus connu par les lettres et le journal de Maurice de Guérin, son ami, venait de perdre sa femme (23 mars 1835). Né en 1802, M. de la Morvonnais est mort en 1853. (Voir quelques pages de Sainte-Beuve où il parle de lui à l'occasion de Maurice de Guérin, *Causeries du Lundi*, t. XV, et sur ses Poésies, *Premiers Lundis*, t. II.) »

2.

qu'on a perdus, et de présence perpétuelle de leur esprit au milieu de nous. Mais ces promesses, vous vous les êtes déjà dites, monsieur, et elles se sont parfois éteintes en murmures confus dans ce premier orage de votre douleur; elles vous reviendront plus distinctes aux instants plus calmes, et le temps, en n'apaisant rien de ce qui est profond en votre deuil, vous les laissera pourtant de plus en plus écouter. Au moment où j'apprenais votre malheur, j'en apprenais un autre bien grand aussi, arrivé à l'un de nos amis, M. M...; un vent de colère a soufflé en une nuit sur votre Bretagne. Ce que je vous dis de lui, ignorez-le si vous ne le savez pas; ne vous en informez en rien; le propre de ces malheurs-là est d'avoir besoin d'être secrets. Les autres, du moins, peuvent supporter les regards; l'intelligence du cœur se fait en silence de celui qui souffre à celui qui sympathise; il y a encore de quoi bénir [1].

Lorsque vos plus amères semaines seront passées, il me semble, monsieur et ami, que vos amis de là-bas devront vous amener ici et vous forcer à quelque activité; car il vous faut bien, même en mémoire de ce que vous avez perdu, recommencer sérieusement à écrire.

C'est dans cette espérance de vous voir et de vous serrer la main, que je suis votre bien dévoué et affectionné.

---

1. Un ami commun de Sainte-Beuve et de la Morvonnais avait été frappé d'aliénation mentale, accès passager qui a seulement paralysé momentanément une belle intelligence.

XV.

A MADAME PÉLEGRIN.

Ce 25 (novembre 1833).

Madame,

J'ai reçu par l'obligeance de madame Gaillard tout le cadeau friand que votre amitié a songé là-bas à me destiner. J'ai été bien sensible à cette marque de bon souvenir, moi qui ai pu vous paraître si négligent à. le cultiver en n'allant pas cette année à Précy. J'en avais pourtant un vif désir, et je comptais bien renouveler mon excursion (non pas à pied du moins) de l'autre automne. Mais les choses ont tourné autrement. Ma seule excuse, c'est que je n'ai été nulle part ailleurs hors de Paris depuis ce temps, et que je n'aurais certainement été nulle part sans aller d'abord là. J'ai eu à travailler ici, mais ce n'est pas le vrai motif, comme vous pouvez le penser. Je ne suis pas, grâce à Dieu et à ma paresse, de ces travailleurs qui regarderaient à deux jours de loisir passés chez des amis comme vous...

Je voudrais, moi, avoir à vous envoyer, en retour de votre présent, quelque production de mon cru ; mais je suis peu fertile et ma terre ne donne pas de moisson tous les ans. J'espère pourtant que cet hiver vous aurez deux volumes d'un roman si longtemps promis [1]. Le premier volume est entièrement fait et même imprimé. Mais le second n'est ni imprimé ni à beaucoup près achevé, et, bien

1. *Volupté.*

que toutes les idées en soient fort arrêtées dans ma tête, je suis très long au détail du style. Ceci me mènera donc jusqu'au commencement de mars, où la publication, j'y compte bien, se fera. J'espère vous voir ici au jour de l'an, dans le trop court séjour que vous y ferez.

Adieu, madame et amie; croyez bien à toute ma reconnaissance de vos bontés, et à ma profonde et respectueuse affection envers vous.

J'ai vu avant-hier madame Gaillard qui allait au mieux.

XVI.

A M. LOUIS NOEL [1].

Paris, 18 décembre 1835.

Monsieur,

Vous n'aviez pas besoin de tant de précautions pour me rappeler un souvenir amical qui ne m'était pas du tout échappé. J'ai souvent demandé de vos nouvelles à l'un de nos amis communs, Bussière, que j'ai l'avantage de connaître par vous, mais qui se plaint lui-même de vous avoir perdu de vue (non de pensée). J'ai su dans le temps les traverses et les malheurs qui vous étaient arrivés, et j'y ai pris part, appréciant quelle est votre sensibilité et votre qualité morale. Après ces années données à la douleur et

---

1. Ancien disciple de Victor Hugo en 1830, et qui avait connu Sainte-Beuve chez le poète des *Orientales*, — devenu plus tard professeur au lycée de Saint-Omer.

à l'abattement, vous faites bien de vous reprendre : à votre
âge, on ne donne pas ainsi sa démission de toute activité
dans la vie. Même dans l'isolement et dans la province, il
est bien des commerces consolateurs qui sont à votre main.
Vous aimez l'étude, la poésie; la lecture seule des Anciens,
des philosophes ou poètes, vous serait, j'en suis sûr, d'un
grand charme. Entremêlée de quelques lectures modernes,
elle redoublerait pour vous de saveur et d'à-propos. La
composition reviendrait en son temps, si elle doit revenir.
Les vers que vous m'adressez sont purs et sentis; ils ont
l'harmonie d'un cœur qui se plaint; mais leur intérêt tout
particulier, et certaines difficultés d'insertion qui se renou-
vellent ici chaque fois qu'il est question de vers non
signés par un des deux ou trois noms en crédit, font que
je ne les proposerais à aucune des deux Revues. Mais
continuez, monsieur, et ne vous abandonnez plus. La vie
des personnes mêmes qui semblent ou heureuses ou glo-
rieuses est, à la bien prendre et à la voir de près, si triste,
que celle des personnes malheureuses et opprimées du sort
doit se trouver plus égale et plus tolérable.

Vous vous êtes fait, je crois, un peu d'illusion dans le
temps sur Hugo, et vous vous en faites dans un sens contraire aujourd'hui. Il n'était pas tel autrefois que l'amitié
le rêvait; il n'est pas tel aujourd'hui que certaine ru-
meur injuste le ferait être. Peu de personnes savent exactement ces choses intimes et vraies des hommes célèbres.
Après avoir été plus que personne sous le premier charme,
j'en suis venu à savoir bien le vrai sur ce caractère; je me
trouve aussi être du *très petit* nombre qui sait au juste ce
qui en est de sa vie et des causes qui l'ont mené là. Je

dois vous dire que c'est en ce que tant de gens blâment si haut en lui que je le trouve le moins blâmable. Son plus grand tort est dans l'orgueil immense et l'égoïsme infini d'une existence qui ne connaît qu'elle : tout le mal vient de là. Quant aux autres faiblesses, elles appellent l'indulgence tant qu'elles ne sont que des faiblesses. Mais c'est assez vous parler d'un sujet obscur et qui ne doit pas être un obstacle aux personnes qui, comme vous, l'aiment et lui ont quelque obligation d'autrefois, de lui garder un sentiment affectueux et désintéressé. Nous nous sommes tous fait, en entrant dans la vie, des idoles, une maîtresse, un poète; nous avons tracé en lettres d'or un idéal d'avenir et comme un programme à l'usage de ces personnes admirées; elles n'ont pas rempli notre programme; elles vont à leur guise, à notre désappointement. Ne leur en veuillons pas trop de nous être trompés sur elles et de ce qu'elles agissent sans nous consulter.

Agréez, monsieur, l'assurance de mon affectueuse estime.

XVII.

A JEAN-JACQUES AMPÈRE.

15 juillet 1836.

Mon cher Ampère,

M. Lenormant m'a donné hier des nouvelles de la colonie de Dieppe et de l'agréable vie que vous y menez, des chants deux fois divins de Milton que vous y entendez, du travail de chacun (j'ai bien songé au vôtre qui, j'espère, s'inaugure sous ces belles influences). Tout cela doit être, en effet, si charmant de près, si enviable et regrettable de loin que, ne pouvant en jouir que par l'imagination, je veux du moins y être en quelque chose près de vous, y être mêlé du moins par mon nom prononcé, par un souvenir, et c'est vous que je charge de me rappeler un moment à votre illustre et aimable compagnie... B... et Fauriel sont les seuls de nos amis que j'aie vus, et nous avons dîné ensemble. Fauriel a déjà imprimé à peu près un volume de son *Histoire* [1], et il est dans les transes quand il pense aux trois autres volumes qui le menacent encore. B... n'a aucune de ces inquiétudes, il sort d'un volume, un autre sera prêt dans quelques jours et deux autres dans un mois; il est dans l'aplomb du sage, heureux, et va voyager vers le Rhin. On a songé, à l'Abbaye, pour remplacer Fauriel cette année qui vient (si les trois volumes le tiennent trop), à Quinet, après en avoir, toutefois, déféré à Magnin ; mais il aurait fallu ou il faudrait que Quinet consentît à descendre d'*Ahasvérus* ou de *Bonaparte* à un essai de critique, d'histoire littéraire qu'on pût présenter comme échantillon à la Sorbonne, qui agrée les suppléants, et il s'est cabré à cette idée. J'en ai parlé à M. Fauriel, qui craint que, si Quinet ne s'y prête pas, ce ne soit impossible ; mais de meilleures influences qui ne cessent de favoriser notre ami errant amèneront peut-être à bon terme ce projet, qui est encore un secret.

Corcelle est venu à Paris l'autre jour. Lui et la famille sont déjà très occupés de la publication des Mémoires du

---

1. *Histoire de la Gaule méridionale sous les conquérants germains.*

général Lafayette, qu'on prépare et qui paraîtront dans peu de mois. Mérimée, qui est revenu d'Angleterre et qui achève d'imprimer un Rapport sur tout ce qu'il a visité dans le Midi de la France, repart pour la Bretagne avant peu. Voilà le maigre bulletin d'ici. Mieux vaut vivre comme vous le faites dans cette jolie Dieppe entre l'Océan et le paradis, ramassant des coquillages ou causant par le menu de nos fabuleuses conspirations et de nos comiques évasions. Il n'y a que la nature, la solitude et l'amitié choisie qui soient sérieuses ; le reste n'est qu'une mauvaise plaisanterie, aigre, criarde, desséchante et salissante. Adieu, cher Ampère, replongez-vous dans votre jeunesse, à loisir, ravivant par l'art ces émotions qu'on n'a qu'une fois. Encadrez dans votre *Rome* magnifique ces nuages du Nord qui ont passé sur les âmes de tous les neveux de Werther et de René ; réalisez enfin pour tous ce que vous nous avez bien des fois raconté, ou à quelques amis intimes, ou à ces nuages mêmes qu'il faut ressaisir. — M. Ballanche n'est-il pas le plus infatigable promeneur d'entre vous, comme il était ici le plus mondain ? Tâchez qu'il nous donne quelques belles pages ; rappelez-lui que c'est à Dieppe, dans un cimetière, je crois, qu'il a lu, pour la première fois, cette *Vision d'Hébal* que nous relisons. Serrez-lui tendrement la main pour moi. — Dites à M. de Chateaubriand combien nous sommes assurés que ses ennuis de traduction nous vaudront un nouveau et unique monument ; remerciez-le aussi des particulières bontés dont il m'a honoré dans tous ces temps, et dont je demeure si touché. Je le dirai également pour madame Récamier, qui me fait bien tort quelquefois en paraissant douter de la profonde et respectueuse affection que je dois à cette bonté gracieuse qui fait époque dans la vie ; mais non, et c'est un devoir même de cette bonté délicate de ne pas douter de ce qu'elle inspire.

Adieu, cher Ampère ; aimez-moi toujours un peu.

XVIII.

A MADAME PÉLEGRIN.

13 août 1836.

Madame et amie,

Au moment où je devrais être chez vous à reprendre les douces habitudes auxquelles vous m'avez déjà si bien et si avant établi, je suis tout surpris et mécontent d'être encore ici et d'y devoir rester deux ou trois ours encore. Je me suis laissé charger de petites notes et corrections d'articles pour *la Revue des Deux Mondes* qui était en détresse et qui paraît lundi. J'ai voulu aussi chercher un livre que je n'avais point trouvé jusqu'ici pour un article que je projette sur madame de la Fayette ; je n'ai trouvé ce livre que hier et je veux en prendre extrait avant de repartir. Voilà, madame, mes seules excuses pour n'être point encore de retour auprès de vous et de madame Gaillard et de toute votre paisible et douce maison...

Paris est tout tranquille et solitaire même. Il n'y a aucun signe politique, et tout ce qui est grave est en Espagne comme vous pouvez le voir. Mais ce qu'il y avait pu avoir ici d'émotion à l'époque des fêtes est passé et s'est trouvé être peu fondé...

J'espère, madame, que vous avez repris un peu de bien-être; il me tarde de me remettre au courant des nouvelles de Précy, des miracles du rebouteur, des conflits des docteurs, etc., etc.; il me tarde surtout de me retrouver près de votre fauteuil à jouir de votre conversation affectueuse. J'ai fait, dimanche dernier, cinq lieues à pied jusqu'après le confluent des deux routes. Vers deux heures environ, et commençant à avoir un peu chaud, j'ai rencontré la voiture qui venait de Beaumont, et elle m'a mis à Paris à cinq heures et demie.

A lundi, madame, ou à mardi au plus tard (car, lundi étant fête, je ne sais s'il y aura voiture). — Offrez bien mes respects à madame Gaillard, à M. Gaillard, et croyez-moi

Votre bien reconnaissant et dévoué.

Ma mère, qui a bien fait quelque chose pour me tenir cette semaine, vous dit mille choses.

XIX.

A LA MÊME.

Ce mardi, 21 septembre 1836.

Madame et amie,

Il m'en coûte beaucoup d'être ici à vous écrire cette lettre au lieu de vous porter moi-même ce que j'ai à vous dire et de revenir tout aussitôt dans votre douce hospitalité.

Voilà aujourd'hui le premier beau jour de soleil que nous ayons depuis que j'ai quitté Précy ; et je crains qu'il n'en ait été de même pour vous, malgré l'exception habituelle du lieu. Ce froid humide s'est fait sentir à moi, et je suis véritablement souffrant, sans aucune force, depuis huit jours. Je les ai passés à travailler, faute de mieux, et j'achève en ce moment ce que j'aurais mieux aimé continuer là-bas.

J'ai vu M. Gaillard hier soir : il avait pris la peine de venir chez ma mère et je le croyais le lendemain à Fontainebleau, suivant ce qu'il m'avait dit, quand je l'ai rencontré le soir avec M. Viguier[1], que je croyais en Hollande. Il avait fait le projet de voir Fontainebleau avec MM. Leclerc et Hallays : la mort de M. de Jussieu a fait remettre la partie au lendemain. J'espère qu'à son retour nous dînerons avec lui et M. Viguier.

N'hésitez pas, madame, pour vous, pour vos amis, à venir cet hiver, et, comme l'hiver commence tôt cette année, à venir en octobre à Paris et à vous laisser diriger de près et avec suite par vos médecins. Je vous dis cela avec grande conviction.

Je dirai dans deux ou trois jours à M. Gaillard si je partirai avec lui, ou si je resterai encore un peu de temps avant d'aller jouir près de vous de quelques dernières bonnes heures, de ces heures qu'on n'a point dans Paris, hélas ! et il ne m'est point encore arrivé jamais, je crois, d'y rire comme à Précy.

---

[1]. Voir sur M. Viguier, *Nouveaux Lundis*, t. **XI**, l'article nécrologique qui lui est consacré.

Présentez tous mes respects et amitiés à madame Gaillard, pour qui j'ai le *Rousseau* de Musset-Pathay.

A vous, madame, de cœur et de respect.

XX.

A M. L'ABBÉ BARBE.

Ce 1ᵉʳ octobre (1836).

Mon cher Barbe,

J'ai été bien contrarié de ce contretemps qui m'a privé de te voir, toi qui venais de si loin. Pourquoi un petit mot d'avance ne m'a-t-il pas prévenu ? Je serais revenu de la campagne un jour plus tôt ; nous nous serions remis à cette conversation de l'an dernier. Il faut désormais venir à Paris dans tes vacances ; ma mère trouvera moyen de te loger, si tu consens à te gêner un peu ; et ce nous serait très doux de t'avoir. J'étais allé aux champs, à une dizaine de lieues, pour me remettre un peu de fraîcheur dans l'esprit et pour y travailler, d'ailleurs, avec un peu de liberté : ce que j'ai fait, autant qu'on le peut dans six semaines. Mon *Port-Royal*, à quoi je n'ai pas cessé de songer, et dont j'ai de plus en plus mûri la connaissance, n'est pourtant pas, à beaucoup près, terminé. J'ai toujours tant de choses à faire en travers de la principale, tant de nécessité que de caprice. Ainsi j'ai fait à la campagne des vers qui, dans mon idée, sont la mise en train d'un nouveau développement qui me demandera bien une année. Je suis dans l'âge de la production, et je sens qu'il me faut travailler de toutes mes forces pour réaliser ; car, plus tard, la force diminue, même la pensée demeurant.

Je suis, d'ailleurs, assez triste, mon cher ami, au milieu même d'une vie fort occupée et assez régulière. Humainement, je suis triste de n'avoir pas plus de résultat ni de perspective matérielle de position, de fortune. En effet, je suis, sur ce point, comme au premier jour de mon début ; mon indépendance y gagne, et je sens, de plus en plus, qu'il est bon de voir les hommes, même supérieurs, avec une déférence libre et, autant qu'on le peut, d'égal à égal. Mon ambition, pourtant, et le sentiment de certaines forces inoccupées et sans application me font souffrir. Au reste, c'est encore là un fonds d'inspiration : l'observation s'aiguise à ce rôle, malgré soi contenu. Religieusement et spirituellement, je souffre aussi de l'absence de foi, de règle fixe et de pôle ; j'ai le sentiment de ces choses ; mais je n'ai pas ces choses mêmes, et bien des raisons s'y opposent. Je m'explique pourquoi je ne les ai pas, j'analyse tout cela ; et, l'analyse faite, je suis plus loin de les avoir. C'est là une souffrance, et qui se redouble de la précédente. Une foi bien fondée serait une guérison à tout. Plus j'y pense, plus (à moins d'un changement divin et d'un rayon) plus donc je ne me crois capable que d'un christianisme, si je l'osais dire, éclectique ; choisissant dans le catholicisme, le piétisme, le jansénisme, le martinisme. Mais que faire sous ce grand nuage sans limites ; et comment s'y guider, les jours où le soleil de l'imagination ne l'éclaire pas et où tout devient brouillard ? Je sais tout ce qu'on peut m'opposer ; mais, pourtant, je ne me sens pas capable jusqu'ici d'aller sincèrement au delà.

Voilà, mon ami, ce dont il faudrait s'entretenir avec toi ; et puis nous causerions des hommes que je connais trop bien la plupart, pour le malheur de mon enthousiasme. Les ayant abordés presque tous par le côté de l'admiration et de la louange, je suis allé vite au fond, et je sais, par malheur, toute l'histoire de leur secrète vanité. Cela n'empêche pas, je le sais, qu'ils n'aient grand talent et valeur ; car le propre des choses d'ici-bas est ce mélange, cette contradiction, le faux à côté du vrai, le petit dans le grand, l'un n'empêchant pas l'autre ; énigme, raillerie burlesque ou sanglante, qui n'a de solution grave et profonde que dans le christianisme.

Il est aussi des douleurs, une douleur qu'en causant avec toi il me serait difficile de ne pas toucher ; je la toucherais seulement, ô mon ami, respectant ta profession grave et scrupuleuse ; je la toucherai pourtant, et tu me le pardonneras, car elle est le fond de mon cœur, et puis la douleur, religieusement gardée, consacre, purifie, expie beaucoup[1].

XXI.

A MADAME PÉLEGRIN.

Ce 26 août (1837).

Chère madame,

Votre aimable lettre m'est arrivée quand je quittais Paris,

1. Il y a ici (dans cette fin de lettre) comme un commencement de chapitre de *Volupté*.

et elle est venue me donner un regret de n'y pouvoir répondre aussitôt, et surtout de la manière qui m'aurait convenu, en me rendant à votre bonne invitation. J'ai passé les deux derniers mois dans une grande réclusion de travail et même de tristesse d'esprit ; je croyais bien n'aller nulle part, et déjà les quinze premiers jours de mes vacances s'étaient écoulés dans cette idée, lorsque je me suis trouvé amené à une excursion que je ne comptais pas faire. Toute la disposition de mon temps va s'en ressentir ; en retournant dans quelques jours à Paris, je vais retrouver mille petites affaires et occupations accumulées, et cet arriéré, je le crains, me prendra les derniers jours de mes misérables vacances, qui finissent au 15 septembre. Si je pouvais pourtant y rogner quelques jours, ce serait avec un vif plaisir que je reverrais Précy et ses aimables hôtes, et que j'y ressaisirais des souvenirs qui, pour se faire déjà anciens, ne me sont que plus chers et plus présents.

J'ai vu que M. Gaillard avait passé à Paris, et il m'a laissé trace de son passage ; mais c'était la veille même de son départ, et je n'ai pu chercher à l'atteindre. Veuillez, chère madame, lui dire mes amitiés, offrir mes affectueux hommages à madame Gaillard, donner un baiser au cher petit [1], et recevoir pour vous-même la somme de tout cela et de toute sorte de respects encore que je serais très heureux d'aller vous renouveler de vive voix dans votre aimable et doux pays.

---

1. M. Jules Gaillard, actuellement conseiller général de l'Oise, qui a bien voulu nous communiquer ces lettres.

XXII.

A LA MÊME.

Lausanne, ce 17 mars 1838.

Je suis bien en retard, madame, pour vous remercier de votre si aimable souvenir. C'est que je ne suis plus un homme de loisir, mais *monsieur le professeur* comme on dit. Je suis fatigué de plus, sans être malade, mais la tête est toute à ce travail inaccoutumé, et il faut faire taire le cœur, qui, d'ailleurs, est assez misérablement saignant. Je vis ici ne voyant personne *à la lettre,* qu'en masse à mon cours. J'ai eu l'honneur de voir une fois mademoiselle Pauline Gely au commencement de mon séjour : je rencontre plus fréquemment l'actif M. Gely. On avait eu la bonté de m'inviter chez eux à une soirée, mais il m'a fallu refuser. Quand j'ai une fois vociféré mon heure durant, je suis hors d'haleine jusqu'à mon heure du surlendemain. Grâce à tous ces soins, je m'en tirerai. Je ne quitterai pas Lausanne sans avoir acquitté votre petite dette.

Mais vous, madame, comment êtes-vous ? où en est votre marche ? et madame Gaillard et monsieur, et M. Viguier, et tous ? je n'ose y porter ma pensée ; car, si je vivais un peu de ce côté de Paris, je ne tiendrais pas ici, et j'ai encore un long bout de sillon devant moi.

J'ai contracté ici de grandes obligations pour l'accueil et la bienveillance sérieuse et si soutenue. Je ne me flatte pas trop pourtant de ce genre de succès. On est curieux, on aime assez à se distraire, et, faute de distraction plus vive, Port-Royal durant une heure remplit quelquefois l'objet.

— On dit qu'il y a ici de fort belles dames et qu'il en vient à mon cours. Comme j'ai de mauvais yeux, j'ai le regret de ne pas pouvoir discerner l'une de l'autre. C'est un ensemble rouge et blanc que je vois, et je parle devant...

Veuillez, madame, offrir mes plus vives affections dans le respect à madame Gaillard, à M. Gaillard, et les agréer pour vous-même, et vous dire que ce sera un jour heureux pour moi que celui où je me retrouverai à Précy, près de vous qui cheminerez enfin, sinon bien vite, dans quelque allée du jardin.

XXIII.

A MADAME ***.

Ce dimanche 29.

> Il vous dictait en souriant,
> Vous écriviez sans le comprendre;
> Ainsi, sans inconvénient,
> On peut écrire un billet tendre...
> Le vôtre, hélas! n'est que charmant.

Si nous étions au temps de Voltaire et de Saint-Lambert, je pourrais continuer longtemps sur ce ton dégagé sans paraître impertinent; mais tout le *progrès* de ce temps-ci, nos mœurs et nos rimes sévères, surtout nos âmes mélancoliques et moroses, ne permettraient pas de s'ébattre ainsi sans se compromettre. Il faut donc, madame, vous répondre tout platement que j'aurai grand bonheur à me rendre à votre invitation aimable pour lundi soir sept heures et demie; car, n'est-ce pas, c'est bien cela?

Pourtant, pour ne pas demeurer trop en reste envers tant de bonne grâce, je vous mets ici le sonnet de notre ami Guttinguer, qui vous sourira mieux que moi. — C'est en renvoyant à une dame les œuvres de Voiture :

> Voici votre Voiture et son galant Permesse :
> Quoique guindé parfois, il est noble toujours.
> On voit tant de mauvais naturel de nos jours
> Que ce brillant monté m'a plu, je le confesse.
>
> On voit (c'est un beau tort) que le commun le blesse,
> Et qu'il veut une langue à part pour ses amours;
> Qu'il croit les honorer par d'étranges discours;
> C'est là de ces défauts où le cœur s'intéresse.
>
> C'était le vrai pour lui que ce faux tant blâmé :
> Je sens que volontiers, femme, je l'eusse aimé.
> Il a d'ailleurs des vers pleins d'un tendre génie :
>
> Tel est celui, charmant, qui jaillit de son cœur :
> *Il faut finir mes jours en l'amour d'Uranie.*
> Saurez-vous comme moi comprendre sa douceur?

C'est dans ces sentiments, madame, de notre ami Guttinguer, de Voiture (ce décorateur de la *Guirlande de Julie*), du seigneur *** et de quelques autres encore, qu'il faut bien que vous me permettiez de me dire aussi votre bien respectueusement et fidèlement dévoué.

XXIV.

A M. LE RÉDACTEUR EN CHEF DU *SIÈCLE* [1].

15 août 1838.

Monsieur,

Je lis dans *le Journal des Débats* du 13 août un article conçu dans des termes tellement offensants et tellement erronés au sujet d'un homme honorable dont je suis l'ami, M. Monnard, député du canton de Vaud à la Diète helvétique, que je crois devoir en relever la souveraine injustice. D'autres pourraient aussi bien que moi rectifier ce qui s'y trouve d'information inexacte sur un homme de si estimable caractère. M. Duchâtel, dont M. Monnard était le précepteur dès les années 1811 et 1812, pourrait apprendre au rédacteur de cet article inconvenant quel est le mérite modeste et le désintéressement moral du citoyen suisse traité d'ici avec cette hauteur pour avoir osé exprimer chez lui une opinion consciencieuse. M. Thiers, dont M. Monnard fut pendant des années l'ami intime; M. Rossi, dont il fut le collègue en Diète; M. Dubois (du *Globe*) et ses collaborateurs, avec qui M. Monnard entretenait d ha-

---

1. *Le Siècle* du 15 août 1838 inséra cette lettre en la faisant précéder de ces lignes :

« Nous nous faisons un devoir de publier la lettre suivante, qui nous est adressée par un homme de talent et de cœur, et qui venge noblement un des membres les plus éminents de la Diète helvétique des railleries inconvenantes dirigées contre lui par les feuilles du Château. »

bituelles communications de littérature et de politique, seraient sur son compte d'une autorité supérieure à la mienne. M. Monnard a combattu dans son pays pour la liberté de la presse et pour la liberté de conscience, pendant que l'on combattait ici plus glorieusement, mais non plus courageusement, pour la même cause. Lui aussi, en ces années (1820-1830), essuyait des procès, encourait des condamnations, des suspensions, et aidait par la pratique à la conquête pénible des libertés que le contre-coup de notre révolution de 1830 assura enfin à son canton. Mais il est tout à fait inexact de dire que M. Monnard soit *radical*. M. Monnard, sans rompre avec ses principes ni avec ses opinions professées du temps de la lutte, ne les pousse pas aujourd'hui et ne les a jamais poussés à ce degré de vivacité et de rigueur qui constitue le *radicalisme*. Honnête homme avant tout, subissant souvent dans son propre pays les attaques de cette presse dont il a, l'un des premiers, enseigné le libre usage, il exprime les opinions que sa droiture lui dicte et ne cherche à flatter aucun parti ni aucune doctrine systématique. Bien que Suisse et citoyen de l'humble canton de Vaud, M. Monnard n'a pas une telle *simplicité républicaine* (selon l'expression de l'article des *Débats*), *que de croire que toute la France a les yeux sur lui* : il s'inquiète beaucoup moins de ce qu'on loue ou de ce qu'on blâme, et beaucoup plus de ce qu'il croit juste. C'est là son caractère notoire dans son pays, et rien n'est plus fait pour y aigrir les esprits dans le conflit présent, rien n'est plus impolitique de la part d'un journal semi-officiel que de telles injures si mal trouvées.

J'ai cru devoir, monsieur, moins encore à M. Monnard,

qui est au-dessus de cela, qu'à moi-même et à la vérité dont je me trouve informé sur son compte, de relever ce qu'il a plu à quelque bel esprit en belle humeur de débiter sur lui d'un ton aussi leste qu'outrageant.

XXV.

A M. ARSÈNE HOUSSAYE.

Ce 15 novembre 1838.

Monsieur,

Ce n'est que d'hier que M. de Mars, par hasard, m'a appris que je pourrai vous attendre. J'ai été bien sensible à vos strophes sur cette Italie que j'ai moins vue que vous ne croyez, mais que j'ai entrevue du moins et emportée en mon cœur, bien que je l'aie presque saccagée, comme faisaient les Barbares pour Rome, en huit jours. Il en reste du moins de beaux lambeaux que répare ensuite avec lenteur le souvenir.

Votre vieille ballade me plaît beaucoup : j'attendais, pour parler poésie dans la *Revue de Paris*, que Bonnaire, absent depuis tout ce temps, fût de retour, il ne l'est pas encore. Durant son absence, c'est Buloz qui tient les rênes, et, pour la question poétique, j'aime mieux m'adresser à Bonnaire, plus débonnaire vraiment à la Muse.

Croyez à mes très cordiales sympathies.

XXVI.

A M. MONNARD.

Ce 25 août 1838.

J'ai moi-même été bienheureux de votre lettre, monsieur et bien cher ami. Il y a longtemps que j'avais à vous répondre, à vous remercier pour un témoignage d'amitié que j'avais deviné entre les mains du directeur de *la Revue des Deux Mondes* et que *la Revue du Nord* m'a confirmé.

Sans vouloir parler politique, j'y prends bien part par mon sentiment. J'ai regretté beaucoup de ne pas m'être bien informé, lorsque j'étais à Lausanne, du détail des faits dans les relations de la France avec la Suisse depuis cinq ou six ans, et des griefs tant pour le fond que pour les procédés et le ton. Je n'ai rapporté qu'une impression que je sais bien être juste, mais que je ne puis démontrer. Cette dernière affaire (du prince Louis[1]) ne peut s'isoler, ce me semble, du reste et de tout l'ensemble des procédés de notre gouvernement. S'il ne vous était pas trop ennuyeux de me résumer avec précision l'ensemble des griefs depuis cinq ou six ans, tant pour le *ton* que pour le fond, et si cela n'était pas trop long, j'aurais à en faire usage à coup sûr, ne fût-ce que dans des

---

1. La France avait demandé l'expulsion du prince Louis-Napoléon à la Suisse, qui la refusa.

conversations. J'apprends avec plaisir les nouvelles de votre aimable famille et ce qui va s'y ajouter de bonheur [1]. Si trop d'occupation et de fatigue m'a si souvent privé de jouir, comme je l'aurais voulu, du voisinage de madame Monnard et de ses charmantes filles, je n'ai pas moins été à tout moment des vôtres par le cœur durant ces sept mois [2].

Je reçois ce matin même des nouvelles de nos amis Olivier, qui sont à Aigle et dont la destinée (académique) a encore une incertitude qui me peine ; j'espère que cela ne durera plus longtemps.

Je n'ai pas revu M. Michelet depuis son retour, mais je sais bien de qui nous causerons tout d'abord avec plaisir. Vous l'aurez dédommagé de ceux qu'il n'aura pas vus.

J'ai repris ma vie d'ici ; mais elle est si diverse et si tiraillée, que j'en suis bien las déjà et que je me tourne de tous côtés pour voir où je pourrai goûter quelque repos, au moins durant une quinzaine d'automne. Mon *Port-Royal* commence à s'imprimer, mais avec toutes les lenteurs d'un début. J'ai vu, depuis mon retour, assez peu de nos connaissances communes ; j'ai causé avec M. Rossi, que j'ai rencontré un soir. Tous les autres sont aux champs ou en voyage.

Offrez mon souvenir à ceux de nos amis que vous verrez, à M. Vulliemin bien particulièrement. On dit M. Manuel [3] assez mal !

1. Il s'agissait du mariage de mademoiselle Clara Monnard.
2. Le séjour de Sainte-Beuve à Lausanne pour son cours de *Port-Royal* a duré sept mois, en effet, de novembre 1837 à mai 1838.
3. Voir au tome IX des *Nouveaux Lundis*, pages 66 et sui-

Je présente à mesdemoiselles Clara et Élisabeth et à madame Monnard mes plus dévoués hommages.

Adieu, et bien à vous de cœur.

P.-S. — Si vous êtes assez bon pour m'écrire ce petit résumé des tristes griefs, le plus tôt que vous pourriez serait le mieux. — J'ai reçu de votre part et lu avec double intérêt votre notice sur le digne général.

XXVII.

A M. ARSÈNE HOUSSAYE.

(1838.)

Cher monsieur Houssaye,

Que votre *pécheresse* est une aimable fille ! Je vous l'aurais dit plus tôt, si je n'avais été sans le moindre loisir tous ces jours-ci, et Daphné veut du plaisir.

Je vous remettrai, si vous voulez, l'exemplaire avec quelques notes en marge.

J'ai lu aussi de vous une histoire qui pourrait bien être la vôtre, car je vous ai reconnu dans ce chevalier sans peur sinon sans reproche.

Ménagez-vous, cher chevalier, même quand Fanny reviendrait encore afin de récrire de ces histoires que vous contez si bien. Mettez-vous à la Bastille s'il le faut.

A vous.

N.-B. — Notre bonne Céleste a dit : « Quoi ! ce monsieur Houssaye en aime deux dans son roman ? c'est abominable ! »

vantes, un intéressant passage sur M. Manuel, dans l'article sur M. Émile Deschanel, *Essai de critique naturelle.* Le portrait est

XXVIII.

A M. MONNARD.

Ce mercredi, 7 novembre (1838).

Mon cher monsieur et ami,

J'apprends que M. Mickiewicz est à Lausanne et qu'il postule une chaire dans votre nouvelle Académie. Permettez-moi de vous recommander aussi vivement que je puis un homme si honorable et si intéressant. Poète de premier ordre, autant que je l'ai pu entrevoir à travers le voile des traductions, le Byron de son pays, mais un Byron moral et chrétien, il a en lui, dans ses destinées et dans celles de son pays malheureux, de quoi mériter toutes les sympathies, et depuis longtemps il a toute mon admiration. Sa vie ici a toujours été très retirée, et conforme à l'austère pudeur de la pauvreté, du génie et du malheur. Je l'ai trop peu connu personnellement, mais c'est là l'idée que tout m'en a donné, c'est celle qu'en ont ses amis, M. de Montalembert, le statuaire David. Je serais heureux de vous induire à la partager, et à la faire partager à ceux de vos collègues dont la décision peut fixer son sort errant et lui donner une patrie.

J'écrirai bientôt à M. Vinet dans le même sens : soyez assez bon pour le prévenir, en lui disant toutes mes amitiés.

Je ne vous ai pas remercié de votre lettre de Lucerne ;

charmant et digne d'être cité, s'il n'était trop long. C'est toute une figure littéraire, remise en lumière.

elle m'a été utile et je l'ai fait lire à ceux qu'elle concernait le plus. Mais ne revenons pas sur ces tristes choses, et puissent-elles s'effacer un jour des esprits le plus justement blessés !

Tâchez que mon souvenir ne s'efface pas tout à fait parmi vous, cher monsieur et ami; rappelez-le, s'il vous plaît, avec mes hommages, à madame Monnard, à mesdemoiselles vos filles; mais mademoiselle Clara est peut-être mariée déjà. Un mot de bonjour à nos chers Olivier, à qui j'écris bientôt.

J'ai pris une part bien sensible à la perte de ce bon M. Manuel. Que d'événements déjà, depuis le peu de mois que je vous ai quittés ! Surtout il y a le fossé profond de cette mort.

Croyez à mes sentiments les plus attachés et dévoués.

XXIX.

AU POÈTE MIĆKIEWICZ.

Jeudi, 28 novembre 1838.

Monsieur,

Je reçois une lettre de mes amis Olivier. L'Académie de Lausanne vient de prendre une décision à votre sujet. Elle a décidé, à l'unanimité et avec acclamation, de demander au Conseil d'État de vous appeler à un cours provisoire aux meilleures conditions et avec le maximum d'appointements. Vous voyez, monsieur, que, si le rayon de poésie perce un peu tard, il perce pourtant. Acceptez, je vous y engage.

Lausanne est un pays excellent, vous y trouverez (oserai-je dire?) une patrie... comme tant d'exilés! Une jeunesse morale, dévouée, patriotique, vous y entourera de liens affectueux. Entre tous, je vous recommande, comme un trésor de poésie, d'affection, de toutes les vertus aimables, le foyer de nos chers amis Olivier. Nulle part, vous ne pourriez vous appuyer plus fortement; si madame Mickiewicz vous accompagnait, vous trouveriez de ce côté tout ce qui pourrait aider, alléger. Enfin, monsieur, je désirerais bien vivement, pour vous, pour Lausanne, que vous y élussiez séjour. Répondez donc, répondez vite : soit à M. Monnard, recteur de l'Académie, soit à Olivier, qui demeure rue Marteray (vous le savez).

Croyez à tous mes sentiments de respect et d'affection.

XXX.

AU MÊME.

24 décembre 1838.

Monsieur,

Je reçois une lettre de M. Olivier qui m'apprend que la lettre officielle de Lausanne a dû vous être adressée; mais il craint qu'elle ne vous parvienne pas, car vous avez négligé, à ce qu'il paraît, d'indiquer une adresse précise. Il semble convaincu de la nécessité d'une réponse prompte de votre part, avec l'envoi du programme. M. Monnard m'envoie un mot également pour m'informer que le Conseil d'instruction publique attend, avec impatience, acceptation et programme de vous. L'ouverture de l'Académie a lieu le 8 janvier : et tous vos amis de là-bas (et vous en avez beaucoup) paraissent souhaiter vivement que vous y soyez pour cette solennité d'installation.

En vous informant à la hâte de cet état des choses, je n'ai que le temps, monsieur, d'y joindre les expressions de mes vœux, pour la santé de madame Mickiewicz, et de mes sentiments bien profonds envers vous.

XXXI.

A M. L'ABBÉ BARBE.

Ce 13 janvier 1839.

Cher Barbe,

Je voulais t'écrire depuis longtemps; j'ai laissé, à mon grand regret, partir M. Haffreingue sans avoir eu l'honneur de le voir : je n'ai rencontré, en allant chez lui, que M. A. G... Si j'ai été si inutile dans cette affaire qui vous était chère, et qui importait à tout Boulogne, j'ai besoin de t'en dire mes raisons.

Je ne suis rien, je n'ai aucune position *sociale* fixe; et, comme j'ai avec cela beaucoup de fierté et d'indépendance, je suis obligé à bien des ménagements de conduite pour ne pas donner à faux.

M. de Salvandy avait été obligeant et même empressé pour moi, à son arrivée au pouvoir. J'ai éludé ses offres; je l'en ai remercié en monnaie de poète, pour adoucir le refus. Mais, hors de là, je l'ai plutôt évité, pour ne pas m'exposer à de nouvelles offres, auxquelles je n'étais pas plus disposé à céder : chaire de faculté en province, etc., etc.

Quant à Villemain, c'est un si chatouilleux et si vain personnage, que toute ma relation avec lui est une perpétuelle coquetterie. Entre nous, chaque bonne grâce de sa part, pour mes amis, me coûte une louange littéraire qu'il lui faut payer. Or je suis à bout de cela, et décidé (pour une quantité de petites raisons trop longues à déduire) à lui tenir un peu rigueur et stricte justice à l'avenir.

J'ai parlé à Cousin, qui m'a dit franchement que tout cela dépendait du maire, M. Adam; que, si celui-ci insistait, il finirait par obtenir. Personne ici dans le pouvoir ni ailleurs, même dans la presse opposante, n'a l'idée du droit et de la liberté. Il n'y avait d'autre moyen de réussir qu'en éludant, ajournant, amoindrissant la question. J'aurais voulu que M. Haffreingue vît M. Molé, homme sage, conciliant et désireux d'accommoder, lequel aurait arrangé la chose avec M. de Salvandy, homme loyal et chaleureux, mais extravagant et sans cesse ébouriffé. — Où en êtes-vous?

Si j'étais député, je parlerais; j'exigerais de telles choses qui sont justes; je saurais me montrer. Mais, encore un coup, je ne suis rien, je n'ai aucune position imposante ni menaçante; et je dois tâcher de maintenir, par beaucoup de discrétion vis-à-vis de ces messieurs puissants, ma position d'homme du monde, poli, respectueux, mais si indépendant que, sauf la forme, je les côtoie d'égal à égal. Si je leur demandais aujourd'hui telle chose, ou je serais traité sans conséquence et comme un homme sans crédit, et je leur répondrais une sottise; ou on me l'accorderait, et, demain, il me faudrait payer, par ma conscience, sur ce qu'on jugerait à propos de me demander en retour.

Je tenais, mon cher ami, à te bien exposer ma situation vraie, pour que tu en dises ce que tu jugeras à propos à M. Haffreingue, en manière d'excuse.

Parle-moi un peu de toi et de tes travaux qui, j'espère, n'auront reçu aucune secousse notable de tout ce tracas pourtant inquiétant. Moi, depuis mon retour de Lausanne, en juin dernier, je me suis laissé reprendre aisément à la vie de Paris. Je travaille; mais surtout je regarde, je vis en me dissipant, en tâchant toutefois de faire tourner à l'expérience des hommes et des choses ces perpétuels écarts. Mon *Port-Royal*, terminé sous une forme de cours, a besoin d'être revu pour devenir un livre; et je m'y mets par instants, mais à de trop lents intervalles pour être prêt cet hiver. Cela sortira, pourtant, quelque jour : nous verrons bien.

Ma mère se porte à merveille et te dit bien des souvenirs. Dis les miens à ton frère; aime-moi toujours et suis-moi d'une pensée fidèle à travers ces vagues ou ces brouillards, où tu me perds quelquefois de vue, mais d'où ma pensée aussi te va fidèlement rejoindre.

Adieu, et écris-moi, mon cher Barbe.

XXXII.

A M. A.-S. CHAUDESAIGUES.

(1839).

Mon cher Chaudesaigues,

J'avais à vous remercier, dès Lausanne, de l'article que j'y ai lu et dans lequel vous m'avez si indulgemment et amicalement traité. Je ne puis insister sur ce remerciement comme je le voudrais, parce que vous me diriez que vous avez exprimé votre pensée ; mais, à travers la pensée même dont je ne me permets pas de vous remercier, il y a le ton, il y a le sentiment sympathique, et vous ne pouvez éluder pour cela ma reconnaissance. Quant au fond même des idées, il en est du moins dont je puis vous dire que vous avez rencontré tout à fait la mienne, par exemple quand vous avez considéré les *Critiques et Portraits* comme une dépendance de la partie élégiaque et romanesque, bien plutôt que comme des critiques expresses. Cela est tout à fait vrai, et à tel point que si, en réimprimant un jour les *Critiques et Portraits*, on les rangeait par l'ordre chronologique des sujets que j'y traite, on ferait un contre sens ; le véritable ordre est celui dans lequel je les ai écrits, selon mon émotion et mon caprice, et toujours dans la nuance particulière où j'étais moi-même dans le moment.

De même, il est très vrai que le roman de *Volupté* est comme un entre-deux et un arrière-fond mélangé de

Joseph Delorme et des *Consolations :* ç'a été tout à fait ma pensée.

Je pourrais vous dire encore bien des points où (louange à part et seulement comme indication critique) vous avez touché juste dans mes doigts le fil de revers de la tapisserie. Mais ce serait trop paraître juger moi-même un si flatteur jugement. Laissez-moi seulement vous redire la profonde gratitude de votre dévoué.

XXXIII.

A MADAME LA COMTESSE MARIE D'AGOULT.

6 février 1840.

Voici un petit mot pour mademoiselle de la R..; si j'ai le plaisir de la rencontrer chez vous ce soir, il est mieux qu'elle l'ait auparavant. Comme je suis très obéissant, j'ai pensé à ce sonnet pour le petit cabinet [1]; il m'est venu un peu au rebours de votre intention, je le crains ; aussi, si on l'inscrit quelque part, il faudra que ce soit, non pas à la porte d'entrée, mais à l'autre porte qui mène au petit divan turc, lequel, dites-vous, n'a pas été et ne sera jamais achevé. Enfin le voilà :

> Petit boudoir auguste ! ô chapelle de gloire,
> Qu'un goût noble et sévère a composée exprès,
> Où tous les dieux mortels, gravant leurs simples traits,
> Ressortent en airain sur la bordure noire ;

---

[1]. Petit cabinet servant de bibliothèque où madame d'Agoult avait groupé un certain nombre de médaillons de David d'Angers.

Où les vivants aussi, déjà vieux de mémoire,
Couronnés de renom bien avant le cyprès,
Sous Gœthe leur Homère, et les plus grands plus près,
Des lambris au plafond accomplissaient l'histoire ;

Et dans ce lieu pourtant presque religieux,
Qui du boudoir n'a rien qu'un jour mystérieux
Et qu'un parfum secret de déité suprême,

Assis à regarder, il m'est venu souvent
Que le mieux ne serait d'être incrusté là même,
Tandis que deux heureux causeraient au-devant.

A vous, madame.

XXXIV.

A MADAME O..., DE LAUSANNE [1].

1840.

Savez-vous, chère madame, que cela rentre bien dans mes idées de gloire d'apprendre que vous lisez mes vers en tête-à-tête avec Mickiewicz ? Voyez-vous, la plus grande gloire des poètes morts ou absents consiste à ce que les vivants heureux et présents les lisent pour en faire un accompagnement et un prétexte à leurs pensées : le piano du fond pendant lequel on cause.

La Rochefoucauld a dit : « Nos actions sont comme les bouts rimés que chacun fait rapporter à ce qui lui plaît. » Jugez si cela est encore plus vrai de nos vers.

---

1. Cette lettre est le commentaire en prose de la précédente à madame d'Agoult. C'est, du moins, la même pensée sous une forme un peu moins ennuagée.

Je donnerais donc tout l'honneur d'être lu par vous avec lui au bonheur de lire près de vous ses vers et le *Faris* ou le sonnet en *Ah ! ah !* ou n'importe quoi interrompu par une parole de vous, par un sourire ou par de fous rires.

Et si lui, Mickiewicz, en était fier, il serait bien bon enfant vraiment ! — « Je serais bien fâché d'être immortel, dit Heine (le poète), parce que, si je l'étais, immortel, je m'apercevrais bien vite que je ne le suis pas. »

XXXV.

A MADEMOISELLE HERMINIE CHAVANNES [1].

Mardi, 26 mai 1840.

Mademoiselle,

Rien ne pouvait m'être plus agréable que le témoignage de souvenir que vous me faites l'honneur de m'adresser.

---

1. Un remerciement public est dû à M. Charles Ritter, de Morges, — le savant et distingué traducteur de Strauss, — à l'initiative de qui nous devons la plupart des lettres de Sainte-Beuve, qui nous viennent de la Suisse. — M. Joseph Hornung, professeur de droit à l'Université de Genève, dont le nom arrête plusieurs fois l'attention, d'une façon significative, dans le tome II de la Correspondance publiée en 1878, a bien voulu, de son côté et de concert avec M. Ritter, joindre des notes explicatives à quelques-unes de ces lettres, adressées à ses compatriotes. En voici une, entre autres, dont il n'est pas besoin de faire ressortir l'importance et l'intérêt littéraires : « Mademoiselle Herminie Chavannes, de Lausanne, née en 1798, morte en 1853, fille du publiciste et philanthrope Daniel-Alexandre Chavannes, sœur du pasteur Félix Chavannes, connu comme poète; parente (par sa mère) de Châtelain, dont il sera question tout à l'heure. Elle a publié, entre autres ouvrages, des biographies de Haller,

Vous avez bien jugé de mes sentiments pour Lausanne,
pour les personnes dont la bienveillance m'y a, dès l'abord,
entouré et soutenu; dans la reconnaissance que je leur
garde, une bonne part, mademoiselle, doit revenir à vous
qui m'avez été d'une si assidue et si entière indulgence.
Mon plus grand soin, dans le livre que je rédige si lentement [1], est de retrouver tout ce que j'ai dit, tout ce qui
m'a été inspiré et fourni par mes bons et sérieux audi
teurs, et de le reproduire avec ce qu'exige d'accompagnement et d'entourage le monde d'ici. Ce que vous me dites
de ce premier volume, ce qu'on veut bien m'en dire ici
même me fait espérer d'avoir assez réussi et m'impose
pour les volumes suivants l'obligation de justifier ce premier succès. Veuillez remercier M. Châtelain [2] pour ses

---

de Lavater, de Pestalozzi, de madame Élisabeth Fry. — Elle ha-
bitait une charmante maison dans le vieux quartier de la Cité.
C'est de la terrasse qu'elle montra un jour à Sainte-Beuve une
figure de taureau que la neige, en fondant, dessine sur le som-
met de la Dent-d'Oche, à l'époque des fenaisons. Sainte-Beuve
y fait allusion dans sa pièce de vers adressée, en 1837, aux étudiants de Lausanne. » (Voir cette pièce, datée du 31 décembre
1837, aux étudiants de la Société de *Zofingue*, dans *Notes et
Sonnets, faisant comme suite aux Pensées d'août.*)

1. *Port-Royal.*
2. Ce M. Châtelain, né à Rotterdam en 1769, mort à Rolle en
1856, auteur d'une *Histoire du synode de Dordrecht* (ouvrage
antiorthodoxe), d'un livre sur le *Goût*, et de romans publiés
sous divers pseudonymes, était connu surtout pour ses pastiches
des écrivains français, qu'il réussissait à merveille. Ce qu'il fit
peut-être de mieux en ce genre fut une prétendue lettre qui
courut sous le nom de Benjamin Constant, et que l'auteur d'*Adolphe* était censé avoir écrite à sa grand'mère, dès l'âge de douze
ans. Sainte-Beuve, tout en la reproduisant, conçut des doutes
sur la précocité d'un enfant de cet âge, même chez Benjamin
Constant; mais il la donna néanmoins, d'après M. Vinet, dans
son article sur *Benjamin Constant et madame de Charrière* (*Por-*

encourageantes paroles, et l'assurer du prix que j'y attache : il est bien, en effet, chez lui quand il juge du siècle de Louis XIV, et il sait le ton de la maison. Que ne suis-je (à l'entrée de ces beaux mois qui s'essayent) dans quelqu'une des allées de jardin où je vous vois lire et penser en face du lac et du ciel, si beaux dans votre bon pays ! Je n'ose m'assurer que j'irai, sans pourtant en désespérer encore. Tant de soins retiennent ; une vie morcelée, qui va au hasard, que mille riens commandent ; ce Paris toujours maudit et qui toujours nous reprend ! Je me laisse aller parfois à regretter de n'être pas resté tout à fait dans le séjour d'étude, de rêve, de solitude entremêlée d'amitié, que le pays de Vaud semblait m'offrir. J'en suis du moins tout à fait par les regrets et par le désir. Les moments les plus agréables, où la pensée se reprend, sont ceux, par exemple, où, revenant dans ce cher pays, je me retrouve sur le bateau à vapeur en face de vous, mademoiselle, de vous et de votre amie : je ne l'ai pas oubliée non plus, veuillez le lui dire. Elle allait alors à Vevey pour y chercher une maison : « Les gens de Vevey ne se doutent pas, me disait-elle, que je vais leur amener trois charmantes filles. » J'espère qu'elle y est bien et que tout son monde se plaît à ce nouveau séjour qui me paraît, en

---

traits littéraires, t. III). On peut l'y retrouver encore ; seulement il y mit plus tard un correctif qui la restitue d'une manière définitive à son véritable auteur, « habile en son temps à ces sortes de supercheries et d'espiègleries » littéraires. M. Vinet, après avoir cru à ce document, comme tout le monde, l'avait totalement fait disparaître de la dernière édition de sa *Chrestomathie*. — Nicolas Châtelain était le gendre de Charles Eynard, à qui la lettre suivante est adressée.

effet, l'idéal du *lac*, plus même que Lausanne et que Rolle, s'il vous plaît.

Mais je me reprends à bavarder comme sur le bateau et je ne voulais, mademoiselle, que vous assurer de mes profonds remerciements et de mes respectueux et affectueux *hommages*.

Mes amitiés, s'il vous plaît, à M. Charles Eynard.

XXXVI.

A M. CHARLES EYNARD[1].

7 juillet (1840).

Cher monsieur,

Tout souvenir de vous est toujours fort précieux. J'en demanderai quelquefois à votre excellente et gracieuse famille, et c'est aimable à vous de venir suppléer par une lettre à son absence. Je n'ai appris la nouvelle de la mort de M. de Stourdza que par ricochet. J'avais remis à Lèbre[2], pour *le Semeur*, la brochure sur les millions du Kamtchatka, et M. Lutteroth en répondant négativement, et avec une sévérité presque czarine, ajoutait qu'on venait

---

1. Voir sur M. Charles Eynard ce que Sainte-Beuve en dit dans ses articles sur *Madame de Krüdner* (*Portraits de Femmes* et *Portraits littéraires*, t. III).

2. Adolphe Lèbre, écrivain vaudois, né en 1814, mort en 1844, est connu par ses articles de philosophie religieuse et de philosophie de l'histoire dans *le Semeur* et *la Revue des Deux Mondes*. Ses œuvres ont été publiées à Lausanne en 1856. (Voir sur Lèbre une note de Sainte-Beuve dans les *Chroniques parisiennes*, p. 83, à la date du 28 juillet 1843.)

d'apprendre la mort de l'auteur de la brochure. Peut-être y a-t-il eu quelque erreur ; je crains pourtant que cette perte, qui doit être si cruelle pour madame de Edling, ne se confirme. — J'ai appris, par la *Revue Suisse*, vos nouveaux travaux biographiques, et il en est qui m'intéressent doublement, ceux par exemple qui concernent la famille et la veuve d'Aubigné. J'espère que la *Revue Suisse* publiera votre notice à son sujet : si elle paraissait ailleurs ou à part, je vous serais bien reconnaissant de me l'envoyer. Je me suis occupé autrefois (et sous le point de vue littéraire seulement) des œuvres de d'Aubigné et de ses vers si énergiques et si bizarres. — Les recherches, que vous auriez à faire ici aux ministères de la guerre ou de la marine, me paraissent devoir être faciles. Un mot de M. Guizot, par exemple, à ses deux collègues, qui accompagnerait votre demande, vous ferait obtenir l'autorisation : il doit exister à ces deux ministères une fonction de bibliothécaire-archiviste, et c'est près de celui-ci que vous seriez renvoyé ; mais il resterait à faire choix d'une personne capable et de confiance, ce qui serait peut-être une difficulté, ces sortes de permissions étant personnelles. Au ministère même, on trouverait probablement quelqu'un, mais pourquoi ne viendriez-vous pas vous-même ?

Dans tous les cas, une demande régulièrement adressée à chacun des deux ministres, et passant par M. Guizot, vous vaudrait une réponse, et, si les questions étaient précises et limitées, il se pourrait que vous reçussiez en même temps copie ou extrait des documents relatifs à vos personnages. — Je ne sais pas bien les affaires héraldiques : il y a ci la *Société pour l'Histoire de France*. Le plus autorisé de nos érudits d'ici, en matière généalogique, est M. Lacabane, employé aux manuscrits de la Bibliothèque du roi. Il est consulté de tous, très instruit et très obligeant.

Je suis très fort en train de mon troisième volume, auquel vous voulez bien vous *intéresser*. Il y a eu ici une espèce de grande curée académique sur Pascal; tout le monde s'y est mis; les éloges, les découvertes de manuscrits, les projets d'éditions, sont à l'ordre du jour. Je laisse passer, m'étant jeté dans mon cloître précisément pour éviter les grands chemins. Je tâcherai de tirer mon profit de tout ce qu'on fera lever de bon et de fin. Mais ce ne sera guère qu'au commencement de l'hiver que je me remettrai de près à l'œuvre.

Offrez mes amitiés à tous ceux qui voudront bien là-bas se souvenir de moi. Je présente mes humbles hommages à madame Charles Eynard, et mes respectueux souvenirs à toute votre famille. — Je salue le beau lac lui-même.

A vous, cher monsieur, et du fond du cœur.

P.-S. Mon adresse est à l'Institut, Bibliothèque Mazarine. — Je ne suis pas bibliothécaire du roi.

XXXVII.

A M. ARSÈNE HOUSSAYE.

Dimanche (1841).

J'ai connu et reconnu tous vos *sentiers*, cher poète; ils m'ont été comme un ressouvenir et un parfum des printemps et des *Isolines* que je n'ai plus. Cela m'a remis au temps de *Rose*; mais, en infidèle que j'étais, je lui préférerais votre *Tavernière* à la *gorge orgueilleuse*, votre Allemande au *corsage séditieux*. Le *beau temps des poètes*, qui de nous ne l'a chanté et pleuré dans son cœur; où sont-ils? où sommes-nous ? tous dispersés, blessés, atteints de mille sortes : les plus heureux encore sont ceux qui regrettent.

> Gardons un épi d'or de toutes nos moissons,
> Gardons le gai refrain de toutes nos chansons.

Vous qui gardez et qui ajoutez encore, vous m'avez rendu en idée plus d'une de ces joies fanées. J'ai été bien fier de me voir et à l'endroit qui me nomme et à celui qui me sous-entend.

Amitiés de cœur.

XXXVIII.

A RODOLPHE TÖPFFER.

Paris, mardi (1841).

Cher monsieur,

Mon confrère à la Bibliothèque, M. Chasles, insiste pour que je vous exprime le désir qu'il a de recevoir de vous vos ouvrages, afin d'en écrire dans *les Débats*. Je crois ne pouvoir me dispenser de lui obéir, car il ne saurait être indifférent d'être apprécié dans ce journal, et par lui qui a de l'autorité parmi les critiques; il demeure à la Bibliothèque Mazarine, à l'Institut.

Déjà, dans *les Débats*, M. Delécluze, à propos des paysagistes genevois, vous a mentionné, et c'est un témoignage qui a son prix, venant de l'auteur de *Mademoiselle de Liron*.

Connaissez-vous ce petit roman ? il a de la grâce naïve. Il paraît que votre volume ici a beaucoup de succès, même matériellement parlant, et qu'il s'en vend beaucoup ; ainsi vous voilà tout à fait des nôtres.

Bienheureux pourtant d'être en même temps là-bas et de jouir de votre lac et de vos monts en ces mois de magnificence !

J'y suis souvent de cœur et de pensée, cher monsieur, et croyez à toutes mes sympathies à jamais bien établies comme je crois aux vôtres[1].

---

1. LETTRE DE M. TÖPFFER A M. PHILARÈTE CHASLES
Conservateur à la Bibliothèque Mazarine, à l'Institut.

Monsieur,

Sans M. Sainte-Beuve, qui m'y encourage par un amical avis, je n'aurais pas osé vous adresser mes ouvrages, car ils sont peu dignes de vous être offerts. Mais quelquefois, en voulant être modeste, on risque de sembler tout le contraire, et c'est une chance qu'il ne faut pas courir.

Je prie donc M. Cherbuliez, mon libraire, de vous faire parvenir mon hommage, que je vous supplie d'accepter pour ce qu'il est, monsieur : un hommage pas ambitieux, et qui s'honorerait infiniment déjà d'être accueilli par vous avec une indulgente et familière bonté. Ces pauvres enfants, vous n'en doutez pas, ne se savaient pas destinés à passer un jour sous vos yeux.

Mais voici qu'en faisant mon paquet, je ne sais trop qu'y mettre, trop qu'en retrancher. Au fond, ce sont de drôles d'ouvrages que les miens, je veux dire étrangement bigarrés et qui, assemblés, ont l'air d'une pacotille de je ne sais quoi.

Pour ne point vous laisser dans le cas d'y chercher un ordre ou un lien, je fais une série de romans, nouvelles et mélanges, — une de quelques opuscules, relatifs aux beaux-arts, — une enfin d'albums autographiés. Et parmi ces derniers, je me permets de glisser une ou deux *relations de voyages* à l'intention de

XXXIX.

A UN COMPATRIOTE.

22 août (1841).

Monsieur,

Je reçois avec beaucoup de reconnaissance les ouvrages que vous me faites l'honneur de m'adresser, et la lettre flatteuse que vous voulez bien y joindre.

Votre publication sur Leuliette [1] m'intéresse particulière-

quiconque autour de vous pourrait y trouver *quelque* récréation. Ce sont des voyages d'écoliers en vacances, avec incidents personnels et noms propres : aussi serai-je reconnaissant, si vous voulez bien ne pas vous dessaisir de ces deux cahiers. C'est sur cette pacotille que M. Charpentier s'est choisi de quoi faire une contrefaçon. J'ai considéré sa piraterie comme un succès bien plus certain pour moi que pour lui, et je ne me serai point trompé, monsieur, si c'est à ce petit livre que je dois l'honneur d'être connu de vous, et de vous exprimer ici directement mon admiration pour vos écrits et ma vive sympathie pour les doctrines et les principes que vous y professez. Agréez, je vous prie, l'expression du dévouement sincère et respectueux avec lequel j'ai l'honneur d'être,

Votre très obéissant serviteur,
R. TÖPFFER.

Genève, ce 30 mai 1841.

[1]. Leuliette, écrivain boulonnais, fils d'un serrurier, et tout d'abord serrurier lui-même, joua un rôle important et honorable sous la Révolution. Il a laissé une renommée inattaquable et de sévère probité. Son compatriote et biographe, M. François Morand, qui a recueilli ses Lettres, lui a rendu pleine justice. Nous renvoyons à cette intéressante publication, qui a pour titre : *Lettres écrites pendant la Révolution française, par J.-J. Leuliette, et publiées sur ses manuscrits pour faire suite à ses Œuvres*, par

ment. J'ai beaucoup entendu parler de lui; j'ai lu, de bonne heure, ses écrits, depuis l'*Eloge de Mirabeau* jusqu'à la *Réponse à Lally-Tolendal*. Il n'est pas exact, pourtant, que j'aie jamais exprimé le dessein d'écrire sur lui avec développement. M. Daunou[1], avec qui j'ai souvent causé de Leuliette, l'aura supposé ou désiré. Je vous dirai très franchement les assez petites raisons qui ont, peut-être, empêché l'idée de naître en moi.

Dans ce genre de Portraits que j'ai tâché de me faire, j'ai toujours choisi, autant que possible, des personnages qui eussent un certain côté poétique, ou, du moins, un certain charme plus ou moins légitime. Leuliette ne m'a rien paru offrir de tel. On me l'a trop raconté par le côté physique; ma mère, alors jeune fille, l'a beaucoup rencontré dans la maison Cavilliers[2] et on le raillait. Il était très

---

M. François Morand (une brochure in-8° de 69 pages, Paris et Boulogne-sur-Mer, 1841). — Parmi les livres de Sainte-Beuve, qui lui venaient de son père, et qu'il avait conservés, nous avons retrouvé un *Éloge funèbre d'Honoré-Riquetti, ci-devant Mirabeau, prononcé dans une séance du club des Amis de la Constitution, après le service solennel, le 12 avril 1791, par J.-J. Leuliette, serrurier, soldat de la garde nationale de Boulogne-sur-Mer*; — un *Discours prononcé devant MM. les Députés chargés de souscrire au Pacte fédératif, au nom du Régiment national de Boulogne-sur-Mer, par M. Leuliette, soldat dans ledit Régiment* ; — mais le plus important ouvrage de Leuliette est son livre : *Des Émigrés français, ou Réponse à M. de Lally-Tolendal*, un vol. in-8°, Paris, an V (1797). — Il était né en 1767 ; il mourut à Paris, en 1808, des suites d'un accident de voiture.

1. M. Daunou était, comme on sait, de Boulogne-sur-Mer.
2. Sainte-Beuve était parent, par sa mère, de cette famille Cavilliers dont il parle ici, famille « affable et prévenante aux talents ». Elle avait accueilli Brissot à Boulogne sur-Mer, où il se maria, et d'où la famille Cavilliers lui recommanda plus tard, à son tour, Leuliette, qui fut placé tout de suite ainsi dans les bureaux du ministre de l'intérieur, Roland (1792). Dans sa belle

grand de taille, et gauche au delà de tout. Il bégayait, ou, du moins, *zurait* en parlant. Il avait la vue très basse, et ne lisait que d'un œil; et on dit même qu'il lisait dans la forge de son père, tout en soufflant : ce qui peut expliquer cette habitude de lire de travers.

Lorsqu'il fut nommé capitaine dans la garde nationale, son épée se mettait en travers de toutes les portes. Lorsqu'il vint à Paris, pour la première fois, il y fut attrapé par une soi-disant *cousine*. A table, il mangeait les asperges par le blanc. Tous ces riens, monsieur, ont beaucoup influé sur mon impression, et, sans me cacher le côté sérieux et élevé de l'homme, m'ont pourtant détourné de m'y arrêter. Ç'a été certainement une des productions originales et improvisées du mouvement de 89; mais la statue n'avait pas eu le temps d'être dégrossie.

Dans ses écrits, j'ai trouvé de l'élévation, du nombre, une certaine éloquence; mais de la déclamation, celle du temps. Il n'a pas eu le loisir d'arriver à ce qui lui eût été propre. N'ayant pas fait de rhétorique, on sent trop qu'il la commence en public : dans sa réponse à Lally-Tolendal, on sent trop l'homme qui a lu de la veille, et pour la première fois, Cicéron. Nul doute, pourtant, que, sans l'accident malheureux qui le renversa, cette nature énergique et généreuse ne fût arrivée à se faire son rang.

Les lettres que vous publiez, monsieur, vont nous le révéler par l'aspect intime et en ce qui intéresse le plus.

---

et large étude sur *Madame Roland (Portraits de Femmes*, p. 181), Sainte-Beuve s'est appuyé justement sur ses propres souvenirs et traditions de famille pour défendre Brissot, autrefois l'hôte des Cavilliers, contre les calomnies de Morande.

C'est à vous, qui l'avez étudié mieux que personne, de lui consacrer les pages que vous réclamez pour sa mémoire. Je parlais, tout à l'heure, de statue ; le point de vue en est souvent plus juste à une distance plus éloignée. Pour apprécier Leuliette, vous êtes, peut-être, plus favorablement placé que moi, qu'on a conduit de bonne heure trop près des coups de marteau et des scories.

Permettez-moi encore, monsieur, de répondre à un regret très honorable pour moi, et que, si je ne me trompe, vous avez exprimé : c'est que je ne fusse pas plus de Boulogne. J'en suis tout à fait, monsieur, par les impressions premières, par les racines secrètes, par le cœur ; ce qu'on tait n'est pas toujours ce qu'on sent le moins. Il y a telle rue, dans le monde, par laquelle je ne repasserai jamais ; et elle ne m'est pas la moins chère. — Quant au Boulogne officiel, je l'ai toujours peu connu ; et, en l'honorant beaucoup, je m'y trouve assez étranger.

Mille excuses, monsieur, pour ces explications que votre indulgence vous attire ; et veuillez croire à l'assurance de mes sentiments les plus distingués.

XL.

A M. ALFRED ASSELINE.

20 novembre 1841.

Je suis bien touché, monsieur, de la lettre que vous m'écrivez ; vous n'aviez pas besoin d'explication, et votre nom suffisait. Quoiqu'il y ait bien longtemps, en effet, que je n'ai eu l'honneur de revoir votre famille, rien de ce qui y touche ne saurait être oublié de moi ; j'ai dû vous y voir autrefois, mais enfant. Vous avez autour de vous de quoi vous exciter et vous guider mieux que personne ne saurait faire [1]. Le seul avantage souvent (et il est triste) de ceux qui paraissent arrivés, c'est de savoir beaucoup mieux les difficultés et les dangers que les moyens. La fortune, même quand le talent s'en mêle, y est pour beaucoup. Dans les études positives, avec de la patience et de la volonté, d'une manière ou d'une autre, on arrive. Dans le champ de l'imagination, le naufrage est presque partout, il n'est qu'heur et malheur. Vous devez être très jeune ; ce n'est qu'alors qu'on est si découragé encore ; vous le serez moins en avançant, dès que vous vous serez fixé, même peut-être à contre-cœur d'abord.

Je vous parle un peu au hasard, ne sachant pas. Je vis très retiré et tout absorbé dans un volume que j'achève et qui me prend mon peu de loisirs. Je suis pourtant à ma Bibliothèque [2] une couple de jours de la semaine, samedi, mercredi, de dix à trois heures. Si, un jour, vous passiez par là, j'aurais plaisir à vous reconnaître et à vous redire combien j'ai gardé bon souvenir de vos excellents parents et de tout ce qui vous touche.

---

1. M. Asseline, père de M. Alfred Asseline, était l'oncle de madame Victor Hugo.
2. La Bibliothèque Mazarine, dont Sainte-Beuve était alors l'un des conservateurs.

XLI.

A RODOLPHE TÖPFFER.

Ce 1ᵉʳ décembre (1841).

Je vous aurais déjà répondu bien vite, monsieur, si, malgré tout le désir, il ne nous manquait souvent ici une chose, cette étoffe dont non seulement la vie est faite, mais aussi la grâce de la vie, je veux dire le temps. C'est là une grande plaie, je vous assure, et qui finit, j'en suis certain, par influer prodigieusement sur le moral et sur le fond de tout. L'activité surexcitée ne peut suffire, et, sans faire tout ce qu'on doit ni surtout rien de ce qu'on aime, on arrive à une petite fièvre continue qui devient notre pouls habituel. Votre beau lac, vos rivages heureux et votre vie plus calme et en même temps si remplie, m'en avaient guéri pour un temps : que je voudrais être sûr de n'être pas devenu incurable depuis lors ! — Il s'est passé bien du temps, monsieur, depuis que je ne vous ai écrit. Dans cet intervalle, savez-vous ? vous avez pris ici vos lettres de grande naturalisation, et vous êtes, n'allez pas faire le modeste, vous aussi, un de nos illustres. Votre nom est partout, avec vos spirituels crayons et vos pages aimables. Ainsi, c'est à vous de nous écrire maintenant.

Je suis très fier d'avoir commencé le coup de cloche. Un critique, je l'ai pensé souvent, n'est qu'un homme dont la montre avance de cinq minutes sur les autres montres. Et, quand je dis cinq minutes, de ce temps-ci, c'est beaucoup.

Mon cher confrère M. Chasles a très bien reçu le paquet de vos livres : il m'en a paru, dans le temps, très touché, et très charmé aussi de la lecture. Comme, un jour, après bien des mois, je me hasardai à lui demander : *Et à quand l'article?* il m'a répondu : *C'est fait.* Qu'ajouter alors? je l'ai cru, je le crois encore; mais c'est l'article sans doute qui se sera perdu, et qui est resté dans quelque case des *Débats*, oublié, égaré, introuvable. Voilà ma *théorie* à ce sujet. Je me méfiais un peu d'avance de ces accidents : ce n'a été qu'à mon corps défendant que je vous ai transmis cette demande. Il a fallu qu'elle revînt maintefois à la charge, et qu'il y eût même un billet autographe. Excusez-moi. Excusez-le aussi ; il fait peu ce qu'il veut; l'essentiel est que vous pouvez vous passer aujourd'hui de *sonneur* et que chacun va de soi-même à votre sermon.

Ce serait une douce chose, monsieur, que de vous voir, que de causer, de dîner en tête-à-tête ensemble, d'arracher à la foule quelques-unes de ces heures d'intimité qui font un gros nœud dans l'amitié et qu'on n'oublie plus. Il faut que ce soit vous qui me le fassiez espérer; car, de mon côté, je ne sais plus quand les affaires et le travail me permettront le loisir de votre belle contrée.

Croyez bien, monsieur, à mes sentiments tout établis, tout formés et déjà anciens.

Je m'aperçois que j'ai écrit de mon écriture illisible, comme n'ayant pas affaire à de mauvais yeux, moi qui n'en ai guère de meilleurs.

XLII.

A M. LE PROFESSEUR EUGÈNE BOREL
A STUTTGART.

Paris, ce 8 janvier 1842.

Monsieur,

Je ne reçois qu'en janvier votre volume[1] et votre lettre, datés d'août. C'est ainsi que les choses du monde vont trop souvent ; on reçoit en hiver les dons qu'il eût fallu à la belle saison. Les vôtres, monsieur, ne viennent pas trop tard : j'y goûte à l'instant une foule d'agréables parfums que recèle cette belle et fraîche poésie de Souabe. Je vous relirai plus d'une fois ; j'aurai certainement plaisir, à l'occasion, à vous citer. La lettre de M. Reuchlin[2], mon ami, datée de juin, est encore plus arriérée que la vôtre. Si vous en avez la facilité, veuillez lui dire mes remercîments pour son excellent souvenir ; je lui adresserai bientôt un volume de mon *Port-Royal.*

Vous n'aviez pas besoin d'excuse, monsieur ; c'est un titre pour moi que d'être voisin du canton de Vaud, et d'appartenir à la Suisse française que j'ai trouvée si hospitalière.

Recevez l'expression de mes sentiments très distingués.

---

1. *Échos lyriques,* poésies traduites de l'allemand en français, Stuttgart et Tubingue, Cotta, 1840.
2. Auteur d'une Histoire de Port-Royal, à qui Sainte-Beuve a dédié le troisième livre *(Pascal)* de son grand ouvrage.

XLIII.

A M. ARSÈNE HOUSSAYE.

Paris, le 14 (janvier 1842).

Mon cher poète,

Ma mère et moi avons été bien sensibles à votre aimable souvenir et à la nouvelle de votre bonheur, qui n'est pas encore en train de s'arrêter, nous le croyons bien. Faites nos meilleurs compliments à votre charmante femme, et tâchez, au moment où vous penserez à nous, d'obtenir un sourire de votre gracieuse enfant : cela porte bonheur. C'est affaire à vous, chers heureux, de prolonger ainsi l'automne aux champs et de le fleurir. Il y a une jolie et même une belle pièce du poète anglais Southey à un ami sur l'automne. Cet ami était incrédule et peu religieux. « L'automne pour vous, lui dit Southey, c'est la mort de toutes choses, une mort sans renaissance et sans recommencement ; pour moi, ce n'est qu'un sommeil, j'entrevois déjà au delà le printemps. » Moi, je suis un peu comme l'incrédule ; l'automne, pour moi, c'est une grande fin sans surlendemain ; aussi je l'évite le plus que je puis, je ne m'y risque plus ; si j'en passais un aux champs, je n'en sortirais pas. Mais vous, vous y bercez vos espérances, votre avenir, vous y renaissez déjà. — Continuez ce doux train d'amour et de jeunesse, et vous, cher poète, chantez-nous-le encore quelquefois en gracieuse idylle (comme l'autre jour) sur la flûte d'ivoire retrouvée.

A vous de tout cœur, et mille hommages respectueux aux pieds de madame Houssaye.

XLIV.

A M. VULLIEMIN [1].

Paris, juillet (1842 ou 1843).

Monsieur,

Je suis des plus négligents en apparence, et presque des plus ingrats, puisque je n'ai pas répondu encore, comme je le dois, à l'envoi obligeant que vous avez bien voulu me faire de vos deux excellents volumes, par lesquels vous continuez si dignement l'*Histoire de la Confédération* aux XVIIe et XVIIIe siècles.

J'ai voulu attendre pour vous remercier complètement, et encore plus sciemment, c'est-à-dire j'ai voulu les achever. Laissez-moi vous dire, monsieur, combien j'ai été instruit et intéressé de tout ce que j'y ai trouvé de docte, profonde et très vive Histoire. Votre morceau préliminaire aux Confédérés respire un sentiment patriotique qui se marque avec énergie dans le style fin et ferme que vous avez su si bien appliquer à cette difficile Histoire. Votre Calvin, votre Charles de Borromée et d'autres figures encore reposent et fixent, au milieu des diversités inévitables que commande à tout moment le sujet. Enfin, monsieur, vous

---

1. M. Vulliemin « historien distingué de la Suisse et continuateur de Jean de Muller », comme Sainte-Beuve le désigne dans un appendice de son *Port-Royal*, auteur d'une *Histoire abrégée de la Confédération suisse*, qui a eu un grand succès, — mort en 1879 à Lausanne, âgé de plus de quatre-vingts ans.

tenez votre rang parmi le petit nombre de ceux qui savent, sans fléchir sous la multitude des faits, cheminer avec honneur, et non sans éclat là où il en faut, dans les routes sévères.

Gardez-moi toujours, je vous en prie, un peu de cette bienveillance dont vous m'avez donné tant de preuves à Lausanne dès le premier jour de mon arrivée, et que j'ai semblé trop peu cultiver depuis, quoique je n'aie jamais cessé d'y rester bien reconnaissant et sensible.

J'offre à madame Vulliemin mes plus respectueux hommages.

XLV.

A M. CHARLES EYNARD.

Ce 22 avril (1842 ou 1843).

Cher monsieur,

J'avais appris, avec bien de la participation à votre peine, la douleur qui vous a frappé ; les belles et bonnes paroles que vous me dites là-dessus me montrent que le chrétien seul sait user du malheur comme de la félicité, sans danger et sans immodération humaine, et selon la vraie charité.

Nous avons toujours ici nos amis Olivier, mais jusqu'à demain seulement ; la maladie de leur belle-sœur leur a été un avertissement de repartir.

J'avais déjà reçu (par le comte de Saint-Priest) le petit opuscule de M. de Stourdza ; j'ai pensé que *le Semeur* seul pouvait rendre convenablement un compte particulier de ces œuvres pies, et qu'il avait caractère pour cela : j'ai donc chargé notre ami Lèbre d'arranger l'affaire. J'espère qu'il aura réussi. Quant aux profanes Revues *de Paris* ou *des Deux Mondes*, il n'y fallait pas penser. Il me semble que, si de votre côté vous vous adressez à quelques feuilles du canton, vous remplirez l'objet de l'auteur, qui doit être que ces nouvelles arrivent à l'adresse de ceux qui en sont dignes, et pas des autres. Quand me reverrai-je dans votre Suisse fructueuse et salutaire, au bord de votre beau lac et avec ces loisirs qui laissent les pensées prendre leur niveau ! Je ne sais plus : les devoirs, les nécessités, les relations nous lient de toutes parts, et la vivacité de la jeunesse diminue. Mais vous, cher monsieur, vous nous reviendrez.

J'offre à madame Eynard mes humbles hommages, et à vous toutes mes tendres amitiés.

XLVI.

AU MÊME.

Paris, ce 3 janvier 1843.

Cher monsieur,

Votre souvenir aimable m'est toujours précieux ; en même temps que je recevais votre lettre, je lisais de vous un article dans la *Revue Suisse* sur la veuve de d'Aubigné. Il m'a fort intéressé ; je n'ai regretté qu'une chose, c'est que cette dame ne parlât pas davantage de son dernier mari, dont les œuvres et le caractère sont si faits pour nous attirer. Mais le premier, décidément, avait pris le meilleur de son cœur. De telles études sur les anciennes familles éclairent heureusement l'histoire d'un pays. Hélas! cette ancienne Genève est morte, morte comme tant d'autres choses ; les républiques comme les rois.

Vous aurez su peut-être la grande nouvelle littéraire de Lausanne, c'est que nos amis Olivier prennent en main *la Revue Suisse*; j'en suis charmé pour tout le monde, et ils y trouveront un champ où déployer plus à l'aise des qualités qui ne demandaient qu'une place au soleil, une fenêtre.

Lèbre écrit, dans *la Revue des Deux Mondes*, des articles très importants ; voyez la Revue du 1er janvier chez Vieusseux. C'est lui qui nous a donné nos étrennes avec Hegel et Schelling. Un bien gros bonbon, direz-vous, pour nos beaux-esprits de Paris. Mais vous savez que nous devenons sérieux. Ce travail, si je ne me trompe, fera beaucoup d'honneur à Lèbre. —Je vous dis de lui ce qu'il ne vous en dira pas.

Il a paru ici un livre de Cousin sur Pascal qui vous intéresserait. Mais je ne sais s'il franchira les monts.

Je vois assez souvent vos aimables parents, qui ont pour moi toute sorte de bontés; vous y êtes bien pour quelque chose.

Ma santé très inégale et la vie du monde, que je ne mène pourtant pas même à demi, retardent bien mon travail; je vous envie de pouvoir vous déplacer quand le cœur vous le dit ou que la santé le sollicite. Ma chaîne ici n'est pas très lourde, mais elle est courte ; c'est une manière de m'avertir que c'est une chaîne.

J'ai été autrefois à Pise, tel que vous me voyez; un seul jour, quelques heures; assez pourtant pour y voir les quais, la Spina, les quatre monuments, et pour courir encore jusqu'aux Cascines dire un bonjour aux chameaux sauvages. Je vous suis donc dans votre séjour avec un intérêt de plus.

J'ai reçu de madame Edling une lettre datée d'une petite île voisine de Constantinople; elle a dû retourner depuis dans sa Crimée; je lui ai répondu à Odessa, mais n'ai pas reçu de récentes nouvelles.

J'espère que la santé de madame Eynard se trouvera tout à fait bien de ce clément hiver d'Italie; veuillez, cher monsieur, lui offrir mes hommages et recevoir aussi l'expression bien vraie de tous mes sentiments et de mes vœux.

XLVII.

A MADAME GAILLARD.

Ce vendredi (1843).

Je dois aujourd'hui, madame, aller sans façon, n'est-ce pas? dîner avec vous, mais tout à fait sans façon. Je suis si souffrant depuis deux ou trois jours, que je ne serais pas en état si c'était autrement. Je vous demanderai de plus la grâce de ne pas aller à ce sermon dont j'ai horreur (sermon de Combalot); ce n'est pas pour l'horreur que je vaincrais encore par obéissance pour vous, mais je ne pourrais physiquement suffire à cet excès, d'autant plus que j'ai à paraître, à neuf heures, à une récitation de quelques scènes de *Judith* par mademoiselle Rachel. Y manquer serait une sorte de désobligeance pour l'auteur. — Il faut que je compte bien sur votre indulgence, madame, pour entrer ainsi dans ces détails; mais j'y compte ainsi que sur tous les sentiments bienveillants auxquels vous m'avez accoutumé.

XLVIII.

A M. NICOLAS MARTIN[1].

28 mai 1843.

Merci, mon cher poète, de votre bon et triste souvenir. J'avais pris bien part à la perte que vous avez faite; le temps seul adoucit ces blessures, et les amène en nous à l'état tolérable, — le temps, et d'autres affections en qui les premières revivent. On est père à son tour; la famille guérit ainsi les douleurs dont elle est l'objet. C'en est le bienfait; et nous qui ne nous renouvelons pas par la famille, nous n'avons dans l'avenir à attendre que des douleurs.

XLIX.

A M. ALRED ASSELINE[2].

(1843).

Je suis très fâché, monsieur, d'apprendre l'incident qui vous entrave. Je n'avais moi-même pensé à l'article *Soulié*

---

1. A propos de la mort de son père.
2. Chargé de la critique littéraire à *la Revue de Paris*.

que parce que je le croyais sans inconvénient, et peu fait pour exciter la contradiction. Il me semblait qu'en causant d'une part avec M. Buloz pour vous assurer de quelques points et de *l'état des lieux,* il vous était facile d'autre part de rejoindre ces points-là d'après vos impressions et vos lectures. Du moment que la difficulté vous semble telle, il vaut mieux se porter sur un autre sujet. J'en causerai moi-même avec M. Buloz quand je le verrai, et m'assurerai de ses intentions.

Je dois pourtant vous dire que vous vous êtes assurément mépris quand vous avez cru qu'on vous poussait à des révélations de vie privée. Il faut sur ces points, même en biographie littéraire, en savoir plus qu'on n'en dit, pour ne pas dire à faux ; mais, dans les cinquante articles de *poètes et romanciers* publiés dans *la Revue,* je cherche en vain à m'en rappeler un seul où l'on ait transgressé la convenance sur ce chapitre de la vie privée ; et certainement aujourd'hui, et à l'égard de M. Soulié, on ne demandait pas autre chose.

Mais veuillez ajourner, puisqu'il vous a semblé ainsi. Nous en reparlerons, après que j'aurai parlé moi-même à M. Buloz.

Mille compliments affectueux.

L.

A M. CHARLES EYNARD.

27 août (1843).

Cher monsieur,

J'ai reçu votre aimable souvenir ; vous savez bien que toutes les occasions qui me reportent là-bas en idée sont les bienvenues. Je n'ai pas bien saisi par votre lettre si M. d'Ochando en devait être le porteur, s'il était arrivé déjà ici ou en train de se marier à Genève. Dès que je saurai où le trouver ici, je ne manquerai pas de me rendre à d'aussi flatteurs désirs que ceux que vous m'exprimez. J'ai reçu de madame Edling les lettres du comte Joseph[1] auxquelles j'attachais tant de prix; mais je ne ferai mon travail sur lui qu'après mon second volume paru, c'est-à-dire dans quatre mois, je pense, si les calculs de Paris ne sont pas toujours en défaut quant au temps. — J'espère que votre douce vie du lac, en vous donnant un redoublement de bonheur, ne vous aura pas ôté tout regret de Paris et tout désir de le revoir; j'y pense beaucoup, à votre lac; je crains d'être malade, cet hiver, de ne l'avoir pas vu cette année; j'en avais besoin, j'en avais soif; mais tant de choses enchaînent, qu'on finit par se lasser et rester où l'on est... Mais je souffre de ne pas m'y être retrempé. Nos amis Olivier le savent bien.

Veuillez, cher monsieur, offrir mes humbles respects à madame Charles Eynard et me rappeler non moins respectueusement au souvenir de toute votre famille, qui m'a fait un si obligeant accueil.

A vous.

Je ne sais où est Lèbre depuis deux bons mois. — Voici un petit mot pour M. Châtelain que je vous serais obligé de lui faire tenir.

1. Joseph de Maistre.

LI.

A MADAME LA COMTESSE D'AGOULT.

(1843 ou 1844.

Je suis très heureux de votre remerciement; rien n'est triste, vous avez bien raison, comme de revoir des lieux anciens tout semés de nos souvenirs. Je n'y puis suffire pour mon compte, et tous les lieux que j'aime ainsi, je ne les reverrai pas. Jamais je ne reverrai mes rues d'enfance et mes promenades du premier avril : il faudrait mourir le soir du jour où l'on aurait fait ce pèlerinage. — Vous n'en êtes pas là et vous avez encore d'autres lieux que Monnaye [1], où vous avez des parts de vous-même ; c'est tout au plus si, là, vous retrouvez quelque brin de laine légère envolé aux buissons : ainsi ne faites que rêver d'une douce tristesse. La campagne doit être très belle : je n'en jouirai pas, mes vacances finissent dans huit jours. J'étais tenté hier d'aller profiter à quelque campagne amie de deux ou trois jours du moins, mais une mauvaise nuit et ma difficulté de me remettre à flot chaque matin m'avertissent de prendre décidément mes quartiers d'hiver et même dès l'été. — Les printemps sont et demeurent supprimés. — Le prince L... est vraiment écervelé : n'y au-

---

1. Monnaye est le premier relais sur la route de Tours à Chartres, aujourd'hui la troisième station avant d'arriver à Tours en venant de Paris par la ligne de Vendôme. C'est près de là qu'était *le Mortier*, propriété de la famille de Flavigny, où madame d'Agoult avait passé une partie de son enfance.

rait-il donc pas moyen de lui persuader qu'on ne vit pas comme au xiie siècle et qu'on ne tombe pas sur les gens comme sur un troupeau de moutons? Il se fera tuer quelque jour. Cela eût fait un héros de la Table-Ronde. — Le livre de la princesse B... [1] est sur quelques tables favorisées : *Essai sur la formation... du dogme catholique...* Voilà comme il faut en faire quand on se mêle de théologie. Je sais que madame Récamier, l'autre jour, avait lu *Origène*. Les modes de notre temps en vérité sont singulières. N'ayons jamais de ces conversions, belle Marie, et ajournons l'*Origène*.

Paris est des plus déserts, deux fois plus que de coutume; tous ceux que la session inopinée avait ramenés malgré eux se sont sauvés avec redoublement de jambes et de chevaux : il n'y a plus que des malades, des délaissés, des bibliothécaires. — J'ai écrit, il y a quelque temps, à notre amie Hortense [2], qui m'avait demandé un livre : elle ne m'a pas répondu; ceci devient grave. — *La Revue indépendante* est en train de passer à notre ami Petetin; mais Leroux veut y rester en conseil avec Viardot et madame Sand, et Petetin veut être le maître d'ôter les obstacles. L'autre jour, en sortant de chez vous, Petetin m'a exposé au long ses plans de Revue. — Quel était donc ce Russe qui savait tout et le disait si bien, qui nous apprenait nos chefs-d'œuvre en Balzac et en Montmorency? Ils sont comme cela, ces Russes : ils me représentent d'avance la postérité, et la postérité la plus jolie. Ce sera un joli pêle-mêle. Aimez donc la vraie gloire.

1. La princesse Christine de Belgiojoso.
2. Madame Hortense Allart de Méritens.

Adieu. Rencontrez-vous quelquefois les *** voisins, je crois, de votre frère? Madame *** est de mes amies; au moins, je suis de ses admirateurs. Elle a de nobles qualités. — Mille hommages de respect et de cœur, très chère Marie, — et pourquoi pas?

LII.

A M. ARSÈNE HOUSSAYE.

Lundi (1843 ou 1844).

Le très aimable poète Arsène m'avait trop gâté dans son article *Fontenelle,* mais il n'avait pas gâté Fontenelle, et je lui en voulais un peu de sa sévérité. Je viens de lire Dufresny et tout est pardonné. C'est vraiment charmant de fond et de tout.

Quant à Fontenelle, j'aurais demandé grâce en faveur de ces jolis vers sur un *buste* ou *portrait* de Descartes qu'il avait sur sa cheminée :

> Avec sa mine renfrognée,
> Élevé sur ma cheminée,
> Descartes dit : « Messieurs, c'est moi
> Qui dans ces lieux donne la loi. »
> Mais, au fond d'une alcôve obscure,
> Se cache une aimable figure,
> Qui se moque du ton qu'il prend
> Et dit tout bas : *O l'ignorant!*

C'est là un titre pour Fontenelle auprès de tous ceux qui ont alcôve et jolie figure dedans : vous savez qui.

Compliments et amitiés.

LIII.

A M. PHILARÈTE CHASLES.

Ce 3 juin (1844).

Je reçois, mon cher Chasles, un petit mot très aimable ; je prends toutes les amitiés, mais pourquoi les félicitations ? Croyez bien pourtant que j'accepterais le tout, si je ne craignais qu'il n'y eût quelque méprise et *quiproquo*, et que quelque autre personne ne fût privée d'une réponse. — Oui, vous avez bien raison : rester critique, rester écrivain, indépendant, et en face du public, ce serait encore le plus beau rôle, — dût-on ne jamais être de l'Académie. Ma crise passée, je m'y tiendrai ; j'y reviendrai. A vous de cœur.

Merci mille fois pour Émile D...

LIV.

A M. ARSÈNE HOUSSAYE.

Lundi (1844).

Mon cher ami,

Excusez-moi d'avoir ignoré ce dont on ne m'avait pas prévenu et ce qui s'est passé durant mon absence. Je ne manquerai pas de tenir compte pour *Raphaël* de votre priorité, et je mettrai sur le compte de mes sourcils grisonnants la différence de vue entre vous, le poète de la jeunesse et des roses, et moi qui ne vois plus de roses. — Merci de votre charmant volume; encore une fois excusez-moi, et permettez que je garde votre article quelques jours.

Tout à vous.

Mes hommages, s'il vous plaît, aux pieds de madame Houssaye.

LV.

A M. L'ABBÉ BARBE.

Paris, ce 5 mai 1844.

Mon cher Barbe,

Rien ne pouvait m'être plus agréable et plus doux qu'un souvenir de toi et venant à cette occasion[1]. J'ai bien souvent pensé à toi, mon cher ami; mais, l'occasion de te le dire ne se présentant pas, j'attendais toujours, comptant bien que ton amitié s'en dirait autant de son côté, et que nous nous retrouverions, à coup sûr, les mêmes.

Me voilà, en effet, arrivé à un but auquel j'avais très peu visé; j'en dois être très heureux et satisfait, en même temps qu'honoré. Je dis que j'en *dois* être, car cela ne change les choses qu'à l'extérieur, et le vrai bonheur n'est

1. Sainte-Beuve venait d'être nommé de l'Académie française (le 14 mars 1844).

pas là : il est, même à ne prendre que le côté littéraire, dans l'étude, dans la satisfaction de produire des œuvres telles qu'on les a conçues. A plus forte raison, si on sort de ce point de vue tout passager, a-t-on le droit de penser ainsi et de mettre le bonheur en lieu plus haut et plus réservé. — Les positions littéraires officielles, avec les avantages qu'elles procurent, amènent des devoirs, des sujétions, des pertes de temps continuelles ; quand on y arrive, le bon temps de l'étude libre, obscure, recueillie, est d'ordinaire passé.

J'ai commencé un gros livre que toutes ces distractions ambitieuses de candidature et cette vie de monde ont fort interrompu ; j'ai hâte d'y revenir et de l'achever. Tu en auras entendu parler, et je voudrais que tu n'eusses pas trop de préventions contre. C'est de mon livre sur *Port-Royal* qu'il s'agit. Si tu le lis, tu verras que j'ai sincèrement tâché d'être impartial, de ne pas trancher en matière de foi, et de faire connaître mes personnages historiquement et sous l'aspect moral. — Cette querelle, qui vient de se ranimer si vive entre le clergé et la philosophie éclectique (qui n'est pas la mienne et ne l'a jamais été), cette querelle, à laquelle mon livre est antérieur, me servira d'avertissement pour redoubler de prudence et d'impartialité. Je m'y crois obligé, désormais, encore plus que par le passé ; et, à ne prendre les choses même que par le côté du goût, vraiment, je devrai parler des jésuites avec mille fois plus de précautions, après tout ce réchauffé d'injures qu'on vient de nous servir.

Quant au fond, mon cher ami, je voudrais pouvoir te dire que je suis plus fixé : malheureusement, ma vie, en même temps qu'elle a eu l'air de se régler socialement et de se consolider, est allée, au dedans, fort au hasard ; et les mille petits liens, les distractions courantes, les fautes acquises et le poids même du passé, sont propres à empêcher, à étouffer ce qu'il pourrait y avoir, par moments, de velléités sérieuses. Je sens le mal, puisque je te parle ainsi, et je continue pourtant : *deteriora sequor ;* parce que le flot nous pousse et que ma nef n'a pas d'ancre. — Je ne sais quand je pourrai aller à Boulogne : je suis toujours en arrière de mes affaires littéraires, ne pouvant suffire aux engagements pris, aux choses commencées ; en souffrant et n'osant me permettre un loisir bien décidé, tandis que je perds souvent le temps, ici, en mille petites parcelles.

Quand *Port-Royal*, pourtant, sera fini, je me donnerai cette vacance ; et nous recommencerons quelque bonne promenade d'autrefois.

Ma mère ne va pas mal ; malgré son grand âge (près de quatre-vingts ans), elle est très alerte et court encore dans Paris. Elle est bien sensible à ton bon souvenir. — Mon père et ma bonne tante étaient de Moreuil en Picardie : voilà le *bourg paternel*.

Mille amitiés, mon cher Barbe, ainsi qu'à ton frère, qui est, je crois, le bibliothécaire de la maison. Je t'embrasse et te prie de m'écrire, tout simplement et directement, quelquefois. Cela me fera bien du plaisir.

A toi.

LVI.

À MADAME VERTEL.

Ce 10 juillet 1844.

Non, chère madame, je ne prends pas pour autre chose que pour de l'amitié votre aimable insistance ; merci de m'avoir informé de cette joie de famille. Je n'ai pas répondu parce que je me suis dit : « J'irai ! » et les soirs se sont succédé sans que j'aie trouvé le moment. Je suis moi-même fort abattu depuis bien des jours et en proie à une anxiété qui m'ôte tout ressort. Vous attachez à ces nominations et honneurs littéraires un prix qu'il m'est impossible d'y voir ; je regrette le temps où je vous chantais, et toutes les Académies du monde ne sont que des palliatifs fort peu récréatifs. — Dès que j'aurai un peu de mouvement, j'irai vous remercier et féliciter mademoiselle Noëma, dont je vois d'ici toute la sagesse, et à qui je dois désormais tous mes hommages. Et votre Charlot ?

A vous, chère madame, mes vœux les plus respectueux.

LVII.

A M. CHARLES EYNARD.

Ce 2 août 1844.

J'ai bien pris part, cher monsieur, à la perte que vous avez faite, et, après la mort de ce pauvre Lèbre et de la comtesse d'Edling, je puis bien dire, à celles que nous avons faites. — C'est vous qui m'apprenez la mort de madame Edling : je ne vois ici personne qui ait pu m'en informer ; ainsi je serai heureux de savoir par vous les détails plus particuliers quand vous les aurez. Je n'avais pas reçu de lettre d'elle depuis l'article sur Joseph de Maistre, paru il y a un an, et qu'elle n'avait pas encore lu au moment de sa dernière lettre. — Plus la vie avance, plus on se disperse, chacun s'asseyant sur quelque borne de la route par fatigue, et le chemin est ainsi semé. — Vous êtes échoué là-bas sur un bien beau et doux rivage ; je ne l'ai qu'entrevu, mais il me semble que ce séjour doit apaiser l'âme quand elle ne porte pas en elle de ces blessures incurables. Vous avez, d'ailleurs, le grand remède, cher monsieur ; le soleil de ces beaux lieux doit vous en être plus bienfaisant. Je suis aussi, de mon côté, vieillissant et laborieux : je tâche de mener à fin, à travers la vie de Paris, les travaux commencés, et j'en viens difficilement à bout. Mon troisième volume n'est pas prêt ; il me faut pour le troisième et le quatrième volume six ou sept mois complets de solitude que je ne pourrai me procurer que lorsque j'aurai été reçu [1] à l'Académie. Si Dieu me prête vie, j'arriverai au terme malgré toutes les lenteurs, car je ne perds pas de vue mon but. — J'ai reçu votre *Guizan* et l'ai lu avec l'intérêt que mérite une vie si diverse et si honorable, et si bien racontée : ce sont de beaux livres. Ne perdez pas de vue madame de Krüdner, que j'ai annoncée en note en réimprimant mes *Portraits*. J'ai le livre de

---

1. Sainte-Beuve préparait alors son discours.

l'abbé Gerbet : ce que j'en ai lu m'a tellement charmé, que je l'ai aussitôt prêté à des dames très enthousiastes de Rome, et voici qu'il ne m'est pas revenu encore. Remerciez ce cher abbé de son aimable pensée et faites-lui mes tendresses. — Il est un autre abbé que je voudrais vous voir aussi connaître, c'est l'abbé Cazalès ; il doit être à Rome en ce moment. C'est un excellent cœur et un esprit des plus éclairés. La mort de ce pauvre Lèbre a coupé tout un côté de communications avec des idées et des hommes que j'aime : il me manque bien. On s'aperçoit de ces places que d'autres tenaient en nous quand elles sont vides. J'ai souvent des nouvelles de nos chers Olivier, mais je ne puis les aller visiter. — Adieu, cher monsieur ; vous êtes bien aimable de ne pas m'oublier, et aussi vous n'êtes que juste en cela. Offrez mes humbles respects à madame Eynard et croyez à mes fidèles et bons souvenirs.

LVIII.

A UN COMPATRIOTE.

Ce 11 août 1844.

Monsieur,

J'ai reçu avec reconnaissance la nouvelle preuve que vous me donnez de votre bienveillante attention. J'ai, en effet, connu M. Daunou dès 1819, seconde année de mon séjour à Paris. Je l'ai beaucoup vu durant ces dernières années de mes études. Vers 1826, ma collaboration au *Globe*, qu'il n'aimait pas, et, bientôt, mes premières escapades *romantiques*, mirent une certaine barrière dans des relations qui, jusque-là, avaient été aussi ouvertes et aussi confiantes que le permettait la différence des caractères et des âges. Mais il ne cessa pas d'avoir pour moi de l'indulgence; il y avait seulement de certains sujets dont nous évitions de parler. Il disait que j'étais comme un *jeune homme amoureux*, et que cela passerait. Je l'ai toujours cultivé jusqu'à la fin, et l'ai même visité la veille de sa mort. J'aurais voulu, sur quelques points, être moins *juge* et jeter quelques voiles; mais, en y regardant de près, j'ai cru que tout en lui se tenait, et que le mieux était de creuser à fond un caractère, qui a ainsi toute son originalité aux yeux du lecteur [1].

LIX.

A M. L'ABBÉ BARBE.

Paris, ce 18 juin (1845).

Cher Barbe,

Tes lettres me font toujours un vrai plaisir; et je t'assure que, malgré les distances de l'âge et des années, nous nous retrouverions, tu me retrouverais exactement le même

---

1. Sainte-Beuve venait de publier son étude sur Daunou, dans *la Revue des Deux Mondes* du 1ᵉʳ août 1844.

qu'autrefois, au bout de cinq minutes de causerie. Le même ! pas tout à fait cependant ; mais par le cœur, par les idées aussi, et par les *tendances*. Voilà de grands combats, survenus dans le monde religieux, qui ne me plaisent pas du tout ; j'aimais mieux le temps où nous vivions en paix et intimité avec l'abbé Gerbet, Cazalès et autres : tous ces excès-là, de part et d'autre, sont d'un pernicieux effet. Je tourne le dos aux Michelet et aux Quinet ; mais je ne puis tendre la main aux Veuillot. Quand mon ami Cazalès passe par ici, je vais à lui, nous dînons ensemble, et il me semble que nous nous entendons encore, ou que nous nous entendrions.

Je suis trop obéré de travail, d'engagements de toute sorte, pour pouvoir me donner le loisir d'aller causer avec toi sous vos beaux arbres de l'évêché ou du rempart. J'ai bien mes tracas, mes soucis même, et quelques-uns graves et permanents : il faut travailler à travers tout cela et faire son petit rôle en public, plume en main. La plume m'embarrasse moins que la parole ; aussi cette cérémonie académique[1] m'a fort chiffonné à l'avance, et j'ai été bien heureux de m'en être tiré convenablement. Toutes ces Académies, entre nous, sont des enfantillages ; du moins l'Académie française. Le moindre quart d'heure de rêverie solitaire ou de causerie sérieuse, à deux, dans notre jeunesse, était mieux employé ; mais, en vieillissant, on redevient sujet à ces riens-là : il est bon seulement de savoir que ce sont des riens.

Il est survenu une chose à laquelle tu as dû penser

---

1. Sa réception à l'Académie française le 27 février 1845.

plus que tu ne m'en parles. J'ai été mis à l'index pour *Port-Royal*. Cela va m'obliger à redoubler de modération dans la suite de mon travail, ne fût-ce qu'au point de vue du goût et de la convenance, pour ne point faire chorus avec les loups. J'aurais bien mieux aimé que cet index-là n'eût pas lieu[1]; et je n'avais pas cru y prêter, moi littérateur et amateur respectueux, et non pas théologien.

Présente mes amitiés à ton frère; garde bon souvenir de moi, mon cher Barbe, et sois bien sûr du mien.

Tout à toi.

LX.

A M. ARSÈNE HOUSSAYE.

Ce 14 juillet (1845).

Mon cher poète,

Voilà ma nouvelle édition de Poésies : c'est bien assez de vers comme cela.

Je vous rappelle instamment ce que vous m'avez promis de faire pour les autres: tâchez, à tout prix, et aussi promp-

---

1. On ne sait si c'est politesse ou ironie, mais l'unique allusion que Sainte-Beuve ait faite depuis — et dans *Port-Royal* même — à cette mesure du Saint-Siège, qui datait de 1845, a été celle-ci qu'on lit dans le tome III de *Port-Royal*, portant une préface de 1846 : « Si jamais pareil honneur nous arrivait d'être mis à l'*Index*... » Et il n'a rien dit de plus jusque dans la dernière édition du même volume, parue en 1865, (*Port-Royal*, t. III, p. 226, en note).

tement que vous le pourrez, de les avoir entre vos mains. Tout ce que vous croirez devoir faire à cet effet sera bien fait, et un vrai service dont je vous resterai profondément reconnaissant.

Si l'idée que vous ne les demandez que pour en *publier*, donnait des scrupules à ceux qui pourraient avoir ces vers entre les mains, vous pourriez les rassurer, et dire que vous vous réservez de publier ou de ne pas publier, que vous voulez choisir, et que vous ne désirez pas moins acquérir le *tout* : veuillez donner ce qu'on en demanderait. — Et encore, garantissez-leur le secret. —

Mais je me confie, en cette négociation, à votre esprit et à votre amitié.

Une prière encore :

Au cas où les personnes diraient qu'elles n'ont plus les vers entre leurs mains, ne pourriez-vous savoir d'elles :

1° Si ce qu'elles avaient était plus que de simples épreuves ;

2° Si c'était une partie ou la totalité ;

3° Si ce qu'elles avaient entre les mains n'en est point sorti pour passer entre celles de la personne qui en a fait, il y a une couple de mois, un si mauvais usage.

LXI.

A M. CHARLES EYNARD.

Ce 18 novembre 1845.

Cher monsieur,

Je reçois votre lettre très aimable au moment de partir pour la campagne (ou pour ce qu'on appelle encore de ce nom par ce temps affreux), et je profite de ma première matinée pour vous remercier de votre bon souvenir. J'ai certes bien pris part à la perdition de ce Canton idéal qui était la patrie de mes rêves : j'en ai souffert comme de la perte d'une dernière illusion, de celle qui me semblait la plus modeste, la plus morale, la plus sûre. Je m'étais dit quelquefois : « Je vieillirai là. » Y a-t-il des ressources pour l'avenir ? J'aime à le croire; mais à quel avenir cela nous rejette-t-il? et le verrons-nous? Les Olivier sont ici depuis deux mois, fort tristement occupés du mal de leur enfant : on lui a fait l'opération à l'œil, on a d'abord espéré un succès; mais, depuis, les choses ont moins bien tourné, et je les ai laissés avant-hier dans toute l'anxiété du résultat. M. Ruchet, qui était à Paris avec eux, va repartir, pour prendre part aux délibérations du Grand Conseil, au sujet de cette démission en masse des pasteurs.

Ce que je fais, et comment je vis? Le mieux est d'en peu parler. Je ne vis pas comme je veux, et je ne fais pas ce que je voudrais faire : mille petites nécessités me tiennent et m'assujettissent. Les jours, les années viennent, et les mailles du filet, les anneaux de la chaîne se resserrent. J'achèverai mon livre dès que j'aurai à ma disposition huit mois consécutifs. Si vous les avez, cher monsieur, ces huit mois, oh! donnez-les moi.

Je vous félicite de votre heureuse trouvaille sur cette duchesse d'Orléans : publiez vite cela, n'ajournez pas trop. — Et madame de Krüdner? donnez-nous-la aussi. Il ne faut pas tant ajourner en cette vie mobile et passagère.

Je n'ai pas l'honneur de connaître M. de Stourdza, et n'ai aucun droit à me rappeler à son souvenir. Mais, quant à l'abbé Gerbet, dites-lui bien mes amitiés d'autrefois, les amitiés de celui qui vivait alors et qui espérait.

Il est vrai que Didier est devenu riche ; je lui crois le caractère trop élevé pour que cela l'ait en rien changé ; il était de ceux qui devaient naître riches et à leur rang, il se retrouve à son niveau. Cela le détendra plus tôt. Je ne l'ai pas rencontré, du reste, et n'ai aucune chance probable de le voir. J'ai entendu dire qu'il se disposait à voyager, et qu'il était tenté de l'Orient, qui manque à sa collection de *Tourist*[1].

J'entends une cloche de déjeuner qui me fait finir ma lettre un peu court; car je suis en ce moment à Champlâtreux, auprès de M. Molé, et je vais rejoindre une très gracieuse compagnie, mais qui ne me laisse nullement oublier le passé, les absents, d'aimables souvenirs; vous en avez, vous et les autres, votre bonne part, cher monsieur.

J'offre mes humbles hommages à madame Eynard et suis à vous bien affectueusement.

Je prépare, pour une date indéfinie, un portrait de Bonstetten. J'ai assez de documents déjà réunis. — En savez-vous quelque part ? M. de Circourt m'en a beaucoup donné.

---

1. Le mot est ainsi orthographié et souligné par Sainte-Beuve. C'est le mot anglais : le mot français correspondant, si usité aujourd'hui, n'était pas encore naturalisé en 1845. (*Note de M. Charles Ritter*).

LXII.

A RODOLPHE TÖPFFER.

Paris, le 28 avril 1846.

Monsieur,

Je viens à vous pour vous demander un service, et tout nettement le voici :

Nous préparons ici une édition des *Lettres de mademoiselle Aïssé,* que bien vous connaissez, je pense, et qui a eu de grandes liaisons à Genève avec les Calandrin et les Rieux.

Nous voudrions bien avoir en tête de l'édition un portrait fait avec goût et authentique.

Il doit exister un portrait de mademoiselle Aïssé chez M. de Rieux, ancien syndic. — J'écris à M. de Rieux pour lui demander s'il consentirait à ce qu'un artiste de Genève fît un dessin de ce portrait. Et à vous, monsieur, j'écris (avant de savoir sa réponse) pour vous demander si vous voudriez bien employer votre crayon si bien taillé pour prendre en quelques heures de matinée les traits de cette charmante Circassienne.

Le dessin ici envoyé serait gravé à Paris. Ce dessin devrait être placé dans une édition telle à peu près que les *formats Charpentier;* il ne serait donc que d'une assez petite dimension.

Voilà bien des demandes, monsieur, de la part de quelqu'un qui ne vous a pas entretenu depuis longtemps; vous me répondrez sans aucune gêne ; si vous ne pouviez et que M. de Rieux consentît, je vous demanderais alors de vouloir bien indiquer un autre dessinateur. Mais vous, monsieur, vous et votre crayon tant aimé et si connu en France, ce serait une bonne fortune de plus pour cette petite édition, à laquelle doivent s'ajouter toute sorte de ces riens bibliographiques qui donnent du prix, — c'en serait la plus brillante page. L'édition, d'ailleurs, se fait d'une manière tout à fait désintéressée; l'imprimeur, qui est celui de *la Revue des Deux Mondes* ; M. Ravenel, conservateur à la Bibliothèque du roi, qui est l'éditeur principal, et moi qui suis le faiseur de notice, nous faisons, tous, cela par caprice et par amour pour les beaux yeux de cette belle Circassienne défunte, dont nous voudrions que votre crayon nous rendît au moins les traits, ne fût-ce que pour justifier tant d'amour qu'elle a inspiré et qu'elle inspire encore.

Je suis, monsieur, tout à vous, du meilleur de mes souvenirs et de mes sentiments.

LXIII.

AU MÊME.

Ce 3 mai (1846).

Monsieur,

Mon bien véritable regret en recevant votre réponse est d'apprendre l'état de santé où vous vous trouvez; il me semble que dans ce pays de forte sève et avec cette vie saine et naturelle, on devrait avoir plus de chance d'échapper aux maux du corps. Guérissez-vous, monsieur, et retrouvez bien vite cette faculté d'expression qui, par ses diverses formes, a le don de charmer ou d'amuser.

M. de Rieux a bien voulu m'écrire qu'il *consentait* à ce qu'on fît un dessin du portrait. — Il reste à trouver un dessinateur qui remplisse notre objet. C'est à vous que je m'adresse encore pour cela. La somme qu'y voudrait consacrer notre éditeur est bien modique. Il paraît qu'à Paris un dessin de la dimension et du genre de celui que je mets sous ce pli, comme *spécimen*, se pourrait faire pour vingt-cinq francs : on irait bien là-bas jusqu'à cinquante francs, s'il le faut. Croyez-vous qu'à cette condition on puisse trouver un crayon capable de nous rendre une *agréable* mademoiselle Aïssé? Je vous en fais juge et m'en remets à votre avis et à votre goût, en vous priant de m'excuser si je vous donne ce soin dans l'état de souffrance où vous êtes. Il a fallu votre offre obligeante pour m'y enhardir.

Dans l'état actuel des choses, M. de Rieux étant prévenu et ayant consenti, il suffirait, si vous trouvez un crayon qui consente, de faire faire le plus tôt possible le dessin; on l'enverrait ici pour *être gravé à Paris*. — M. de Rieux sait que c'est de votre part que se présentera le dessinateur, et voici même une lettre avec laquelle celui-ci pourra se présenter.

Agréez, monsieur, avec l'expression de mes vœux, celle de mes sentiments les plus dévoués.

LXIV.

A M. NICOLAS MARTIN.

(Mai ou juin 1846.)

Merci, cher poète, de votre aimable et flatteuse critique ; je suis heureux d'être présenté ainsi à l'Allemagne par une main amie. Je garderais plus longtemps votre article et le relirais encore, si je ne partais tout à l'heure pour la campagne, où je reste deux jours, et je ne voudrais pas retenir le journal trop longtemps. Je reconnais vrai tout ce que vous me dites (non les louanges) sur les parties moindres et incomplètes ; il n'y a qu'un point, un seul, où je crois me sentir dans le vrai, sauf l'expression. — C'est sur Anacréon. Non, je ne me crois pas ébloui en y voyant autre chose qu'un petit ruisseau tamisé par les monts. De tels mots, de telles images sont le contresens le plus gros à cette finesse et simplicité de lignes qui caractérise ces curieux modèles. Anacréon n'est pas un fleuve, c'est une *source sacrée* qui occupe à lui seul tout une colline. La subtilité de filet d'eau *tamisé* n'est pas de moi, et c'est cet alambic précisément que j'accuse. Sur tous les autres points vous avez touché juste et avec une main délicate, et, cette main, vous l'avez ouverte toute pleine de grâces à bien des endroits. — Vous me réjouissez avec l'annonce de votre volume au complet. Mille amitiés et remerciements encore — et qui ne sont pas les derniers.

J'ai commencé à écrire ces jours derniers quelque chose sur *Théocrite* qui passera un de ces matins dans *les Débats*; vous m'y avez un peu excité. Mais il n'y a pas un seul vers. C'est impossible, ce me semble, d'atteindre les Anciens de près avec cet instrument-là.

LXV.

A M. ARSÈNE HOUSSAYE.

13 août 1846.

Mon cher ami,

Vous avez éprouvé de mauvais procédés d'un homme duquel je ne crois pas qu'il y ait lieu d'en attendre de bons. Je l'ai connu autrefois et il m'a fait des avances; puis tout d'un coup, quand il a cru de son intérêt de se tourner contre moi, il l'a fait sans motif, et on m'a dit qu'il m'a insulté dans un livre sur la littérature de ce temps. Il avait commencé par m'adresser des vers, à ma louange, que je crois avoir encore; ce sont les procédés d'un de ses amis avec qui il s'est brouillé.

En somme, mon cher ami, ne vous commettez pas avec lui. Ce sont de ces littérateurs bons à entrer dans le régiment de Frédéric, père du grand Frédéric, et qu'il faudrait mener comme ce roi menait ses gens. Il peut avoir quelque instruction, il n'a aucune éducation et il est grossier. Il brutalise tant qu'il peut les idées des autres. Je ne sais comment il parle d'art, mais il n'aura jamais rien à faire avec les *humaniores litteræ*.

Laissez, mon cher ami, cet homme, continuez vos travaux et gardez vos amitiés. Au bout de quelques années, on est tout surpris de voir que ces gens violents ont peu fait leur chemin et l'on est tenté de leur pardonner.

A vous.

LXVI.

A MADAME TÖPFFER.

Paris, le 16 novembre 1846.

Madame,

Rien ne pouvait m'être plus doux que le suffrage d'un esprit et d'un cœur comme le vôtre, et sur un sujet où j'avais tant en vue de tâcher de les satisfaire. L'homme excellent que j'ai le regret de n'avoir point personnellement connu, m'était devenu tout à fait présent par cette foule de témoignages intimes qui ressortent de ses écrits; et, dans ce dernier travail, ç'a été pour moi une douceur triste d'habiter en quelque sorte pendant quelques jours avec lui. En voyant éclater cette révolution de Genève, ma première pensée a été, madame, que bien des douleurs de citoyen et de patriote lui avaient été épargnées. — Depuis que j'ai écrit cette courte notice [1], des lettres de lui me

---

1. Töpffer était mort le 8 juin 1846. — On peut lire, dans les *Portraits littéraires*, t. III, l'article de Sainte-Beuve consacré à cette mort.

sont arrivées, trop tard, de la part de M. Léon de Champreux, à qui je m'étais adressé ; elles m'ont confirmé de plus en plus dans l'idée que je m'étais faite de ce caractère unique et de cette verve irrésistible. Ces lettres étaient, d'ailleurs, trop familières et trop remplies de détails relatifs à la maladie pour pouvoir être directement employées, et je me suis empressé de les renvoyer à l'ami de M. Töpffer...

Veuillez agréer, madame, l'expression de mes respects et de mon dévouement.

Je sais combien j'ai à vous remercier pour l'envoi d'un portrait précieux que M. Dubochet me fait dire qu'il a reçu pour moi ; il me tarde d'en jouir, et il m'est bien cher de vous le devoir.

LXVII.

A M. L'ABBÉ BARBE.

Paris, ce 26 novembre 1846.

Mon cher Barbe,

Je reçois ton ouvrage de philosophie, et je te remercie bien d'avoir songé à moi. C'est avec bien du plaisir que je vois que tu as réalisé ton projet ; et, autant qu'un premier coup d'œil me permet d'en juger, tu as fait là quelque chose de bien utile, qui comprend et résume bien des matières et bien des noms, et qui devra te faire honneur par la justesse et la modération des exposés et des jugements. Je pense à toi, mon cher Barbe, plus que je ne te le dis : les distances nous séparent, les années s'allongent depuis que nous ne nous sommes vus ; mais nous sommes au même point que nous avons toujours été, et nous nous retrouverions, j'imagine, les mêmes qu'il y a trente ans.

Je vis ici bien occupé, bien surchargé, et me surchargeant à dessein. Car on se ronge dès qu'on n'est pas jusqu'au cou dans l'étude : je te dis là le secret de mon état. Il me semble, pourtant, que le repos viendra peut-être un jour. Ma mère a une petite maison à Boulogne, près de chez Blériot, presque au coin de la rue d'en face. Je ne vendrai jamais cette maison ; et je me dis que, vieillissant, j'irai peut-être y loger en bonhomme, vivant solitaire, étudiant les matins, et allant faire avec toi, chaque après-midi, dans la belle saison, un tour de rempart ou *derrière les Portes*, en devisant des mêmes sujets que jadis. — Voilà mes rêves ; il en est de plus fous et de moins réalisables [1].

Adieu, mon cher Barbe, garde-moi toujours tes bons et fidèles sentiments ; comme, moi, je te conserve les miens.

Tout à toi.

---

1. Sainte-Beuve n'était pas assez riche pour aller faire de la littérature à Boulogne, — et il était trop *Parisien* pour réaliser jamais un tel rêve. — Mais il aimait à caresser sa chimère, et celle-ci le reprenait de temps en temps, le soir, après dîner. Il en parlait avec une bonhomie railleuse et quelque peu picarde. Seulement, il trouvait toujours quelque sujet d'article pour le lendemain, et les années s'écoulèrent ainsi à désirer retourner à Boulogne. Il avait fini par vendre la petite maison qu'il y possédait, et dont il n'avait que faire. Mais il était resté le vrai bourgeois de Paris ; et qui en douterait encore n'aurait qu'à relire sa spirituelle boutade, cette invocation, devenue célèbre, à la « Ville de lumière », par laquelle il termine

LXVIII.

A M. CHARLES EYNARD.

Ce 17 juin 1847.

Cher monsieur et ami,

Votre lettre bien bonne m'apporte un souvenir et un témoignage qui me sont chers. Soyez-en remercié. En écrivant ces quelques lignes sur M. Vinet[1], je pensais à tous ceux qui l'avaient connu et aimé, et je n'avais d'autre désir que de répondre de loin et bien faiblement à l'idée qu'ils avaient de cet homme rare. Nous causons de vous ici quelquefois avec nos amis Olivier : il y a toute une colonie vaudoise ; j'en suis, — un peu exilé comme eux, c'est mon impression constante. Je suis de ceux qui n'ont plus de patrie. Paris n'en est pas une, c'est un grand hôtel où l'on vit à l'entresol. On y arrive pour passer quelques jours et on y reste toute sa vie, mais toujours pressé, toujours impatient, et sentant que ce n'est pas là le lieu où l'on s'assied. Mais y a-t-il un tel lieu sur la terre, m'allez-vous dire ? J'avais cru que les bords du Léman étaient cet asile, et il nous a été prouvé qu'il n'y en avait pas là plus qu'ailleurs en ce monde.

---

un de ses articles sur M. de Pontmartin en 1862 (*Nouveaux Lundis*, t. III). « Oh ! Paris..., c'est chez toi qu'il est doux de vivre, c'est chez toi que je veux mourir ! » Il a réalisé son véritable rêve.

1. *Portraits littéraires*, t. III.

J'ai dîné il y a quelques jours avec vos aimables et affectueux parents qui m'ont reporté un peu de cette bienveillance que vous me gardez. Je leur en suis bien reconnaissant. Je suis heureux d'apprendre que ce séjour du Midi réussisse selon vos vœux à une santé qui est si précieuse. Vous marchez sur la terre, vous, comme dans un jardin d'exil, assez indifférent aux lieux, souriant aux amis que votre bonne grâce vous fait partout, vous souvenant fidèlement des absents, et regardant le bleu du ciel, — le bleu plus que le nuage. Soyez heureux comme vous le méritez.

Tout à vous de cœur.

J'offre mes respectueux hommages à madame Eynard.

LXIX.

AU MÊME.

Ce 2 décembre 1847.

Cher monsieur,

Voici le passage de Bignon, qu'on a copié exactement. Vous verrez qu'il y parle un peu légèrement de la Prophétesse; quant à mon propos léger, vous en ferez et direz tout ce que vous jugerez convenable. Vous savez bien qu'en matière de biographies, rien n'est *certain de toute certitude;* chacun juge et sent à sa manière. La personne qui m'a raconté l'anecdote m'a paru très digne de foi, et de plus cette façon de comprendre madame de Krüdner, même après sa conversion, était assez d'accord avec mon cœur *malin.* Dans un volume intitulé *Portraits de Femmes,* où j'ai recueilli ce portrait de madame de Krüdner, je crains bien d'avoir ajouté en note deux ou trois bagatelles de cette sorte; mais je n'ai plus du tout de ces volumes qui sont *épuisés*. — Vous n'y perdez pas grand'chose. Vos sources à vous sont autrement directes et abondantes. — Je vous écris bien à la hâte et vous m'excuserez. J'ai pris toute la part d'un compatriote à ces affaires malheureuses de notre chère Suisse. J'avais là une tente dressée que l'orage a emportée. Vos *Burlamaqui* m'ont fort intéressé; ils nous font vivre dans des temps également orageux, plus orageux même et pourtant meilleurs, à cause de la trempe des âmes.

A vous de cœur, cher monsieur, et mettez mes hommages aux pieds de madame Eynard.

LXX.

A MADAME TOURTE-CHERBULIEZ, A GENÈVE.

Paris, ce 8 mars 1848.

Madame,

Je profite des premiers instants où l'on retrouve du loisir, pour vous remercier de votre obligeant envoi [1] et de votre

---

1. Madame Tourte-Cherbuliez venait de publier un roman en deux volumes : *la Fille du pasteur Raumer*. Ses premiers ouvrages : *le Journal d'Amélie* (1833) et *Annette Gervais* (1834), avaient déjà paru lors du séjour de Sainte-Beuve en Suisse. — Madame Tourte est morte en 1863, à l'âge de soixante et dix ans.

flatteuse demande. Depuis longtemps, l'auteur de tant d'ouvrages où se combinent avec bonheur et avec charme la morale et les douces scènes de la vie, ne m'était pas inconnu : je vais achever de le connaître. Dans d'autres temps, je n'aurais eu qu'à passer, sans trop d'intervalle ni d'effort, de l'impression que j'aurais reçue à celle que j'aurais tâché de rendre aux autres et de communiquer. En ce moment, très surchargé de devoirs, d'engagements dont je ne viens à bout qu'avec lenteur et avec peine, j'ai besoin, madame, de toute votre indulgence pour m'excuser si je ne fais pas tout ce que je voudrais. Un troisième volume de *Port-Royal*, que j'achève en ce moment, à travers des distractions ou des préoccupations d'un genre tout différent, absorbe le peu d'heures qu'on peut encore consacrer aux lettres. J'en ai ainsi pour plusieurs mois encore. Et notre horizon s'étend-il, madame, au delà de plusieurs mois? — Voilà l'état où me surprend votre attention aimable. J'en vais du moins tout d'abord profiter pour me rafraîchir l'esprit dans ces pages calmes et pures, où la pensée du devoir s'anime doucement des couleurs de l'imagination.

Agréez, madame, les expressions sincères de ma gratitude et de mon profond respect.

LXXI.

A M. ***[1].

Ce 30 juin 1848.

Monsieur,

Je suis très sensible à votre attention et à l'obligeant avis que vous me transmettez. En tout autre temps, j'aurais pu, non pas acheter (cela est au-dessus de mes moyens), mais peut-être faire acheter le portrait de M. d'Andilly par quelque amateur d'ici. Dans les circonstances où nous sommes, la difficulté est plus grande : je pourrai en parler à M. Léon de Laborde, conservateur du Musée. Il me semble avoir vu, au Musée même, un portrait peint de M. d'Andilly, et, dans tous les cas, une gravure de ce portrait, dont la physionomie m'est bien présente. Nous sommes en ce moment dans un tel état d'incertitude, et l'anxiété affreuse d'où nous sortons a laissé aux esprits prévoyants de tels soucis pour l'avenir, que je doute que votre désir puisse être satisfait et que Paris offre plus de ressources que la ville de Caen. — Si j'osais pourtant vous donner un conseil, monsieur, ce serait d'informer vous-même

---

1. Cette lettre nous a été envoyée par M. Armand Gasté, professeur de rhétorique au lycée de Caen, qui l'a trouvée à la Bibliothèque de cette ville, dans un recueil d'autographes. — L'enveloppe étant perdue, on ne sait à qui cette lettre était adressée ; mais il y a lieu de croire qu'elle a été écrite au conservateur du musée, M. Georges Mancel.

M. Jeanron, directeur du Musée national, de la mise en vente de ce portrait de M. d'Andilly par Philippe de Champagne : peut-être son attention s'y porterait-elle assez pour le décider à faire une offre ou à entendre la vôtre.

Agréez, monsieur, l'expression de ma considération très distinguée.

LXXII.

A M. CHARLES EYNARD.

Liège, ce 23 juin 1849.

Cher monsieur et ami,

J'ai reçu et votre aimable lettre et votre intéressant ouvrage. Je le lis avec lenteur, et comme quelqu'un qui l'étudie. Je suis bien fier et bien flatté de la place que vous m'y avez faite et de tout ce que vous m'y dites dans tous les sens. Si je trouve quelque loisir et si mon bras droit, malade d'une *crampe nerveuse* depuis bien des mois, me le permet, je parlerai, avec quelque détail, de votre livre dans *la Revue des Deux Mondes*. J'aborderai la grande question de la grâce, au point de vue du pur moraliste : l'ancien être, le *vieil homme* disparaît-il tout à fait, ou ne fait-il que changer de forme dans le converti, de manière à être encore persistant et reconnaissable ? Quiconque ne croit pas au miracle et ne croit qu'à la physiologie, doit retrouver ces premiers linéaments, même dans l'être converti et retourné. Voilà le grand point (au fond) où nous

nous séparons. Il en est un de détail où je suis moins dans l'imagination que vous ne croyez. C'est sur la scène de la veille de la journée de Vertus [1]. Je tiens ces détails d'une personne *présente* (madame de Tascher, la mère de madame Narvaez), alors jeune fille, chez qui madame de Krüdner logeait et qui m'a conté tout cela point par point. — La *lettre* d'un journal écrit ne peut prévaloir contre une parole *vive* et véridique. — En tout le reste, je vous suis avec docilité et plaisir dans ce monde que vous *nous* ouvrez et où l'on croit avoir vécu, tant vous nous le rendez au complet. Dans ma solitude d'ici, j'ai bien besoin de bonne compagnie et de bonne conversation, et vous me les procurez depuis plusieurs soirs.

Cher monsieur, une grande incertitude règne sur mon avenir, même le plus prochain. En tout cas, je sais bien que je puis compter sur votre amitié ; — soyez heureux !
Tout à vous.

J'offre mes hommages à madame Eynard et mes respects à vos excellents parents.

---

1. Il s'agit de la plaine de Vertus en Champagne. La scène se passe en 1815. Madame de Krüdner était venue en France à la suite de l'empereur Alexandre, et elle exerçait sur lui une influence toute-puissante. (*Portraits de Femmes*, p. 400 et suivantes, édition de 1870.)

LXXIII.

A M. H. FRÉD. AMIEL, PROFESSEUR A L'ACADÉMIE DE GENÈVE.

Liége, le 1ᵉʳ juillet 1849.

Monsieur,

Votre gracieux envoi [1], en m'arrivant, répond à un désir. Je venais de voir dans une revue une analyse de votre travail, et l'intérêt que je mets à ces questions qui touchent l'une de mes *patries* m'avait donné l'envie de le mieux connaître. Soyez donc remercié de votre aimable attention. J'ai souvent pensé moi-même à ce que pourrait être le mouvement littéraire dans la Suisse française, au point de vue de la *critique*. Je suis persuadé, depuis bien des années, qu'il n'y a de bonne critique *écrite* possible que hors de France : la liberté de la presse véritable, à cet égard, ne commence qu'à la frontière. — Votre écrit, monsieur, traite la question dans toute son étendue et dans son véritable esprit : la difficulté tout entière est dans les voies et moyens. Il est bien certain, comme vous le dites, que Genève a un caractère, Vaud un autre : ces deux points m'ont été bien sensibles durant mon séjour au bord de votre lac. Il y a de là un rôle à jouer et qui influerait sur la France même, ou, du moins, qui la jugerait à fond. Votre jugement sur nous ne me paraît pas trop sévère. — Un mot

1. L'envoi était celui d'un opuscule intitulé : *Du mouvement littéraire dans la Suisse romane et de son avenir.*

aussi m'a frappé : « Ce que la Belgique *cherche*, la Suisse le possède. » Je vous parle de tout ce que j'ai pu vérifier. Je trouve même qu'ici on a le tort de ne pas *chercher* assez : c'est le seul reproche que j'oserais adresser à l'excellent et calme pays qui me donne hospitalité. Vous, à Genève, vous êtes un vieux peuple *intellectuel*; ici pas.

J'espère, monsieur, qu'un jour nous causerons de toutes ces choses : il règne sur mon *avenir* bien de l'incertitude, et je ne sais trop où je serai dans deux mois. L'année très laborieuse que je viens de traverser m'a laissé un mal nerveux qui me permet difficilement d'écrire : c'est grave pour un écrivain. Mon griffonnage vous en avertit. Je crains d'être obligé de me condamner à un repos de quelques mois, et ce serait alors à Paris que je l'irais chercher.

Partout où je serai, croyez que je resterai pour vous un esprit ouvert à vos pensées et honoré de vos attentions.

Votre dévoué.

LXXIV.

A M. H. VIOLEAU [1].

(1849)

Monsieur,

Vous m'avez dû trouver bien coupable et bien ingrat : votre lettre m'a fait un si sensible plaisir, que j'y ai déjà

---

[1]. Lettre publiée dans le journal *l'Union*, le 4 janvier 1870. — Sainte-Beuve s'était employé auprès de ses confrères de l'Académie pour faire couronner un volume de vers de M. Violeau. Voici sa réponse au témoignage de gratitude que lui avait adressé le poète.

répondu bien des fois en idée; mais un travail impérieux à achever, un voyage en Belgique que je viens de faire, toute sorte d'ennuis m'ont fait remettre, au point que c'est presque une honte de vous écrire seulement aujourd'hui, après un long mois écoulé.

J'aurais désiré, ainsi que quelques-uns de vos amis, que l'Académie vous distinguât plus expressément et plus particulièrement dans le concours Montyon ; mais les vers ont peu de vrais juges partout, et surtout au sein de l'Académie (ce qui me semble un peu singulier à dire); il y a là des hommes influents qui se vantent de n'y rien entendre, et ils ont raison de le dire, s'ils se contentaient de l'avouer sans s'en vanter. Ce que vous me dites, monsieur, sur l'inspiration si morale et si vraie qui a dicté vos poésies consolatrices montre combien la grâce et la douceur du ton cachent souvent plus d'élévation et de profondeur qu'on n'en trouverait dans des strophes pompeuses.

Continuez, monsieur, de puiser à ces bonnes sources, et à en faire part autour de vous. Croyez à la respectueuse sympathie que vous excitez chez ceux qui n'ont fait que passer sous le rocher où vous avez abrité votre tente.

Offrez, si vous en avez l'occasion, à M. de Blossac l'expression de mes hommages, et gardez-moi un affectueux souvenir.

LXXV.

AU DIRECTEUR DU *CONSTITUTIONNEL*.

Ce mardi, 16 avril 1850.

Mon cher monsieur,

Permettez-moi de m'étonner et de me plaindre.

Si l'article de lundi avait été remis au lendemain, rien de plus simple, quoique ce soit légèrement désagréable quand on fait tout pour être exact, et qu'on crève ses chevaux pour arriver à temps.

Mais cet *ajournement* me paraît inexplicable dans l'ordre de nos relations habituelles. Il vous était si aisé de me tâter d'un mot là-dessus.

Je suis blessé du procédé à plusieurs titres :

A titre de réticence singulière entre nous : la lune de miel évidemment est passée ;

En ce que cela me donne un tort d'inexactitude envers mon public, et qu'ici la bande de *relâche* est toute du fait du directeur ;

En ce que je me trouve frappé par là arbitrairement d'une retenue de cent vingt-cinq francs, dans une affaire où jamais la question d'argent n'a été soulevée comme difficulté de ma part.

Le genre de travail que j'avais entrepris au *Constitutionnel* ne pouvant se continuer qu'au moyen de la plus cordiale entente, vous me permettrez de trouver que je ne la reconnais pas ici.

Voici une lettre ci-jointe qui est pour le public, et que *le Constitutionnel* insérera, je l'espère, mais qui sera imprimée dans tous les cas.

L'article *Pline* ne passera pas, je le retire, et j'en dispose.

J'irai aujourd'hui, à quatre heures, au Journal, pour y toucher ce qui m'est dû, et dont j'exigerai qu'on défalque le prix de composition de l'article *Pline*. Il est juste que je supporte les frais de ma susceptibilité.

LXXVI.

A M. ADOLPHE CAZALET.

(?)

Monsieur,

J'ai bien à m'excuser d'être si en retard avec vous. *Le Constitutionnel* en est cause. Vous voudriez que j'y parlasse de M. Vinet et de M. Adolphe Monod. Vous pouvez croire que ce n'est pas la bonne volonté qui me manque. Mais je suis obligé de tenir compte du public à qui je m'adresse, et le choix de mes sujets est toujours concerté à l'avance entre la direction et moi. J'ai parlé bien incomplètement jusqu'ici de M. Vinet, mais j'en ai parlé deux fois, et j'ai jusqu'à un certain point acquitté ma dette, du moins la française, c'est-à-dire sans épuiser le sujet. Pour M. Monod, je sais tout son talent, bien que je ne l'aie pas entendu ; mais un prédicateur aussi *protestant*, aussi chrétien, *calvinistement* et *augustiniennement* parlant, me paraît à peu près impossible à être présenté aux lecteurs du *Constitutionnel* ; car nous sommes et nous resterons catholiques en France, même quand nous ne serons plus du tout chrétiens.

Croyez, monsieur, à ma reconnaissance sincère pour vos aimables sentiments.

LXXVII.

A MADAME ARSÈNE HOUSSAYE.

Ce 22 décembre (1850).

Madame,

Je serais ingrat envers ma mère si je laissais à un autre le soin douloureux de vous annoncer que j'ai eu le malheur de la perdre le 17 novembre; elle est morte presque subitement, étant à peine indisposée de la veille et semblant déjà remise; elle a *passé* dans les bras de sa domestique. — Vous aviez été si parfaitement aimable et gracieuse pour elle, et elle me parlait encore de vous en ce sens, si peu de temps avant sa fin, que j'ai voulu vous exprimer ici moi-même ma douleur avec ma reconnaissance.

Je serre la main à Houssaye, et vous prie, madame, de recevoir l'expression de mon hommage.

LXXVIII.

A M. L'ABBÉ BARBE.

Ce 25 décembre (1850).

Mon cher ami,

J'ai été touché de ton bon souvenir et de ton témoignage de sympathie; tu ne m'aurais pas écrit que je n'en aurais pas douté davantage. Cette mort de ma pauvre mère, bien que prévue à son âge, a été encore un coup inattendu pour moi, tant elle a été prompte. Elle allait aussi bien que son grand âge le permettait : sa tête n'était pas affaiblie; elle n'éprouvait que des douleurs de rhumatisme, de goutte. Elle avait éprouvé, la veille, une syncope, avec douleur à la région du cœur : cette douleur avait cédé aux remèdes; elle était presque remise, et je la quittais, gaie et riante, à six heures et demie. — Une demi-heure après, la douleur revenait plus vive, et suspendait en un clin d'œil la circulation et la vie. — Je me croyais seul auparavant; et je m'aperçois, d'aujourd'hui seulement, que je suis vraiment seul et que je n'ai plus personne derrière moi.

Je n'ai, non plus, personne devant moi, ayant laissé passer la saison du mariage et de ces liens qui renouent avec l'avenir. Je me suis jeté plus que jamais, depuis ces derniers temps, dans le travail : c'est une manière de tromper la vie; et si, aux yeux de ceux qui, comme toi, ont la haute croyance, c'est un palliatif seulement, c'en est du moins le plus honorable et le moins préjudiciable qu'on puisse choisir. — Le travail auquel je me suis assujetti est si acharné, que je n'ai pas une minute pour les relations agréables de la vie, et à peine pour les devoirs indispensables de la société. D'ici à quelque temps, je verrai à détendre cette vie de manœuvre, et à me procurer un peu de loisir. Le premier loisir que j'aurai, j'aimerais à le consacrer à une petite visite au pays natal. Mais ce n'est là encore qu'une étoile à l'horizon.

Adieu, mon cher Barbe; garde-moi ta bonne amitié, et offre mes compliments à ton frère.

Tout à toi.

LXXIX.

A M. JULES JANIN.

Ce lundi 29 (1850 ou 1851).

Mon cher Janin,

Vous m'écrivez mille bonnes choses; je n'en veux prendre que ce qui vient en preuve de votre amitié. Vous me l'avez déjà prouvée en plus d'une occasion, et j'en suis resté touché comme je l'ai dû. Je vais vous lire avec l'intérêt que l'auteur et le sujet m'inspirent à tant de titres. — Croyez que je n'ai jamais mieux apprécié tout ce que vous valez et pouvez que depuis que j'essaye de ce même métier dont vous faites votre plaisir et le nôtre depuis vingt ans déjà. — Je vais causer de vous avec la direction du Journal, avec qui je concerte d'ordinaire mes sujets, et il ne tiendra pas à moi que tout n'advienne selon ce que vous voulez bien désirer et ce que je désire aussi.

Tout à vous, mon cher camarade.

LXXX.

A M. ARSÈNE HOUSSAYE.

Ce 23 (1851).

Cher poète,

J'ai tant publié autrefois, dans *la Revue de Paris*, de mes vers *tirés* du *portefeuille d'Amaury*, que je ne sais plus bien ce qui est sûrement inédit.

Je crois bien que les quelques vers (*A une jeune fille*) dans un des petits cahiers, *Paroles, vœux d'un cœur amoureux et timide*, sont tout à fait inédits. — Je ne sais pas bien si la chanson *Dans des coins bleus parsemés d'or* n'est pas inédite. Je n'oserais vous en répondre.

Ces deux pièces de vers (*Dans des coins bleus*, et *Paroles, vœux d'un cœur*, etc.) sont toutes deux dans la nouvelle édition des Poésies; mais cette nouvelle édition est à peine en vente depuis quelques jours, quoique imprimée depuis plusieurs mois; et vous pourriez les donner simplement comme tirés de la nouvelle édition.

Enfin, mon cher poète, tout ce que vous ferez ou ne ferez pas sera bien, et reçu avec reconnaissance.

A vous.

J'ai reçu une lettre de Desplaces, qui est perdu et ennuyé dans la Béotie berrichonne : il me dit avoir fait une pièce de vers, *le Mal de Rousseau*, dont il est content.

LXXXI.

AU MÊME.

Ce 1er février 1852.

Mon cher Houssaye,

Ce n'est pas ici une recommandation ordinaire que je viens vous faire : un de mes jeunes et charmants amis, M. Octave Lacroix (qui n'est rien aux autres Lacroix), vient de faire la plus jolie petite pièce en vers, en un acte. C'est dans le genre *Musset, Augier, Barthet,* mais sans imitation et avec une grâce naturelle. Je ne doute pas que cela, bien joué, ne fasse plaisir. Je viens vous prier de lui donner occasion de lire sa pièce ; je ne puis m'adresser à Lireux en ce moment, et, dans tous les cas, vous sentez comme j'aime mieux avoir affaire directement à vous. Voulez-vous que M. Lacroix passe un jour vers trois heures au Théâtre-Français pour savoir de vous ou de M. Verteuil ce qui serait à faire ? Je suis sûr que, si vous aviez entendu la pièce, vous seriez gagné. Lacroix a écrit à mademoiselle Augustine Brohan qu'il connaît un peu, mais elle n'a pas encore répondu. Je vous supplie, mon cher Houssaye, d'être en cette circonstance ce que je vous ai toujours trouvé pour moi:

Tout à vous.

LXXXII.

A M. ADOLPHE CAZALET.

Paris, 21 février 1852.

... Vous vous faites une idée peu exacte de la façon de vivre à Paris et de la mienne en particulier. Je vis dans ma chambre, travaillant, ne voyant personne au pied de la lettre; allant très peu à l'Académie; c'est une vie de misanthrope peut-être, mais elle est assez innocente, puisqu'il n'y entre aucune malveillance ni générale ni particulière...

Si je ne vous ai pas nommé dans mon article sur les poètes, ce n'est pas que je n'aie pensé à vous; mais j'ai craint, même en accordant une louange mêlée de critique, d'émouvoir une susceptibilité que je croyais connaître. En louant les sentiments affectueux qui s'épanchent dans vos vers, la place m'aurait manqué d'ailleurs pour vous y démontrer ce que je considère comme des taches de goût. J'ai donc gardé le silence qui ne saurait être une injure quand on ne prétend parler que de quelques-uns[1]...

---

1. M. Adolphe Cazalet, officier d'Académie, ancien inspecteur des écoles, venait de publier, en 1852, un recueil de vers, *Heures poétiques*, dont il avait fait hommage à Sainte-Beuve. — L'article

LXXXIII.

A M. PHILARÈTE CHASLES.

(1852).

Mon cher Chasles,

Laissons, je vous prie, et oublions ce qui s'est passé. Je voudrais pouvoir causer avec vous froidement, sensément, de votre situation académique. Encore une fois, elle n'est pas mauvaise, si vous ne l'aigrissez pas. Nous avons tous passé par là, par cette sorte d'attente d'antichambre très impatientante. Musset vient d'y passer lui-même. Une fois entré à l'Académie, bien des choses se calment et s'adoucissent; c'est de l'huile d'olive, socialement parlant. Mais, encore une fois, silence tant qu'on est candidat; patience, pas d'irritation : « Nommez-moi, ou je pars pour Boston », n'est pas une manière de se présenter. « Nommez-moi, ou je reste et je reviens à la charge tant que vous ne m'aurez pas fait justice et bonne grâce », voilà la formule. La dignité n'est pas intéressée dans cette ambition

---

dont il est question dans le fragment de lettre ci-dessus a pour titre : *De la poésie et des poètes en 1852* (9 février 1852). Il a été recueilli, depuis, dans les *Causeries du Lundi*, t. V. Au moment où il parut dans *le Constitutionnel*, nous dit M. Cazalet, « ayant eu l'occasion d'écrire à Sainte-Beuve, je lui en fis mes humbles compliments et lui demandai pourquoi il ne m'avait pas logé en cette compagnie d'élite. C'était pure plaisanterie; mais, comme les lettres, les belles-lettres étaient un vrai culte pour Sainte-Beuve, et qu'il ne plaisantait pas, lui, en telle matière, il prit la chose au sérieux, me crut fâché, et se fit un devoir de m'exposer la raison de son silence ».

toute littéraire et courtoise. En un mot, mon cher ami, détachez-vous de vos préoccupations (bien concevables), mais laissez-vous faire comme nous avons tous fait à ce moment où l'on n'est pas son propre pilote : c'est une entrée de port, et il faut des marins du *cru* pour que les meilleures mains franchissent la passe.

LXXXIV.

A M. ERNEST RENAN.

Ce 29 août (1852).

Monsieur,

J'ai voulu, avant de répondre à votre aimable et beaucoup trop flatteuse lettre, avoir commencé du moins à vous lire. Je l'ai fait avec le plus grand plaisir et le plus grand profit. Cette méthode d'étudier l'esprit humain historiquement, et de découvrir les régularités mêmes qu'il observe dans ses mirages, est bien celle que je considère comme la vraie méthode philosophique. Mais que de science réelle il faut pour l'appliquer à des époques si éloignées et à des doctrines si ardues ! Votre *Averroës* m'a instruit autant qu'intéressé : je m'étais toujours douté qu'il y avait des esprits forts, même du temps de saint Louis. Ce n'est jamais si difficile d'être esprit fort. Mais il ne suffit pas du coup de poing de la nature brutale qui rompt la cloison : ce coup de poing porté au christianisme a eu lieu, même avant saint Louis. Tout homme brutalement naturel, tant qu'il était en santé, ne manquait pas de raisons, de gros bon sens pour justifier ses passions. C'est la grosse incrédulité du *diable*. Mais l'incrédulité raisonnée a été un peu plus difficile à inventer et à retrouver. Que vous montrez bien ce double rôle d'Averroës, devenu prétexte autant que cause d'incrédulité ! Les orthodoxes ardents et parfois ébranlés du xiiie siècle lui en voulaient comme Pascal à Montaigne. C'était leur Satan secret qui les tentait. D'autres qui penchaient pour lui ou qui allaient même au delà lui prêtaient de leurs hardiesses, comme les philosophes de la seconde moitié du xviiie siècle mettaient sur le compte des *Fréret* leurs irréligions.

Je traduis en images qui me sont commodes ce que vous montrez dans la juste mesure. J'ai imaginé même que, parmi les réfutateurs d'Averroës, il y en avait qui le réfutaient exprès faiblement, contents d'avoir introduit les objections contre la religion, et faisant en sorte de se laisser battre. Plus on étudie l'histoire, plus on trouve que les hommes et les choses se sont beaucoup ressemblé sous les différences de forme et de costume. Ce que j'aime dans vos écrits, monsieur, c'est qu'en touchant à fond à ces questions philosophiques, vous ne vous y embarrassez pas et que votre esprit est libre de la glu. Vous avez de grands desseins et tout ce qu'il faut pour les exécuter. Personne ne vous suivra avec plus d'intérêt que moi. Je voudrais pouvoir vous promettre de répéter quelques-unes de vos idées dans *le Constitutionnel :* mais Averroës est un bien gros sujet pour notre public, et il faudrait, pour l'introduire, je ne sais quel biais que je n'entrevois pas encore. Je ne perdrai pas de vue l'occasion si elle passe.

Laissez-moi aujourd'hui seulement vous remercier de vos marques si honorables d'attention et de bienveillance, et croyez au retour de tous mes sentiments bien sincères.

LXXXV.

A M. FORTOUL,
MINISTRE DE L'INSTRUCTION PUBLIQUE.

Ce 6 septembre 1852. Lundi.

Mon cher ministre,

J'ai beaucoup réfléchi à la proposition que votre amitié m'a faite, la dernière fois que je vous ai vu : j'y ai réfléchi comme si je n'avais pas eu tout d'abord une réponse intime instinctive. Quand vous lirez mon article de ce matin au *Constitutionnel*[1], vous saurez cette réponse, car je n'attaquerais pas ainsi par son faible un homme à qui il me serait réservé de succéder. C'est pour le coup qu'on aurait droit de dire :

Hérite-t-on, grands dieux ! de ceux qu'on assassine ?

Je ne l'assassine pas, mais je le frappe, et, pour que je le puisse faire en tout honneur, il me faut être, à son endroit, parfaitement désintéressé et indépendant.

---

1. L'article dont il est question ici, inséré depuis dans les *Causeries du Lundi*, à la date du 6 septembre 1852, est consacré à Bernardin de Saint-Pierre. C'est dans cet article qu'il faudrait chercher et retrouver la personnalité à laquelle Sainte-Beuve fait allusion. Dans tous les cas, il ne fut nommé professeur de Poésie latine au Collège de France qu'en 1854, en remplacement de M. Tissot.

Je ne suis pas né pour la parole publique ; j'ai pu m'y plier par nécessité en deux circonstances, mais mes nerfs en crient encore; j'ai le front tendre (*frontis mollities*), non le front d'airain de l'orateur. Ma force et ma sécurité ne sont pas là. Je ne suis complètement moi que plume en main et dans le silence du cabinet. Si je puis rendre quelque service un peu étendu, c'est dans cette voie en y suivant volontiers mon moment et mon caprice.

Le professorat, au nom de l'État, demande un passé sans aucune légèreté, même poétique, une certaine gravité habituelle et actuelle que je n'ai jamais songé à secouer, mais qu'aussi je ne suis pas accoutumé à revêtir. Laissez-moi donc, mon cher ministre, continuer à servir en volontaire la cause des lettres, en les rattachant, selon l'occasion, à cette cause que je considère comme celle de la société, de l'ordre et du bonheur pratique. — Il me reste de tout cela un sentiment très cher de votre estime et une reconnaissance de votre amitié.

Tout à vous.

LXXXVI.

A M. JULES GUILLEMIN, A MERVANS [1].

Paris, 15 mai 1853.

Monsieur,

Je suis touché de votre attention flatteuse et de votre poétique envoi. Vous me dites que je suis trop absorbé

---

1. M. Jules Guillemin avait envoyé à Sainte-Beuve un volume : *Poésies* (Chalon-sur-Saône, 1853).

dans de hautes études pour lire des vers ; mon regret me reporte vers les jours où je rêvais longtemps à la poésie, où je m'occupais d'un sonnet ou d'une chanson toute une matinée, et je ne crois pas que j'étais alors moins sérieux pour cela. Vos *Lilas* ont de la fraîcheur ; vos sonnets, dans leur irrégularité, ont de la grâce. Vous touchez à Béranger et à Méléagre. Il y a là de quoi charmer des journées et je vous les envie.

Agréez, monsieur, l'expression de ma gratitude et de ma considération distinguée.

LXXXVII.

A MADAME LOUISE COLET.

4 juin 1853.

Madame,

Je ne m'explique pas bien la lettre que vous me faites l'honneur de m'écrire. Il semble, en vérité, que j'aie quelque tort envers vous et envers votre talent. Je ne crois pas qu'il y ait eu quelque décret qui m'oblige à parler au public de vos poèmes : et j'ai droit de trouver votre exigence, madame, des plus étranges. Quoi ! il faut que, sous peine de paraître vous manquer, j'explique au public en quoi je vous admire et en quoi je cesse de vous admirer, là où je vous trouve de la force et de la puissance, là où je souffre de ne pas rencontrer la délicatesse ou la pudeur qui sied dans l'expression des sentiments ! J'ai reçu, en effet, une brochure intitulée *le Poème de la*

Femme; j'y ai lu une épigraphe de Gœthe, où il est dit : *Vous hommes, avec votre force et vos désirs, vous secouez l'amour même dans vos embrassements!* J'ignore ce que pensent les amis et les juges sévères du poème: mais je sais ce que je pense de cette affiche du poème. Si, comme femme du monde et de la société, vous me demandez des compliments et des louanges, je suis tout prêt à vous en donner, certain d'ailleurs que votre talent en mérite toujours en quelques parties ; si, comme femme de lettres, vous me mettez, comme cette fois, le couteau sur la gorge, pour me forcer à dire tout haut ce que je pense, je me révolte, — ou plutôt je demande grâce et je vous supplie, madame, de me permettre de rester poli, respectueux et plein d'hommages pour le talent et pour la personne en général, sans que j'aie à entrer dans les explications du critique. -

LXXXVIII.

A UN COMPATRIOTE.

Paris, 27 septembre 1853.

Mon cher monsieur et compatriote,

Seriez-vous assez bon pour me rendre le service que voici : j'ai besoin, pour ma nomination dans la Légion d'honneur[1], de mon *acte de naissance légalisé.* Voici une

---

1. Sainte-Beuve avait refusé deux fois, sous Louis-Philippe, d'être chevalier de la Légion d'honneur. Sa nomination n'en était pas moins constante, à ce qu'il paraît, car il fut créé offi-

lettre pour M. le maire, qui était toute prête, et que j'allais adresser par le canal de madame Dumont, ma bonne cousine, qui me rendait, d'ordinaire, tous ces bons offices. Les circonstances douloureuses où est la famille ne me permettent pas de recourir à aucun de ses membres, en un tel moment, pour un détail de ce genre. D'un autre côté, je suis en retard auprès de la Chancellerie. Je vous serai donc bien obligé, mon cher monsieur, de vouloir bien me faire arriver, par la poste, l'acte ou l'extrait, dès que vous l'aurez... Votre silence au sujet de Bernis me montre que vous n'aurez rien trouvé. Hélas ! c'est sur Le Sage[1] qu'il faudrait trouver quelque chose. Peste soit de M. de Tressan, gouverneur du Boulonnais, qui n'a pas su fixer à temps ses souvenirs !

Agréez d'avance mes remerciements ; et croyez-moi
Tout à vous, mon cher monsieur.

LXXXIX.

A M. LAISNÉ.

Ce 13 octobre 1853.

Mon cher Laisné,

Combien je suis sensible à ton aimable lettre ! Je voudrais bien pouvoir me rendre à l'honorable et flatteuse in-

cier, puis commandeur sous l'Empire, malgré ces deux refus. Cela ne prouve qu'une chose : c'est qu'on ne sort pas plus volontairement des cadres de la Légion d'honneur que de l'Académie, quand on y est une fois inscrit.

1. Le Sage, on le sait, mourut à Boulogne le 17 novembre 1747. Son fils, le chanoine, étant allé l'exhorter à ses derniers moments, en lui parlant de l'enfer : « C'est cela, mon fils, lui dit le moribond, fais-moi bien peur. »

vitation que tu me fais de la part de M. le maire d'Hesdin. Remercie-le bien, et transmets-lui mes respectueuses excuses. C'est là une fête de famille où j'ose dire que je ne me sentirais pas déplacé, par mon admiration et mon goût tout particulier pour votre aimable grand-oncle[1]. Mais mes occupations, qui me tiennent ici à *jour fixe*, ma santé et mes habitudes croissantes de retraite, ne me permettent pas cette absence, même si courte.

Je voudrais pourtant, à ma manière, prendre part et essayer de contribuer à la cérémonie. N'y aurait-il pas moyen, à cette occasion, de faire une nouvelle étude, une esquisse de l'abbé Prévost, dans *le Moniteur*, en rattachant l'article à la circonstance? Pour cela, il suffirait d'avoir un récit de la fête, comme il en paraîtra, sans doute, dans un journal du département. Je pourrais aller voir, dans l'atelier de M. Dubray, que je connais un peu indirectement, une copie du buste ou même un double (car l'un, je crois, t'est destiné). Si tu étais assez bon pour y joindre quelques mots précis sur les résultats de tes propres recherches touchant ton aimable grand-oncle, sur sa mort, sa sépulture, etc., je verrais à former de tout cela un ensemble, et je viendrais, à mon tour, faire mon dernier prône sur l'abbé Prévost.

Lorsque tu seras de retour à Paris, je te demanderai, la semaine prochaine, d'aller en causer avec toi, un jour, vers cinq heures.

---

[1]. L'abbé Prévost, à qui il s'agissait d'élever un buste à Hesdin. — Voir, à propos de cette cérémonie, l'article de Sainte-Beuve sur l'auteur de *Manon Lescaut*. (*Causeries du Lundi*, t. IX.)

Je suis tout à toi, mon cher Laisné, avec les sentiments de notre vieille amitié.

Si tu pouvais aussi relire les lettres que possède M. Feuillet de Conches, et m'en dire quelque chose, ce serait bien bon et neuf.

XC.

A M. MOREL.

Ce 10 octobre 1855.

Monsieur,

J'ai depuis longtemps à vous remercier, vous et messieurs vos collaborateurs, pour la bienveillance si parfaite avec laquelle j'ai été traité dans *la Revue Française*. J'ai déjà remercié M. Chasles; mais croyez que je suis on ne saurait plus sensible à l'indulgence que vous tous, jeunes gens, me témoignez en accueillant de la sorte mon nom et en me traitant en confrère qui n'a eu que le malheur, que je sens trop, d'avoir été jeune moi-même, il y a vingt-cinq ans. Je répare cela autant que je le puis par mes sentiments et par mon goût bien sincère pour la poésie et pour les jeunes talents qui en cueillent aujourd'hui les fleurs.

Agréez, je vous prie, l'expression de ma gratitude et de ma sympathie.

XCI.

A M. NICOLAS MARTIN.

Ce 6 juillet 1856.

Mon cher poète de la Maison des Champs,

J'étais dans un accès de prose quand votre aimable souvenir est venu : ce n'est qu'après l'accès passé et l'article hebdomadaire produit que je puis vous répondre et vous dire *merci*. Il n'y a rien de doux comme de se souvenir poétiquement d'une émotion passée et d'un tableau qui s'est gravé en vous, et de s'en souvenir dans un lieu qui est lui-même un cadre habituel de poésie et de bonheur. Vous savez réunir toutes ces conditions charmantes : vous avez porté dans notre vie française, si affairée et si sujette au bruit et à la poussière, quelque chose de la fraîcheur et de la calme félicité allemandes. Votre poésie fait partie des fleurs de votre journée et de vos joies domestiques. Merci encore de votre attention amicale et de l'aimable et riante perspective que vous m'ouvrez avec votre gracieuse campagne dans votre ermitage de Chéry : il y a donc des heureux.

Tout à vous.

XCII.

A M. CHÉRUEL.

Ce 27 octobre 1856.

Mon cher monsieur,

Permettez-moi de recourir à votre obligeance pour un renseignement qui me serait précieux. Je prépare un travail sur le maréchal de Villars. Il y a des Mémoires du maréchal, rédigés par Anquetil d'après un recueil de lettres et même d'après des Mémoires manuscrits.

Où est ce recueil de lettres originales (ou de copies) adressées en grande partie à M. Chamillart, à M. Voisin, en un mot à des ministres de la guerre? Serait-il au Dépôt de la guerre? Je crois que vous y avez accès. Vous serait-il possible de vous en informer, et seriez-vous assez bon pour me dire si on le sait?

Je dois une réparation à M. Hachette. J'ai reçu un magnifique Fléchier, grand papier ; ce n'est que depuis que je l'ai entre les mains que j'ai pu apprécier l'étendue et l'importance de tout ce que vous y avez ajouté[1].

Tout à vous, cher monsieur.

---

1. Il s'agissait des *Mémoires sur les Grands Jours d'Auvergne.*

XCIII.

A M. DUSSIEUX,
PROFESSEUR D'HISTOIRE A SAINT-CYR.

Ce 31 octobre 1856.

Mon cher monsieur,

Vous savez que j'ai recours à vous dans les graves circonstances.

Je prépare pour *le Moniteur* deux ou trois articles sur *Villars* : on me dit que vous préparez pour Jannet une édition de ses *Mémoires*. Ce me sera une occasion de l'annoncer. Dans mes recherches, bien rapides comme toujours, je me suis enquis du lieu où pouvait être le manuscrit de ces Mémoires ou du recueil de Lettres qui ont servi à les rédiger. Vous en savez là-dessus certainement bien plus que moi. Je trouve les Mémoires (tels qu'ils sont) fort intéressants, et Villars s'y dessine en homme d'esprit : c'était mieux qu'un grand soudard. Saint-Simon nous l'a peint en noir ; avec les mêmes traits, il suffit d'un autre jour pour lui rendre la physionomie bien meilleure.

Seriez-vous assez bon pour me renseigner avec précision sur votre prochaine publication, et pour me dire s'il y a quelque source à ma portée dont il soit nécessaire que je prenne connaissance pour ne pas errer ?

Je consulterai les volumes des Documents historiques sur la guerre de la Succession d'Espagne publiés par Pelet.

Tout à vous, cher monsieur.

XCIV.

AU MÊME.

Ce 3 novembre 1856.

Mon cher monsieur,

Vous m'écrivez une lettre excellente et qui répond sur bien des points à mes sentiments; elle m'encourage et m'enhardit dans mon goût pour Villars.

J'ai espoir de trouver les manuscrits à la Bibliothèque Sainte-Geneviève, où l'on dit qu'ils étaient autrefois.

Si vous veniez à Paris un mercredi, j'aurais bien du plaisir à vous entendre : passé ce jour-là, je serai fermé et barricadé toute cette semaine; je n'aurai pas une minute à perdre pour bâtir le premier article.

Vous me dites : « Nous avons publié dans Dangeau une lettre de Villars, etc. » Mais, si ce billet est dans le neuvième volume, il n'est pas publié encore. Pourrais-je l'avoir?

Agréez mille remerciements, et tout à vous, mon cher monsieur.

XCV.

A M. POULET-MALASSIS.

Ce 23 février 1857.

Mon cher monsieur,

J'ai pris part à vos ennuis au sujet de ce *Lauzun* : vous avez eu affaire, en M. Pichon, à un pédant de noblesse, et, en l'autre personnage, à un nomme qui n'a pas fait comme faisaient, dans l'ancien régime, les hommes de bonne et grande compagnie quand on jasait de leurs aïeules.

J'ai été attaqué, il y a quelques jours, par un homme sans loyauté, pour avoir, dit-on, gardé le silence sur les *Fleurs du Mal*, tandis que j'ai parlé de *Fanny*. Je sais par Baudelaire, qui m'écrit un mot, que la lettre que je lui avais écrite sur ces *Fleurs* est entre vos mains. Seriez-vous assez aimable pour me la confier quelques heures afin d'en prendre copie, ou vous-même pour m'en envoyer une copie *exacte* et *collationnée*? Je vous serai bien obligé[1].

Je vous parlerai un jour de mes idées du xvie siècle, — des vôtres et des miennes.

Agréez mille sentiments distingués et dévoués.

XCVI.

A M. PAUL DALLOZ.
NOTE POUR *LE MONITEUR UNIVERSEL*.

(Mai 1857).

L'article inséré dans *le Constitutionnel* du dimanche 10 mai, où M. Paulin Limayrac prend l'alarme sur une phrase de l'article de M. Sainte-Beuve inséré au *Moniteur*[2], est fait pour étonner. Cet article, en effet, a été évi-

---

1. Cette lettre de Sainte-Beuve à Baudelaire sur les *Fleurs du Mal*, datée du 20 juillet 1857, a été publiée par Sainte-Beuve lui-même dans les *Causeries du Lundi*, t. IX (Appendice).
2. L'article sur *Madame Bovary*, qui avait paru dans *le Moniteur*, le 4 mai 1857.

demment inspiré et conseillé au rédacteur du *Constitutionnel.* Que prétend-on par cette sorte de demi-avertissement donné à M. Sainte-Beuve ; par cette espèce de coup de pistolet *à poudre,* tiré par l'un de ceux qu'un membre du cabinet, M. Rouland, appelle spirituellement ses *cosaques?* M. Sainte-Beuve a commis le grand crime d'émettre un avis littéraire favorable, à quelques égards, sur un livre dans lequel il a désapprouvé, d'ailleurs, la dureté des tons et la crudité sans mélange ; il a, de plus, et comme simple fait, signalé quelques caractères qu'il croit reconnaître dans les hommes de talent qui débutent ou qui ont débuté depuis quelques années. Il est vrai que, parmi ces débutants de talent, il en est un, M. Taine, qui s'est permis d'exprimer, ces jours derniers, un jugement que l'on peut contester sur le livre d'un dignitaire éminent, M. Troplong. Est-ce une raison pour qu'on ne puisse citer son nom dans une énumération toute littéraire[1]? *Le Constitutionnel,* ce semble, a mieux à faire que de prendre l'alarme sur des amis, et de donner

---

1. En ce temps-là, il n'était pas permis de nommer, dans les colonnes officielles, quiconque montrait de l'esprit aux dépens du régime impérial, — à plus forte raison les ennemis et adversaires déclarés. Il n'y avait plus que Sainte-Beuve et Théophile Gautier qui pussent nommer encore Victor Hugo dans leurs articles du *Moniteur,* parce qu'on n'osait pas le leur défendre. Le nom d'Abel Rémusat, le sinologue, fut rayé un jour dans un article de M. Alfred Maury, parce qu'il rappelait trop celui de M. Charles de Rémusat. Voici le passage de l'article sur *Madame Bovary,* qui valut au *Moniteur,* dans *le Constitutionnel,* par la plume officieuse de M. Paulin Limayrac, un coup de férule administratif. Sainte-Beuve avait caractérisé en ces termes le mouvement intellectuel et littéraire d'une école, qui a fait son chemin depuis : « L'ouvrage, en tout (disait-il,

des leçons auxquelles il serait si facile de répondre. M. Sainte-Beuve avait pensé qu'il était bon de rallier, par un peu de sympathie et par une justice rendue à leurs qualités, des hommes de talent, jeunes et qui n'ont pas de parti pris.

La littérature nouvelle que promet le moment présent est-elle donc si riche, qu'il faille dédaigner ce qui s'offre et fermer la barrière ? Ne vaut-il pas mieux montrer que l'époque présente n'est pas déshéritée de talents à elle et qui ne ressemblent pas nécessairement aux anciens ? Ne vaut-il pas mieux essayer de constater qu'il y a des talents qui datent d'elle que de continuer de dire *qu'il n'y a rien ?*

Il y aurait encore bien d'autres choses à dire, si l'on était admis à les exprimer de vive voix : si M. Sainte-Beuve s'est efforcé, depuis et avant le 2 décembre, de prouver qu'on pouvait être un littérateur honnête, indépendant, et approuver hautement le gouvernement que s'est donné la France ; s'il a rendu, dans son ordre de travaux, autant de services qu'il a pu, qu'est-ce que cette manière de le remercier, en le faisant critiquer publiquement par un des

---

parlant du roman de M. Flaubert), porte bien le cachet de l'heure où il a paru. Commencé, dit-on, depuis plusieurs années, il vient à point en ce moment. C'est bien un livre à lire en sortant d'entendre le dialogue net et acéré d'une comédie d'Alexandre Dumas fils, ou d'applaudir *les Faux Bonshommes*, entre deux articles de Taine. Car, en bien des endroits, et sous des formes diverses, je crois reconnaître des signes littéraires nouveaux : science, esprit d'observation, maturité, force, un peu de dureté. Ce sont les caractères que semblent affecter les chefs de file des générations nouvelles. Fils et frère de médecins distingués, M. Gustave Flaubert tient la plume comme d'autres le scalpel. Anatomistes et physiologistes, je vous retrouve partout. »
— Que dirait Sainte-Beuve aujourd'hui ?

écrivains qui s'inspirent au ministère de l'intérieur et dans celui de l'instruction publique? C'est un mauvais procédé, et un procédé maladroit. A-t-on trop d'amis parmi les littérateurs, parmi les académiciens et dans la presse ?

M. Sainte-Beuve ne cessera pas d'être dévoué à un ordre de choses que son bon sens lui dit être nécessaire et glorieux pour le pays ; mais il peut très naturellement se dégoûter et cesser de vouloir se mettre en avant, comme il l'a fait plus d'une fois, et à son propre détriment (témoin l'affaire de son cours au Collège de France), et il laissera le *Constitutionnel* continuer, par ordre, sa poursuite à la recherche de l'*idéal;* on peut douter, toutefois, qu'il le rencontre dans cette voie.

On assure que M. le ministre de l'intérieur est allé se plaindre à M. le ministre d'État de l'article de M. Sainte-Beuve, le matin du jour où cet article a paru. L'article du *Constitutionnel* est le résultat et le contre-coup de cette visite de M. Billault; et c'est pour cela que l'article du *Constitutionnel,* quelque assaisonné qu'il soit d'éloges et de précautions, est un mauvais procédé envers M. Sainte-Beuve et envers *le Moniteur,* et, de plus, une maladresse.

XCVII.

A M. ERNEST RENAN.

Ce 28 septembre 1857.

Cher monsieur,

Je suis de ceux qui, en apprenant la mort de M. Quatremère, ont aussitôt pensé que sa chaire au Collège de

France devait vous revenir : est-il besoin de vous dire que je m'estimerais infiniment honoré d'y contribuer par mon vote? Mais vous savez que je ne me considère que comme un professeur *fictif.* Il est vrai que M. Rouland m'a bien voulu faire parler pour prendre possession de cette chaire que j'ai abordée sous de si fâcheux auspices (*incomparatissima*). Mais je doute fort que je puisse me décider à un tel effort et à changer encore une fois tout l'ordre de mes études et le plan de ma vie, sur la foi de zéphyrs. Si quelque chose pouvait m'y décider, ce serait assurément l'idée de devenir encore plus étroitement le confrère et le collègue d'hommes tels que vous.

Agréez, monsieur, l'expression de ces sentiments bien sincères.

XCVIII.

A ANDRÉ VAN HASSELT.

Février 1858.

Mon cher monsieur,

Ce n'est point oubli, ce n'est point paresse, ç'a été un véritable torrent qui m'a pris tout ce mois de janvier et dont je me dégage à peine. J'ai songé bien des fois à vous remercier de votre poétique envoi et de votre amical souvenir. Les années et l'érudition vous ont laissé poète: c'est un bonheur que tous n'ont pas. Les deuils mêmes ont respecté en vous la faculté du chant et vous inspirent. Je retrouve dans votre nouveau recueil[1] les notes que notre

---

1. *Nouvelles Poésies.* Bruxelles, 1857.

jeunesse a aimées, sous leur variété brillante, ballades, chansons de mésanges, paraboles mystiques, essais de rythmes légers. Un de mes regrets, quand je pense à mes années de Belgique, c'est de n'avoir pas causé avec vous de cette poésie à laquelle vous êtes resté pratiquement fidèle et qui m'a quitté, sans que j'aie cessé de la préférer à tout.

Agréez, cher monsieur, avec mes compliments sincères, l'expression de mes sentiments de haute estime et de sympathie.

XCIX.

A M. ERNEST RENAN.

Ce 17 mars 1858.

Cher monsieur,

Je suis bien en retard pour vous remercier de votre beau livre. Je l'ai bien goûté à cette seconde lecture. Que de vues fines et probables vous y avez ajoutées, même en ne paraissant qu'analyser les autres dans votre préface ! Je ne saurais vous dire combien je suis heureux de voir ainsi la vraie méthode philosophique s'appliquer à de telles questions et tourmenter si bien ces grands et mystérieux problèmes, les circonscrire et les serrer de telle sorte, qu'on aura bientôt, sinon la solution précise, du moins la conception nette de cette solution. Continuez sans vous laisser troubler par les injures et les déclamations qui font rage depuis quelque temps autour de vous : ces cris-là sont une marque de ce que vous valez et de ce qu'*ils* craignent. Permettez-moi une seule remarque : quand je reçois ces preuves de votre amitié et de votre estime, il y a un mot que je voudrais effacer et que je vous prie de n'y plus mettre. Vous êtes de ceux qui ont pour devise *nil admirari*, à plus forte raison *neminem*, surtout quand ce quelqu'un ne peut aspirer à un tel sentiment de la part de personne, et se contente, pour sa plus haute et sa plus légitime ambition, d'espérer de mériter que vous lui disiez un jour qu'au milieu de ses dispersions et de ses vagabondages, il a entrevu quelques idées qui ont été des lueurs avant le jour.

Agréez, cher monsieur, l'expression de mes dévoués sentiments.

C.

A M. SOMMERS.

Ce 29 septembre 1858.

Monsieur,

Vous avez peut-être été étonné de recevoir une première feuille du tome IV de *Port-Royal*. Il y a quelques mois, M. Hachette a bien voulu vous promettre à moi pour m'assister dans l'impression d'une seconde édition complète que nous ferons, aussitôt la première achevée. J'ai eu alors l'idée de vous prier également de jeter les yeux sur les deux derniers volumes, que je revois d'ailleurs moi-même avec le plus grand soin ; mais vous savez qu'il échappe toujours quelques fautes aux yeux d'un auteur. Voici surtout ce que je désirerais de votre bonté pour ces deux derniers volumes : vouloir bien lire la feuille que vous avez, — *déjà corrigée par moi*, — y noter ce qui vous paraîtrait faute, et, si quelque négligence, quelque interversion vous frappait, y mettre un signe qui m'avertisse. J'ai, typographiquement, quelques habitudes auxquelles je tiens tant que je puis, par exemple des majuscules dans quelques cas et qui me paraissent utiles au sens : je ne nivelle pas tous les mots, excepté celui de Dieu, qui est presque le seul substantif aujourd'hui auquel, dans quelques imprimeries, on conserve la majuscule. Parlement, Clergé, Cour, Université, me paraissent des personnages trop importants dans cette ancienne société pour qu'on les décapite indifféremment. J'ai aussi, dans le style, quelques habitudes particulières, bien que je me sois défait de ces singularités depuis ces dix dernières années. Il doit m'en rester pourtant. Il se pourra que quelquefois je ne me rende pas à une observation à laquelle j'aurais réponse à faire si je pouvais m'expliquer de vive voix avec *Aristarque*. Dans ce cas-là, vous m'excuserez. Je suis confus, avec un homme de votre savoir, monsieur, et de votre mérite, de n'entrer en connaissance que par ces humbles détails ; mais le désir du bien et du mieux ennoblit tout, et nous avons pour nous Horace, qui nous dit que les bagatelles ont leur sérieux.

Agréez, je vous prie, monsieur, l'expression de ma considération la plus distinguée.

J'ai supposé, dans tout ceci, que M. Hachette vous avait

dit un mot de son côté et vous avait au moins prévenu
de ses intentions premières au sujet de la réimpression de
Port-Royal : il n'est pas à Paris en ce moment.

CI.

A M. AMÉDÉE ROUX.

Ce 28 décembre 1858.

Monsieur,

J'ai à vous offrir de bien sensibles remerciements pour le
beau présent que vous m'avez fait de ces Lettres très curieuses du comte d'Avaux [1], et aussi pour l'attention indulgente que vous avez accordée à une trop incomplète étude [2].
Je trouve dans votre volume de quoi faire mon profit sur
plus d'un point. Me permettrez-vous d'exprimer un regret?
C'est que le billet compromettant pour madame de Maintenon
ne soit accompagné d'aucune explication ou d'aucune res-
triction; — car enfin il est bien dur, si ce billet n'est point
d'elle authentiquement, si ce n'est qu'une copie, non signée
assurément, de ce qui lui est attribué par conjecture, d'être
jugée là-dessus par des lecteurs qui n'y apporteront pas de
critique. C'est à vous, monsieur, dans une publication ulté-

---

1. Sainte-Beuve parle ici de la magnifique édition des *Lettres
du comte d'Avaux à Voiture,* imprimées à Lyon par Louis Perrin,
et publiées, chez Auguste Durand, par M. Amédée Roux.
2. *Une petite guerre sur la tombe de Voiture,* article recueilli
depuis dans les *Causeries du Lundi,* t. XII.

rieure, de dire vous-même quel degré d'autorité vous accordez à ces lignes[1].

Agréez, monsieur, l'expression de ma considération la plus distinguée.

CII.

A M. ERNEST RENAN.

Ce 30 décembre 1858.

Cher confrère,

J'ai reçu un bien beau présent. Vous qui avez pour habitude d'élever tous les sujets que vous traitez, qu'est-ce lorsque vous en rencontrez un à souhait et qui correspond pleinement à toutes vos forces? *Job* est un de ces sujets-là. Je n'avais osé jusqu'ici m'y lancer ni me figurer que je le comprenais, faute de guide. Voici le guide et l'artiste trouvés, en cela comme en bien d'autres choses. Vous êtes de ceux qui, à chaque ouvrage nouveau, à chaque nouveau témoignage qu'ils donnent d'eux-mêmes, font mieux sentir le prix de l'estime qu'ils accordent.

Agréez mes vœux, cher confrère, et croyez-moi tout à vous.

---

1. Voir l'édition des *Lettres du comte d'Avaux*, page 72. — Ainsi que M. Amédée Roux l'a reconnu lui-même, cette lettre attribuée à madame Scarron par le manuscrit de Conrart, est probablement apocryphe, et l'on peut en dire autant de deux autres billets adressés à Fouquet.

CIII.

A CHARLES BAUDELAIRE.

Ce 23 février (1859).

Mon cher ami,

Je vous remercie de votre bonne lettre.

Je considère, en effet, que j'ai été bassement insulté par M. Babou; cela m'étonne peu. Il y a douze ans qu'il fait sur moi une théorie telle quelle, de laquelle il résultait que je craignais de me commettre. Il y tient, et il l'applique dans l'occasion. Cet homme me paraît envieux et il a dans l'esprit du tortillage. De nos jours, l'Envie n'a pas de serpents sur la tête; elle a le teint couperosé, essaye un sourire qui ressemble à une grimace, et souffre, en voulant faire l'agréable, d'avoir un de ces noms qui n'éveilleront jamais l'écho : car elle s'appelle Babou.

Il m'a déjà attaqué une fois dans l'*Athenœum*, à propos de la meilleure amie que j'eusse, madame d'Arbouville, et, parlant d'un portrait de cette charmante et regrettable femme qu'avait fait M. de Barante et qui est la nullité même il a déclaré ce portrait bien supérieur à celui que j'*eusse* fait, que *j'aurais pu faire*, si j'en eusse fait un.

Aujourd'hui, c'est à propos d'un de mes meilleurs amis qu'il m'accuse de manquer de conscience et de droiture, parce qu'il y a eu *absence* d'acte et d'article public de ma part. Laissez ces misères. Si vous étiez à Paris, je vous dirais de faire imprimer, dans le journal même qui *nous* a fait injure, la lettre que je vous ai adressée à propos de ces *fleurs au savant poison* : mais il sera temps quand vous serez revenu, et vous pouvez en faire ce qu'il vous plaira dans votre Préface future ou ailleurs.

Je n'ai pas revu M. de C...[1] Il ne m'a en rien consulté ; j'ai regretté ce qui est arrivé, et pour lui dont je n'ai jamais eu qu'à me louer personnellement, et pour l'ensemble des choses. Je suis, d'ailleurs, tendrement lié avec M. L...[2], dont, je le sais, vous n'auriez eu qu'à vous louer. Mais il y a toujours l'inconvénient des comités. *Le gouvernement de plusieurs n'est pas bon*, a dit le vieil Homère, qui pensait d'avance aux Revues et que Buloz a profondément médité.

Je n'ai pas vu depuis longtemps d'Aurevilly, qui écrit des articles où il y a bien de l'esprit, toujours en *carnaval*. Il a de jolis mots : sur Laprade qu'il comparait à je ne sais quel autre poète moral : « Au moins, chez M. de Laprade, *l'ennui tombe de plus haut.* »

— Et ailleurs : « Sapho, Sainte-Thérèse, *qui a fait, elle, son saut de Leucade dans le ciel...* » Quel dommage que trop d'affectation gâte ces traits fins et charmants !

Travaillez, mon cher ami, apaisez l'âme ; assainissez-vous dans cette vie de nature et de paix ; sachez bien que vous avez assez de distinction et d'esprit pour n'être jamais inquiet de savoir si vous prouverez aux autres que vous en avez assez. Maintenez votre finesse en rapport par de secrètes racines avec la bonne nature, vous serez parfait.

Tout à vous.

---

1. Probablement M. de Calonne, directeur de *la Revue contemporaine*.
2. Probablement M. Lacaussade, directeur de *la Revue Européenne*.

CIV.

A UN COMPATRIOTE.

Ce 11 juin 1859.

Mon cher compatriote,

Je n'ai pas répondu sur la note du Père Le Porc. Si la fin de *Port-Royal*, comme je l'espère, paraît d'ici à deux ou trois mois, vous y verrez le rôle que ce Père Le Porc eut dans l'Oratoire. Il servit, par sa doctrine et sa théorie, à couvrir pour un temps les timides, ceux qui ne voulaient point dériver jusqu'au jansénisme. Aussi a-t-il été fort injurié par le parti contraire. Dans l'*Esprit de M. Arnauld*, par Jurieu, on voit le genre d'insultes qui lui furent faites. Son nom y prêtait.

Autre chose et d'assez délicat. Un sculpteur de talent, M. Mathieu Meusnier, a fait de moi, de votre serviteur, un buste en marbre, fort ressemblant, fort étudié, et qui a été exposé au Salon. Mais un sculpteur désire, pour son œuvre, une exposition perpétuelle; et, me donner, à moi, ce buste, qui serait enterré dans mon petit salon, ne lui convient que médiocrement. Il a donc pensé à le mettre ailleurs; mais, tant qu'on n'est pas mort, les bustes sont une sorte d'usurpation de la postérité; et l'Institut, qui nous fait tous immortels, le lendemain de notre mort, et nous traite en conséquence, n'admet pas les bustes de ses membres vivants. Il a été pensé, là-dessus, que j'avais un pays, une ville natale; que cette ville natale a une Bibliothèque, qu'elle est en vue, etc. Enfin, il aurait l'idée d'offrir ce buste d'un compatriote à la ville natale et aux compatriotes de celui-ci [1]. Mais est-ce convenable? N'est-ce pas une autre manière d'usurpation, d'anticipation? Vous voyez le point de la question. Pour qu'il ne fût rien fait à faux ni de messéant, j'ai voulu vous consulter et tâter, par vous, le terrain. Vous me direz votre impression et le résultat de votre réflexion ou de votre information discrète là-dessus.

Vous voyez combien je compte sur votre amitié. M. Mathieu Meusnier se gouvernera d'après vos indications.

Tout à vous.

CV.

A M. JULES JANIN.

Ce 3 août (1859).

Mon cher Janin,

Vous avez eu une heureuse inspiration en parlant de cette femme poète [2], du petit nombre de celles qui le sont : vous avez eu des accents qui font honneur à votre cœur. J'ai été touché que vous y ayez mêlé mon nom. Je n'étais pas son *protecteur*, mais nous sommes tous des nageurs

---

1. Ce buste fait pendant à celui de Daunou, par David (d'Angers), dans la Bibliothèque de Boulogne-sur-Mer.
2. Madame Desbordes-Valmore. Voir l'article Desbordes-Valmore, par Jules Janin, dans *Critiques, Portraits et Caractères contemporains*, collection Hetzel.

qui devons nous tendre la main, si l'un est en danger de rester en arrière, et de couler au fond. Hélas! un peu plus tôt, un peu plus tard, nous y passerons tous. Chacun a la mesure de sa pleine eau. L'un va jusqu'à Saint-Cloud, l'autre va jusqu'à Passy. J'y vais aujourd'hui.

A vous de tout cœur.

CVI.

A M. ERNEST RENAN.

Ce 13 août (1859).

Cher confrère,

J'espérais pouvoir vous remercier, cette fois, de votre présent, en vous envoyant à mon tour deux volumes ; mais un dessin (un plan de l'abbaye de Port-Royal) qu'on veut y mettre va nous retarder encore, et je ne puis attendre plus longtemps à vous dire combien j'ai lu et relu avec plaisir et profit tant de savantes et délicates études où se varie un même esprit intime et supérieur. Sur le chapitre de l'Académie [1], j'oserais faire une ou deux remarques, mais c'est que je vois les choses au microscope. Vous élevez tous les sujets que vous traitez, et, en même temps, vous y mêlez de charmantes finesses.

Agréez, cher monsieur, l'expression de mes sentiments reconnaissants et dévoués.

1. Il s'agit des *Essais de morale et de critique*, parus en juin 1859, et où se trouve un article sur l'Académie française.

CVII.

A MADAME SOLANGE SAND.

Ce samedi matin (septembre 1859).

Je ne suis pas si coupable ! Ce bête de mal de doigt m'a mis, pendant près de trois semaines, dans *l'incapacité d'écrire*, et dans une invincible paresse de m'habiller, de sortir. On s'accoutume à la paresse et au découragement pendant que vous êtes absente. Je vous ai espérée plus d'une fois, et je vous avais vue si bien lorsque vous êtes venue, que je ne vous supposais plus malade. J'avais dit pourtant au docteur d'aller chez vous, et il me l'avait promis ; mais il a dû partir pour suivre, pendant quelques jours, une malade à Étretat : il ne sera de retour que mardi, je pense. Il m'a bien laissé le nom d'un de ses bons et très savants amis pour un cas de besoin urgent ; mais, à moins de nécessité, attendons à mardi : je lui dirai, aussitôt, que vous le réclamez.

Voici le petit coffret, qui aurait bien besoin d'un peu de réparation, et il faudrait en avoir rempli les flacons de je ne sais quelles eaux merveilleuses. Tel qu'il est, dans son incomplet, agréez-le indulgemment — pour l'intention. Moi-même, j'ai grand besoin d'indulgence. La fatigue est devenue le fond de mon être et ma sensation la plus habituelle ; à la fatigue, la nature n'a à opposer que le repos, — le désir du repos. J'y aspire ou plutôt j'y gravite, j'y retombe dès que je n'y prends pas garde. Du travail, des affaires, quantité de riens (si je m'y laisse aller) qui deviennent des liens : voilà comment une vie s'immobilise, s'enchevêtre ; on végète sur souche, on ne rayonne plus. Je me suis laissé, pour ces deux jours, accaparer par une suite de rendez-vous et d'occupations. Je ne pourrai aller vous chercher que lundi. Je le ferai avec bien du plaisir, et j'en rapporterai bien de la joie si je vous trouve mieux.

Mille tendres respects.

CVIII.

A M. JOSÉPHIN SOULARY, A LYON.

Ce 8 janvier 1860.

Monsieur,

J'ai un remerciement, déjà bien ancien, mais bien sincère, à vous adresser pour le présent qui m'a été fait en votre nom, par M. Delaroa, du charmant volume de vos admirables sonnets. Je ne serai content que lorsque j'aurai dit tout haut ce que j'en pense.

J'ai quelque droit sur le sonnet, étant des premiers qui aient tenté de le remettre en honneur vers 1828 ; aussi, je ne sais si je mets de l'amour-propre à goûter cette forme étroite et curieuse de la pensée poétique ; mais je sais bien (et je crois l'avoir écrit) que j'irais à Rome à pied pour avoir fait quelques sonnets de Pétrarque, et maintenant j'ajoute : — quelques sonnets de Soulary. — Mais, hélas! je m'aperçois que je n'ai plus de jambes.

Agréez l'expression de mes sentiments et de mes hommages comme à un vrai poète.

CIX.

A M. JULES GAILLARD.

Ce 11 mai 1860.

Cher ami,

Bien que je sache combien les paroles sont inutiles en ces moments douloureux, et que je n'en connaisse pas qui puissent consoler, je dois à l'amitié que vous m'avez toujours témoignée et à celle de madame Gaillard, de vous dire combien j'ai été frappé du coup qui vous a si rudement consternés. Je perds en votre excellent père un ami et un maître, le plus ancien qui me restât, puisque cette amitié qu'il eut, comme maître, pour moi encore enfant et arrivant à Paris, date de 1818, et elle m'a toujours suivi et accompagné depuis. Je lui ai dû, après son mariage, et dans des années qui étaient pleines pour vous de soleil, quelques-unes des meilleures saisons de ma vie et de ces souvenirs qui ne s'en vont qu'avec nous. Émancipé si à l'improviste par cette perte cruelle, vous n'oublierez jamais tout ce qu'il exigeait de vous, et que, s'il vous aimait dans une autre direction quelquefois que votre digne et incomparable mère, il ne vous aimait pas moins, et que c'est en combinant ce que tous deux vous demandent et vous demandaient, que vous serez tout à fait le jeune homme accompli et selon leur cœur. Vous sentez tout cela, cher ami, vous le démêlerez au milieu de votre douleur, mieux que je ne puis vous le dire. Je ne voulais aujourd'hui que vous prier d'offrir à madame Gaillard et d'agréer pour vous la part bien grande que je prends dans votre affliction.

Tout à vous.

CX.

A M. POULET-MALASSIS.

Ce 12 mai 1860.

Cher monsieur,

Puisque vous ne venez pas, il faut bien que je vous écrive. Cinq minutes d'entretien nous auraient fait tomber d'accord. On vous a envoyé des titres non corrigés, non revus par moi, et qui n'étaient pas plus à ma guise qu'à la vôtre.

Puisque *pièces de vers* [1] ne vous va pas, et que *poèmes* n'est pas exact, je mettrai tout simplement : « Nouvelle édition *très augmentée.* »

Quant à l'épigraphe, laissez-moi la placer où je désire et comme je désire. Ce n'est pas *une épigraphe* de Joseph Delorme ; aussi ne doit-elle pas être au titre même de ce dernier. C'est moi, M. Sainte-Beuve, qui, professeur et déjà vieux, prends ma précaution et qui avertis, avant le

1. Il s'agissait d'une nouvelle édition des Poésies de Sainte-Beuve, dont l'éditeur Poulet-Malassis publia seulement la première partie. La deuxième partie parut plus tard chez Michel Lévy, qui racheta même l'édition de Poulet-Malassis pour avoir les deux volumes.

livre et en *regard* du livre, que ce sont des folies de jeunesse. Laissez-moi donc arranger cela (ce qui n'est pas aisé) avec les imprimeurs, qui ne l'ont pas encore mise comme je veux.

J'avais été content de cette imprimerie, à une publication précédente. Cette fois, je l'ai été moins. C'est mal tiré et mal *imprimé*. Quantité de détails sont sans goût, et il est arrivé de petits accidents au tirage, par négligence ; notamment page 228.

Enfin, avec une copie abondante, ils ont trouvé moyen de faire un volume des plus minces, en tassant les pièces les unes sur les autres, et mettant des épigraphes en caractères imperceptibles.

Si nous faisons la deuxième partie, nous choisirons mieux.

Tout à vous.

CXI.

A M. DE LESCURE.

15 mai 1860.

Cher monsieur,

J'ai lu votre spirituelle revanche de tous les *Lui et Elle*[1]. J'ai pu me faire une juste idée de votre sagacité à démêler le vrai à travers le romanesque ; car je sais les choses de ce temps-là, et cette *chose* en particulier autant que per-

---

1. *Eux et Elles, Histoire d'un scandale,* Paris, Poulet-Malassis et de Broise, 1860, in-18 (à propos de *Elle et Lui,* par George Sand ; *Lui,* par madame Louise Colet ; *Lui et Elle,* par M. Paul de Musset.)

sonne, ayant eu l'honneur d'être le confident des deux, au moment même, et avant tout arrangement littéraire. Je vous assure que les choses sont plus touchantes et plus à la décharge de tous deux qu'elles ne se présentent dans ces apologies contradictoires et agressives dont vous vous êtes fait le rapporteur et le vengeur.

Tout à vous.

CXII.

A M. JULES JANIN.

Ce 2 septembre 1860.

Mon cher ami,

Je ne suis pas ingrat ; j'ai été pris seulement et obéré de travail, la pire des dispositions pour lire ce léger Horace, même quand vous nous y aidez si bien. Vous avez fait là une rude gageure : — rendre Horace dans tout son vif et comme s'il était Français, comme s'il était homme de journal, ayant fait ses satires, épîtres et art poétique en feuilletons, — ce qu'il eût fait probablement s'il eût vécu de nos jours. Vous y avez souvent réussi ; vous avez entraîné Horace bras dessus, bras dessous ; c'est enlevé : nous avons maintenant l'Horace-Janin ; Horace y a consenti et s'y est prêté avec beaucoup de bonne grâce, sûr qu'il était de rencontrer chez son compère bon sens et légèreté. — Pour les odes, je ferais quelque réserve, et je serais davantage pour le calque, — même pour Cass-Robine. Vous savez que nous avons gardé ce coin de romantique. Mais tout ce qui est naturel, causerie littéraire et fine, c'était affaire à vous.

A vous de tout cœur.

CXIII.

A M. RNEST RENAN.

Ce 9 septembre (1860).

Cher confrère,

Je vous ai remercié, mais c'est vous féliciter aussi que je veux. Vous avez fait pour ce sujet ce que vous faites pour tout ce que vous traitez : il est élevé, vous l'avez élevé encore. Votre second article[1] ouvre des vues et achève des jugements. Port-Royal est un canton de plus, désormais, dans ce vaste domaine qui est vôtre et où vous promenez le coup d'œil tranquille et suprême de vos méditations comparées. Je vous ai procuré le thème et le prétexte. Voilà mon honneur. Je l'apprécie, et, depuis que vous avez ainsi parlé de moi, j'ai conscience d'être quelque chose de plus qu'auparavant pour le public, je parle du public des juges.

J'irai vous voir avant votre départ, mais j'avais déjà trop tardé à vous redire et à vous dire cela.

Tout à vous.

---

1. Les articles sur Port-Royal au *Journal des Débats* sont des 28 et 30 août 1860.

CXIV.

A HIPPOLYTE LUCAS.

Ce 1er décembre 1860.

on cher ami,

Votre article si détaillé et si bienveillant me comble, et *le Siècle*, vraiment, fera de moi quelque chose.

J'ai à vous remercier du coup de main que vous donnez à ces volumes où j'ai risqué beaucoup.

Votre cœur de Breton a dû protester plus d'une fois, et pourtant je n'ai été grisé, je vous assure, que par le désir de creuser mon sujet et d'amasser alentour toute sorte de documents précis et originaux. L'admiration littéraire est ce qui surnage et ce dont je crois ne m'être pas départi, quoiqu'on puisse tirer des volumes autre chose que ce que j'ai tiré moi-même. Sur un point, vous me permettrez une remarque. Je ne crois pas, mon cher ami, que, s'il y a quelque ridicule dans l'affaire des cent francs[1], ce ridicule retombe sur moi. Quoi ! des amis intimes, ou presque in-

---

1. Hippolyte Lucas avait rendu compte, dans *le Siècle*, des deux volumes de *Chateaubriand et son groupe littéraire sous l'Empire*, qui venaient de paraître. Il faut se reporter, pour l'intelligence de cette lettre, à la Préface de cet ouvrage, dans laquelle Sainte-Beuve explique que sa démission, en 1848, de conservateur à la Bibliothèque Mazarine provient de ce que, au lieu de le défendre contre une accusation odieuse et ridicule, et, de tous points indigne de son caractère, on y chercha plutôt des prétextes et des palliatifs.

times, sont portés par un coup de lame au Ministère, et ces amis, sans aucun droit, se mettent à m'interroger sur le passé, à me demander des comptes ; ils croient (ou ils crient) à des chiffres fabuleux, et eux, qui ont prêté l'oreille à la délation, ils n'ont ni assez d'attention, ni assez de pouvoir, ni assez de critique, pour *vérifier* ce fait, pour examiner et voir ce qui est. Supposez-les à ma place, supposez que j'aie ainsi interrogé MM. Carnot ou Jean Reynaud sur leur passé ; qu'auraient-ils senti ? Est-ce que je ne suis pas aussi honnête homme qu'eux, aussi délicat et aussi susceptible en fait de délicatesse ? Il faut avouer (qu'on soit républicain ou non), que dans cette petite affaire ils ont été fort légers et ont eu la *berlue*. Je n'ai pas prétendu montrer autre chose. Quant à du fiel, mon cher ami, je puis vous assurer que je n'en avais que ce qu'il faut à l'honnête homme pour ne pas se laisser détremper et amollir. J'ai passé en Belgique l'année la plus laborieuse, la plus paisible, sans avoir les nerfs aigris le moins du monde, et beaucoup moins qu'on ne les avait ici. C'est là que j'ai amassé les matériaux de la plupart de mes *Causeries du Lundi*. J'insiste sur ce point parce que, véritablement, je vous ai trouvé un peu moins ami sur ceci que sur tout le reste. Mais je sais les exigences des milieux, et vous avez déjà tant fait, et avec tant de bonté et de bonne grâce, que j'ai moins bonne grâce moi-même à ne pas vous remercier purement et simplement.

Tout à vous.

Excusez ce griffonnage.

CXV.

A M. PREVOST-PARADOL.

Ce 28 décembre 1860

Je trouve, monsieur, mon nom cité d'une manière toute bienveillante et flatteuse dans votre article d'aujourd'hui. Je saisis cette occasion de vous remercier et de vous dire combien j'ai regretté de n'avoir pas en vous le juge que je désirais, pour ce livre de *Chateaubriand*. Croyez que c'était moins des éloges que j'attendais de vous, que le jugement d'un homme d'autant d'esprit, voulant bien me discuter et, au besoin, me contredire, mais répandant sur sa critique même de cet agrément qu'il met dans tout ce qu'il écrit. Il me semble que nous nous connaissons depuis longtemps, et qu'à travers des dissidences même, il y a des points de réunion. C'en est un où je me rencontre avec tout le monde que de vous goûter.

Agréez, je vous prie, avec l'indulgence d'un ancien élève de l'École normale, les sentiments d'un professeur tout nouveau, mais qui aime à renouer, autant qu'il le peut, la chaîne.

CXVI.

A M. POULET-MALASSIS.

Ce 13 avril 1861.

Mon cher monsieur,

Nous voilà donc en vente, mais j'entrevois qu'il y aura un peu de lenteur dans la mise en train. Quantité de petites raisons, qu'il serait trop long d'énumérer, sont de nature à nous ralentir. Le prix d'abord, ces mots de *première partie* mis très en vue [1], et puis mes lecteurs habituels ne sont pas accoutumés à m'aller chercher chez vous; il faut le temps de les en avertir. Comme je tiens pourtant à ce que votre obligeance envers moi ne vous soit pas trop onéreuse, je vous demande de remettre jusqu'à votre arrivée ici (car votre absence est le plus grand obstacle) l'effort et le coup de collier que nous donnerons de concert. Nous verrons ensemble les moyens d'obliger les principales trompettes de l'opinion à s'occuper de notre *revenant* [2], qui est chargé d'un bagage à moitié nouveau, dussent-elles sonner en partie contre moi. Ce qu'il vous faut, c'est du bruit. Attendons et résignons-nous à traîner un peu jusqu'à votre arrivée.

Agréez mille compliments affectueux.

CXVII.

A M. THIERS [3].

Ce 29 août 1861.

Monsieur,

Rien ne pouvait m'être plus agréable que d'obtenir votre approbation, et la manière dont vous voulez bien me l'ex-

---

1. L'éditeur Poulet-Malassis venait de mettre en vente le premier volume des *Poésies*, de Sainte-Beuve, dont il a été déjà question dans une des lettres précédentes.
2. *Joseph Delorme.*
3. Sainte-Beuve venait de publier, à la date du 26 août 1861, un article sur le tome XIX° de l'*Histoire du Consulat et de l'Empire*, — article recueilli depuis dans les *Causeries du Lundi*, t. XV.

primer est faite pour me toucher. Assurément, vous êtes dans le vrai, et les raisons que vous en donnez achèveraient, s'il en était besoin, de mettre la vérité dans une pleine lumière. Ceci me confirme dans ce que j'ai toujours cru, que le meilleur critique, en chaque matière et en chaque ordre d'œuvres, ne serait autre que l'artiste supérieur qui y excelle. C'est assez pour nous de faire les hérauts d'armes, d'accompagner, de précéder quelquefois, de savoir crier à propos. Depuis trente-cinq ans, vous nous avez bien des fois donné cette satisfaction, — et vous nous la donnez autant que jamais, aujourd'hui que le cri poussé en votre faveur en est un aussi qui répond à l'âme de la jeunesse, du vrai public et de la France.

Agréez, monsieur, l'expression de mes affectueux respects.

CXVIII.

A M. PREVOST-PARADOL.

Ce 9 novembre 1861.

Vous m'auriez dit moins de choses aimables, monsieur, que je vous serais encore très reconnaissant de votre remerciement. Il est si délicat toujours de vouloir aller au fond des pensées, qu'il fallait que je comptasse beaucoup sur votre esprit pour oser me permettre ce que j'ai fait, surtout ayant à cœur de témoigner de ma sympathie, bien plus que de marquer ma dissidence, et vous me donnez une vraie joie en me rassurant; elle est tempérée d'un regret, vous savez trop lequel; quoique je sente cela moins vivement que d'autres, je ne laisse pas d'être chagrin et préoccupé.

J'ai le cœur moins belliqueux que la plume, mais il faut faire son métier honnêtement.

Agréez, monsieur, l'expression de ma haute estime.

CXIX.

A M. VICTOR LAMBINET, JUGE, A VERSAILLES.

Ce 14 décembre 1861.

Monsieur,

J'ai à vous remercier d'une marque si obligeante d'attention. La question que vous m'adressez est délicate. Au fond Rigault[1] désirait, comme bien des gens, jouir de certains avantages qui dépendent d'un ministère, d'un gouvernement, et avoir les honneurs et les avantages aussi de l'opposition. C'est une vieille tactique. Il devait beaucoup, je le sais, à M. Fortoul, qui l'avait choisi pour le Discours latin prononcé au Concours général et qui appréciait son esprit. Il profitait de cette bonne disposition, mais entendait bien ne rien céder. Quand M. Havet, au bout d'une année ou de deux années de Collège de France, se sentit fatigué, il essaya de se substituer Rigault, et celui-ci, ainsi introduit et insinué, espéra n'en avoir l'obligation qu'à M. Havet. Il fallut bien pourtant compter avec le ministre[2]. Le malheur

---

1. Sainte-Beuve, à ce moment, venait d'écrire un article sur Hippolyte Rigault (*Nouveaux Lundis*, t. Ier).
2. M. Rouland.

fut que le ministre posa trop rudement, trop carrément une question, une alternative. Dans ces termes, Rigault n'avait pas le choix et ne pouvait que refuser de faire : ce qu'il a fait. Il consulta, après la conversation du ministre, M. Saint-Marc-Girardin, qui n'est pas pour les partis extrêmes. Celui-ci fut d'avis que, dans les termes posés, Rigault ne pouvait, en effet, renoncer aux *Débats*. Tout cela a été très fâcheux : le ministre, homme excellent au fond, serait revenu, je n'en doute pas, sur sa première brusquerie. Rigault, martyr un peu malgré lui, parce qu'on ne lui laissait pas une porte de sortie honorable, souffrit beaucoup, et je ne fais nul doute que ce chagrin n'ait été au fond une des causes de sa maladie : il faut y joindre le travail excessif auquel il se livra comme journaliste quand il vit qu'il n'était plus que cela.

La conversation seule pourrait exprimer certaines nuances et certaines impressions.

Daignez m'excuser, monsieur, et agréer l'expression de ma considération très distinguée.

CXX.

A M. PREVOST-PARADOL.

Ce 20 mars 1862.

Je vous remercie, mon cher monsieur, de votre nouveau présent, vous savez que c'était un de mes souhaits et de mes vœux de voir recueillir en volume ces charmants articles. Me voilà donc satisfait ; oui, mais, comme on désire toujours et qu'une envie succède aussitôt à l'autre, voilà que je m'aperçois qu'il manque à ce volume si plein (un beau et grave Vauvenargues)[1], un *La Rochefoucauld* d'hier[2] qui m'a mis en goût de la suite.

Je suis insatiable, vous le voyez ; ne vous en prenez qu'à vous.

Agréez l'expression de mes sentiments dévoués.

CXXI.

A M. ERNEST RENAN.

Ce 8 avril 1862.

Cher confrère,

Me permettrez-vous une question indiscrète ? Croyez-vous reprendre votre cours après Pâques ? Dans ce cas, je pense qu'il me serait permis et séant, au *Constitutionnel,* de faire sur l'ensemble de vos travaux une couple d'articles que je me promettais depuis longtemps[3], dont je comptais saluer votre début, et qui sont, à mes yeux, une dette que j'ai contractée envers vous en profitant de vos écrits.

Un petit mot, s'il vous plaît, aussi court et aussi vague qu'il vous plaira, mais qui me donne l'indication de ce qui est probable.

Croyez-moi bien

Tout à vous.

---

1. *Les Moralistes français.*
2. Étude par M. Prevost-Paradol, qui avait paru la veille dans *le Journal des Débats.*
3. Il parut, en effet, en juin 1862, deux articles de Sainte-Beuve sur M. Renan, recueillis depuis dans les *Nouveaux Lundis,* t. II.

CXXII.

A M. B. JOUVIN.

Ce 1er mai 1862.

Un remerciement de vous est fait pour me flatter, monsieur; je ne croyais pas le mériter. Je n'avais été envers vous que de la plus indispensable justice. Ce n'est pas ma faute s'il n'y a que bien peu de critiques véritables en ce temps-ci, et si vous en êtes un, et un excellent, quand vous n'aimez mieux être un piquant satirique. Vous étiez hier encore ce critique de bon sens (qui est chose si rare parmi nous) quand vous parliez des *Misérables.* Il me sera difficile, si je reviens jamais à écrire sur le cardinal de Retz, de ne pas rappeler comme quoi il est, par sa galerie de portraits, un grand *guérisseur* du romantisme. Je conçois vos répugnances; je ne suis pas moi-même, vous le pensez bien, sans souffrir de bien des choses présentes ou prochainement futures; mais je tâche de m'accommoder, puisqu'il le faut, avec les faits accomplis et d'en tirer le meilleur parti possible. Nous sommes des avocats qui ont souvent à plaider des causes différentes et contraires; l'essentiel est que, la cause plaidée, on se garde réciproquement un peu d'estime.

Agréez, monsieur, l'expression de mes sentiments les plus distingués.

CXXIII.

A M. ERNEST RENAN.

Ce lundi 5 mai (1862).

Cher confrère,

J'étais venu pour vous demander une séance [1] et voilà qu'on me dit que vous partez pour la Hollande. Serez-vous revenu samedi ou dimanche? C'est bien douteux et ç'aurait été pour la semaine prochaine que j'aurais aimé être tout entier à mon sujet.

Cependant voici ce que je voudrais, en attendant une conversation à deux :

J'ai presque tous vos écrits, mais non pas tous.

Pourriez-vous me prêter pour quelques jours ceux que je n'ai pas?

Le Cantique des Cantiques; la deuxième édition du *Langage*, s'il y a eu deuxième édition; une petite liste *chronologique* de vos écrits qui me permette de vous suivre et de voir si j'ai tout.

Puis, aussitôt votre retour, que madame votre mère désire le plus prompt possible, une petite conversation au débotté, ne fût-ce que mardi ou mercredi en huit.

Bon voyage, cher confrère, et à vous de tout cœur.

---

1. Sainte-Beuve fut toute sa vie un peintre de portraits, et il n'entama jamais un sujet nouveau sans demander une séance au *modèle*.

P.-S. — Je ne trouve pas si mauvais cet article du Règlement qui obligeait la Classe répondant à l'Académie française de faire, *au moins quatre fois l'an, un Rapport public* où les ouvrages importants seraient examinés. L'esprit au moins qui a dicté cet article me semble juste, puisqu'il obligeait l'Académie fançaise à lire et à se tenir au courant[1].

CXXIV.

AU MÊME.

Ce 26 mai 1862.

Cher confrère,

Je ne vous ai pas remercié de cette dernière lettre écrite au moment du départ et qui complétait ce bon et charmant entretien. Je voudrais être un bon secrétaire. Le premier article ne passe que lundi prochain; vous n'êtes pas de ceux qu'on brusque; j'habite avec vous, je croyais vous connaître déjà et vous me réserviez une surprise. J'écoutais et suivais un critique, le plus fin et le plus attachant des critiques, et voilà que je trouve au bout de chaque allée un artiste. Ce dernier côté me frappe beaucoup en vous étudiant. Ah! que vous êtes difficile à embrasser!

Tout à vous.

Ce qu'il faudrait faire sur vous, ce serait un dialogue à la manière de Platon : mais qui le ferait?

---

1. C'était le Règlement de l'ancien Institut, fondé par la Convention nationale après l'abolition de toute Académie.

CXXV.

AU M ME.

Ce dimanche 3 août (1862).

Cher confrère,

J'ai reçu et lu aussitôt votre lettre [1] si ferme, si digne, si sensée, si admirable de forme; vous voilà un principe, et l'on se rangera autour de vous, et votre nom sera un jour celui d'une victoire pour la pensée humaine.

Je suis chargé de vous inviter à aller dîner *jeudi* à Saint-Gratien; j'espère que vous le pourrez. Vous y êtes fort apprécié.

Tout à vous.

J'offre mes respectueux hommages à madame Renan.

CXXVI.

A M. POULET-MALASSIS.

Ce 14 août 1862.

Mon cher monsieur,

On me dit que vous avez envie de vous défaire de mon édition [2]; je regrette que vous ne m'en ayez pas parlé plus

---

1. Il s'agissait de la lettre intitulée : *la Chaire d'Hébreu au Collège de France,* adressée par M. Renan à ses collègues, le 31 juillet 1862.

2. Le secrétaire de Sainte-Beuve avait été averti par M. Champfleury que Poulet-Malassis cherchait à se débarrasser de l'édition de *Joseph Delorme* qu'il avait publiée. C'est alors que

tôt vous-même; car il est de notre intérêt commun que, si vous vous en défaites, vous vous en défassiez dans les meilleures conditions. Permettez-moi de m'étonner que, dans une affaire où je n'ai eu qu'à me louer de vous, où vous-même avez fait toutes les avances obligeantes, où vous m'avez proposé la réimpression, où vous avez de vous-même fixé le prix, vous ayez été ensuite si ménager de paroles à mon égard et que je n'aie jamais pu, dans une conversation à fond, aviser avec vous aux moyens d'empêcher que cette opération vous devînt onéreuse ou désagréable.

Vous voyez bien que c'est un reproche tout amical que je vous adresse, et je ne puis vous en adresser d'autres. Mettez-moi à même de traiter de la chose avec un de mes autres éditeurs, ou Lévy ou MM. Garnier. Je n'ai pu encore voir M. Lévy, à qui j'ai écrit, et que j'attends chaque jour.

Agréez mille amitiés.

CXXVII.

A M. PARENT-DE-ROSAN.

Ce 22 décembre 1862.

Recevez, monsieur, mes bien sincères remercîments pour tant d'obligeante amabilité. Me voilà, grâce à vous, des mieux munis et je n'ai plus rien à désirer; car ce qui

---

Sainte-Beuve proposa à Michel Lévy, qui accepta, de racheter ce volume et de donner, dans un deuxième volume du même format la suite de ses Poésies, *Consolations* et *Pensées d'août*.

reste à préciser est désormais si bien circonscrit, qu'il me suffira de renvoyer à vos recherches. Je ne serais pas très étonné que la sortie de prison de madame de Boufflers[1] eût ainsi tardé de quelques mois après le 9 thermidor ; il me semble que ç'a été le cas pour plus d'une personne qui était dans sa situation. Sept mois pourtant à la Conciergerie, c'est beaucoup... Tout ce que vous me fournissez de notes montre bien sa peur.

Agréez, monsieur, l'expression de ma considération respectueuse et de mon dévouement.

CXXVIII.

AU MÊME.

Ce 23 décembre 1862.

Monsieur,

Je reçois vos nouveaux renseignements qui complètent et rectifient les précédents. J'avais écrit une lettre que j'avais fait remettre à M. Chéron de la Bibliothèque impériale pour vous dire combien je vous étais reconnaissant de tant d'aimable et utile obligeance. Me voilà, grâce à vous, en mesure de faire, sur cette charmante femme, un travail qu'elle méritait et qui aurait bien pu ne jamais venir. Je m'y mettrai dès le commencement de janvier, je ne

---

1. M. Parent-de-Rosan avait fourni à Sainte-Beuve des documents pour son étude sur la comtesse de Boufflers, l'amie de Jean-Jacques Rousseau. — Cette étude fait partie aujourd'hui des *Nouveaux Lundis*, t. IV.

saurais mieux commencer l'année. Croyez, monsieur, que j'apprécie, comme je le dois, ces généreuses et libérales communications, qui font de ceux qu'on ne connaissait pas la veille des obligés et j'ose dire des amis par l'esprit ; et agréez l'expression de tous les sentiments qu'elles inspirent.

P. S. — Je pense qu'il suffit de mettre *Auteuil* sur l'adresse pour qu'une lettre arrive à l'historiographe d'Auteuil.

CXXIX.

A M. WILLIAM L. HUGHES.

Ce 27 décembre 1862.

Cher monsieur,

Je viens, comme si souvent, vous demander un service. J'ai bien besoin d'avoir une *idée* et presque une traduction abrégée des plus jolis endroits de l'Essai de Charles Lamb, *Old China*. J'ai écrit à Lacaussade, qui est sans doute absent, puisqu'il n'a pas répondu, et je viens dans ma détresse recourir à vous. Êtes-vous ici ? — Pourriez-vous me laisser lire avec vous ce joli Essai dont j'entrevois l'idée et tout le sentiment, mais dont bien des détails curieux m'échappent ? Je joins le volume au cas où vous ne l'auriez pas.

Excuses, remercîments et amitiés.

CXXX.

AU MÊME.

Ce 30 décembre 1862.

Merci, merci, cher monsieur ! me voilà bien riche, grâce à vous ; puisque je vous ai fait faire cette corvée à laquelle vous vous êtes mis avec tant d'amitié, je ne voudrais pas que l'usage trop insuffisant que j'en ferai empêchât les autres d'en jouir : il faudra voir à imprimer ce joli Essai traduit comme si peu pourraient le faire et où toutes les finesses sont observées. Je vous rendrai, d'ici à peu de jours, le *Gourmet* avec le cochon de lait si croustilleux et si appétissant.

Agréez, cher monsieur, l'expression de toute ma gratitude et de mes sentiments dévoués

CXXXI.

A M. ERNEST RENAN.

Ce 2 janvier 1863.

Cher et aimable confrère,

Quel beau présent ! on me disait à l'instant même qu'il existait, qu'il y avait telle chose de vous, et je me disposais à vous le demander. Vous m'avez prévenu. Je lis avec émotion ces pages si élevées et si tendres. Je n'avais pas eu l'honneur de connaître, mais j'avais vu la personne si chère dont vous consacrez ainsi la mémoire [1]. C'est elle qui m'introduisit la première fois auprès de vous, et j'ai gardé un entier souvenir de sa physionomie et de son accent. Elle m'est restée présente. La voilà, grâce à vous, ne pouvant plus mourir!

Merci encore, et agréez, cher confrère, ainsi que madame Renan, l'expression de tous mes sentiments dévoués et de mes vœux pour votre bonheur.

CXXXII.

AU MÊME.

Ce 2 février 1863.

Cher et illustre confrère,

Je suis chargé par un de mes amis les plus anciens, M. Jal, de solliciter votre suffrage en sa faveur pour un grand prix que l'Académie des Inscriptions a, cette année, à décerner. Je sais combien est délicate cette commission dont il m'a confié le soin, et que les complaisances d'aucun genre ne peuvent s'introduire dans un jugement de cette importance. Examinez bien le *Glossaire nautique*, et voyez en toute équité jusqu'à quel point de récompense il peut être justement poussé. Voilà toute ma prière. Le navire pavillon Jal a tous mes vœux.

Et agréez, cher confrère, l'expression de mes sentiments de reconnaissance et de dévouement.

1. La sœur de M. Ernest Renan.

CXXXIII.

A M. L'ABBÉ BARBE.

Paris, ce 1er mars 1863.

Mon cher ami,

J'ai été bien sensible à ton souvenir. Les détails que tu m'as donnés sur le nouveau Boulogne m'ont intéressé, mais moins encore que de sentir que je te les devais. Je ne sais quand je pourrai aller vérifier ces progrès nouveaux et cette extension de notre vieille cité; et, si j'y allais, je n'aurais plus ces mêmes jambes d'autrefois, avec lesquelles je te suivais à Outreau, ou du côté des sables. Je ne vais pourtant pas trop mal pour un homme fatigué et surchargé. La vie coule ou plutôt roule, désormais : *non degitur, sed truditur ætas*. Nous ne sommes plus très loin du but ; ce n'est pas à dire que nous le voyions et distinguions beaucoup plus clairement.

Le travail, qui est mon grand accablement, est aussi ma grande ressource. Chaque jour a sa tâche; une corvée suit l'autre, et je n'ai guère le temps de regarder aux talons. Mais, toutefois, entre le sommeil et la veille, dans cet intervalle où l'on trouve un peu de repos, sinon de l'oubli, il m'arrive souvent de laisser flotter mes pensées du côté de l'enfance et de la jeunesse; et, là, je revois les lieux, les matinées, les après-dînés du jeudi, les courses le long de la Liane, avec les entretiens sans fin et les doctes et douces causeries d'un ami. Je te remercie de m'en avoir rafraîchi et ravivé le souvenir par ta bonne lettre; et je t'envoie, avec reconnaissance, mes vieilles et fidèles amitiés.

CXXXIV.

A M. ERNEST RENAN.

Ce 18 mars 1863.

Cher et illustre confrère,

Est-il admissible à aucun degré, même au moindre, que Marie Madeleine ait pu venir en Provence et y mourir?

Je me dis que non; je m'en croirai plus assuré quand votre science m'aura confirmé l'état de la critique historique sur ce point. Un simple mot: je ne désire qu'un éclair, sans fatigue de votre part [1].

Tout à vous.

CXXXV.

AU MÊME.

Ce 19 septembre 1863.

C'est vous, cher ami, qui voulez bien entrer dans toutes les raisons particulières et les situations pour me remercier

---

1. M. Ernest Renan répondit : « Il n'est admissible à aucun degré, même au moindre, que Marie de Magdala soit venue en Provence. D'abord, Marie de Magdala n'a rien de commun avec Marie de Béthanie, sœur de Marthe et de Lazare. En outre, la

ainsi de cet article 1. Je sais tout ce qu'il a d'incomplet. Mais nous étions là, dans *le Constitutionnel,* un pied chez le gouvernement et obligés à toute sorte de ménagements et de réserves. Au reste, ces réserves sieyent à votre manière, et qui parle de vous doit en cela vous imiter. Votre succès est complet. Vous nous avez conquis la discussion sur ce point, jusqu'ici interdit à tous. La dignité de votre langage et de vos pensées a forcé la défense. Je serai heureux de vous revoir, nous le serons tous, à ces dîners de quinzaine, non pas veufs de vous, de Baudry et de plusieurs des nôtres. Revenez-nous bien portant et heureux dans vos entours.

Permettez-moi d'offrir mes respectueux hommages à madame Renan et de me dire votre tout dévoué.

CXXXVI.

A M. MAURICE LA CHESNAIS.

Paris, ce 28 septembre 1863.

Monsieur,

Je suis bien flatté de votre attention et de votre appel si flatteur. Vous me proposez là, en effet, un grand sujet; mais combien il sort de mon champ de vision habituel, et comme il dépasse mes horizons ! Pour traiter un tel sujet,

---

venue de l'une de ces Maries en Provence ne repose que sur des rapprochements puérils faits à une fort basse époque ». *(Nouveaux Lundis,* t. II, premier article sur *le Père Lacordaire.)*

1. L'article sur la *Vie de Jésus (Nouveaux Lundis,* t. VI).

il faudrait avoir vu l'homme, ou tout au moins avoir recueilli les témoignages de bien des personnes qui l'auraient vu de près. Il faudrait même savoir sa langue pour bien se rendre compte du sens et de la valeur des paroles et ne pas prendre des métaphores et des locutions orientales trop au pied de la lettre.

Parler d'Abd-el-Kader et de son degré d'enthousiasme, de conviction, d'illumination ou de politique, c'est presque aussi difficile que de parler de Mahomet. Je n'ai pas de lunette assez longue pour atteindre jusque-là, et il y faudrait, d'ailleurs, bien plus de temps et de préparation que je n'en puis donner dans ces rapides esquisses.

CXXXVII.

A M. VICTOR LAMBINET, JUGE A VERSAILLES[1].

Ce 20 février (1864).

Monsieur,

Je vous suis extrêmement reconnaissant du précieux dépôt que vous voulez bien me confier. Je lis avec intérêt ces lettres. J'ai connu autrefois madame Salvage : c'était une grande femme, très active, très entrante, très masculine, qui ressemblait à une veuve de général ou de colonel

1. M. Lambinet avait communiqué à Sainte-Beuve une soixantaine de lettres de madame Récamier à madame Salvage.

et qui avait un très grand nez. Le duc de Laval (Adrien) disait d'elle : « Il faut bien prendre garde de fâcher madame Salvage ; car elle vous passerait son nez à travers le corps. » Elle était une des grandes propagandistes de l'idée impériale, alors même que personne autre ne pensait encore à l'Empire. Madame Récamier était pleine de soins pour elle comme pour toutes ses amies, tout en se permettant d'en sourire un peu.

Veuillez agréer, monsieur, l'expression de ma gratitude et de ma considération très distinguée.

CXXXVIII.

A UN COMPATRIOTE.

Ce 29 février 1864.

Cher compatriote,

Permettez que, pour être plus lisible, je dicte un peu.
Vous dites vrai ; nous vivons, en littérature, sous un droit des gens tout particulier. Tandis que, ailleurs, dans toutes les professions et dans toutes les carrières, lorsque des hommes, qui ont fait leurs preuves, se combattent, se réfutent et se contredisent, ils commencent par se donner, au moins pour la forme, quelques témoignages d'estime. Chez nous, en littérature, on commence par se mépriser, par déprécier le caractère de l'adversaire, même lorsqu'on doit finir et conclure par le louer un peu.

C'est une disposition misérable, mais inévitable. L'envie

fait le fond du cœur humain ; et cela est plus vrai encore en littérature qu'en tout le reste. Ceux que la culture littéraire n'améliore pas et n'élève pas sont pires que les autres, et acquièrent des vices plus raffinés et plus vils. Nous sommes obligés de vivre en face de ces gens-là et un peu pêle-mêle, nous confiant vaguement en l'estime des honnêtes gens, qui peut bien ne jamais trouver l'occasion de se concentrer quelque part et de s'exprimer. Cela est triste ; mais j'en ai pris depuis longtemps mon parti.

Je n'ai guère jamais rencontré personne, parmi les puissants, qui aimât assez les Lettres et qui appréciât assez ceux qui les cultivent avec quelque honneur, pour comprendre qu'il n'est pas bon de laisser trop longtemps, dans la rue, des hommes distingués qui ont fait, dès longtemps, leurs preuves, et qui ne peuvent que perdre à être éclaboussés.

Que cela ne nous empêche pas de faire notre devoir, et de remplir notre fonction de critique avec vigueur et probité. La probité est encore ce qu'il y a de plus rare dans les Lettres. Nous qui étudions l'histoire littéraire, nous trouvons tant de beaux génies et de grands hommes qui ont eu à se plaindre de leur vivant, que nous pouvons encore nous estimer trop heureux et trop favorisés qu'on ne nous en dise pas et qu'on ne nous en fasse pas davantage.

Croyez, mon cher compatriote, que des témoignages, tels que celui que je reçois de vous, sont la meilleure consolation des ennuis du métier et la vraie récompense.

Tout à vous.

CXXXIX.

A M. DE LESCURE.

Paris, ce 30 avril 1864.

Mon cher ami,

Hier, j'étais talonné par l'imprimeur; aujourd'hui, je relève de mes couches, et je veux vous écrire plus posément, mais j'ai mal à la main ; et, quand je veux écrire un peu lisiblement et avec un peu d'étendue, force m'est de dicter; je dicte donc.

Permettez-moi, puisque vous vous y intéressez, de vous bien exposer ma situation littéraire, non pas telle qu'on la voit au dehors, mais telle qu'elle est réellement pour moi qui la vois du dedans.

Ce serait une erreur complète à mes amis de supposer que je me prends pour un personnage qui a crédit, autorité, et qui tient spectre ou férule dans la république des Lettres. Je me sens et je me juge tout autrement. Je sens au plus haut degré la dépendance où je suis du public. Je regrette, à certains jours, de n'avoir pas une modération de désirs [1] telle, que je puisse me contenter de mon avoir exigu, afin de choisir moi-même mes sujets de travail.

---

1. Cette modération de désirs eût été difficile à concilier avec l'importance que le nom de Sainte-Beuve avait fini par acquérir. Il ne pouvait échapper à sa destinée, qui l'obligeait à des besoins inséparables de sa haute situation dans les Lettres. Sa maison était devenue un centre littéraire, et il lui eût fallu cesser d'écrire et de produire pour détourner le flot de la rue Mont-Parnasse.

Je me considère comme un comédien obligé à jouer à l'âge où il devrait prendre sa retraite, et qui ne voit pas le terme de son engagement.

J'en veux un peu (je vous l'avoue bien bas), non pas au public, dont je n'ai en général qu'à me louer, mais à notre société telle qu'elle est, de ce qu'un homme qui travaille et qui imprime depuis quarante ans (c'est le chiffre exact), se voit condamné à continuer indéfiniment, sans que personne s'avise qu'il fait chaque semaine un tour de force, et que, tout en s'y amusant parfois lui-même tout le premier, il court risque un beau jour de s'y casser un nerf. Le physique est tout, même dans l'esprit, et mon physique chaque semaine est horriblement tendu. Je descends au fond d'un puits chaque mardi matin pour n'en ressortir que le vendredi soir, je ne sais trop à quelle heure.

Je n'ai aucun jour à donner à mes amis, et mon lundi, seul jour de répit, est pris en général par une Commission dont j'ai l'honneur de faire partie.

Je ne mets pas les pieds à l'Académie, faute de temps. Engagé à dîner par un Anglais de distinction, membre du Parlement, je lui ai répondu que cela ne m'était pas possible, vu que je n'étais pas un monsieur, ni un gentleman, mais un ouvrier à la pièce et à l'heure.

Tout cela dit, je jouis des bénéfices de ma position comme je souffre des désavantages. Je ne me fais remords de rien ; je manque à l'exactitude, à la régularité sociale, et quelquefois même à la politesse le plus effrontément du monde ; et je ferais volontiers comme les ouvriers les jours de paye : quand je n'ai qu'un quart d'heure, je m'amuse.

Voilà une singulière rhétorique que je vous développe là,

mon cher ami. Un peu d'amertume se mêle, vous le sentez bien, à ce qu'elle a d'un peu trop gai ; mais vous ne m'en voudrez pas de ma confidence, et je tenais à vous la faire une fois pour toutes, puisque je ne la fais qu'à mes vrais amis.

Tout à vous.

CXL.

A M. CHARLES BERTHOUD, DE GINGINS (CANTON DE VAUD).

Ce 1er mai 1864.

Monsieur,

Je n'ai pas encore reçu le volume sur saint François d'Assise et je le lirai avec bien de l'intérêt. Je sais que j'ai en vous un ami comme j'en ai conservé quelques-uns dans la Suisse française. Je suis touché de voir qu'une autre personne que vous encore, auprès de vous, partage ces sentiments bienveillants.

La Revue Germanique, que je reçois, m'apporte en ce moment même la preuve que vous voulez bien vous souvenir de quelques-unes des choses que j'écris trop abondamment.

Vous êtes à Florence et j'envie ce bonheur, dont j'ai trop peu joui et que vous avez, de cultiver l'étude sous un beau ciel, près des chefs-d'œuvre des arts et au sein des affections les plus douces de la vie.

Veuillez agréer, monsieur, l'assurance de mes sentiments les plus distingués et reconnaissants.

CXLI.

A M. HENRY VESSERON, AVOCAT, A SEDAN.

Ce 28 mai 1864.

Non, monsieur, je ne suis pas insensible à cette douce *maladie d'Horace* et je ne l'ai décrite moi-même que parce que je sentais bien que, si le loisir me l'eût permis, je l'eusse à quelque degré partagée. Qui n'a pas traduit Horace, une ou deux fois au moins dans sa vie? Vous venez de le traduire tout entier comme lyrique; vous avez vécu avec lui dans l'intimité; vous lui avez emprunté quelques-uns de ses sons les plus fermes ou les plus doux; vous n'êtes point à plaindre, et l'on n'a qu'à vous envier et à vous féliciter.

Agréez, monsieur, l'expression de ma considération très distinguée.

CXLII.

A M. DE LESCURE.

Paris, 13 juin 1864.

Mon cher ami,

On me dit que Veuillot vous a écrit une remarquable lettre sur votre *Panthéon révolutionnaire démoli*. Serait-il indiscret de vous demander de me la communiquer? Si vous voulez bien me l'envoyer sous pli, elle vous serait fidèlement retournée aussitôt.

Agréez mille et mille amitiés,

CXLIII.

AU MÊME.

Paris, 19 juin 1864.

Mon cher ami,

J'ai été absorbé jusqu'à tout à l'heure, et je ne puis que de ce moment vous renvoyer la fameuse lettre avec mes remerciements. Vous avez bien raison de le juger comme vous le faites. Cet homme de talent et qui est, je le crois, très convaincu, se dédommage d'avoir passé quelques jours dans l'Évangile et il injurie, au sortir de là, tout ce qui ne ressemble pas à ses saints.

Il y a plus d'une manière d'être dans le monde. La Fayette, qui avait ses bornes de vue, n'était pas un *benêt* ni une bête; Bailly, qui n'était pas un génie, était un homme éclairé pour son temps et très savant. Madame Roland n'était ni un bas-bleu ni une précieuse: elle était une femme très aimable et qui avait une intelligence et un caractère très supérieurs à son sexe. La première loi du christianisme civilisé devrait être de mesurer les expressions aux mérites des gens.

Vous me permettrez de vous faire un reproche contraire à celui de Veuillot ; vous êtes dans le juste milieu ou du moins vous voulez y être, mais vous ne paraissez pas y être, et vous n'y êtes pas. Vous confondez, dans une même proscription, des noms et des personnages fort différents de nature et de caractère. Vous savez aussi bien que moi nos dissidences sur les personnes. Vous méconnaissez Sieyès, Condorcet lui-même et d'autres encore. Il me paraît impossible d'ailleurs, même avec tout votre talent, de résumer ainsi en quelques pages des existences et des natures si compliquées, surtout quand on se donne, dès le titre et le début, pour un *démolisseur*.

Il ne faut rien démolir. De ce que Michelet et autres nous égarent, il ne faut pas, en s'attachant à les contredire si fort, risquer de s'égarer en un autre sens. Veuillot a raison sur un point : le Panthéon (puisque Panthéon il y a) continuera de subsister au moins en partie. La sagesse n'est point de ce monde ni de tout le monde ; elle n'appartient qu'à un petit nombre, qui ne fait pas de bruit, et qui réfléchit. Le reste parle, crie, dispute et combat. Votre livre appellera des représailles et il n'aura contribué qu'à vous faire une réputation méritée de verve, de hardiesse et de talent.

Excusez-moi si je me trompe, et croyez à ma haute estime et à mon amitié.

CXLIV.

A M. DE LAMARTINE.

Ce 13 juillet 1864.

Mon cher Lamartine,

Je reçois votre deuxième *Entretien*, votre seconde lettre. J'ai ma couronne, ma double couronne ! Ce que vous avez bien voulu dire de moi à tous, venant de vous et découlant de votre plume avec cette grandeur et cette magnificence, est ce que je n'aurais osé ambitionner et ce qui me fait désormais une gloire, — mot bien grand et que je ne me serais jamais avisé de prononcer auparavant. — Vous avez dit de ma mère, entrevue par vous, des choses qui montrent que tout poète a l'âme d'un fils et des divinations de premier coup d'œil. Vous avez choisi, dans mes écrits, avec une intelligence amie, ce qui pouvait le plus faire aimer le poète. — Vous avez glissé sur les défauts et voilé avec délicatesse les parties regrettables chez celui qui s'est trop abandonné en écrivant aux sentiments éphémères et au courant des circonstances. En choisissant et indiquant les points élevés et lumineux, vous avez obéi à cette noble nature qui va, comme le cygne, se poser à tout ce qui est limpide, éclatant et pur ; et vous m'avez ainsi, rien que par le bonheur amical de vos citations, élevé à la fois et idéalisé à votre exemple.

J'aurais couru, aujourd'hui même, vous dire tout cela et bien d'autres pensées encore que les vôtres ont réveillées en moi et ont fait naître ; mais je suis comme vous, j'ai cet honneur, et je suis de *corvée* tous ces jours-ci. Je ne pourrai aller rue de la Ville-l'Évêque que vers la fin de la semaine, et je n'ai pu attendre jusque-là pour vous envoyer les remerciements d'un cœur comblé, pardonné et récompensé à jamais par vous.

CXLV.

A M. DE LESCURE.

Ce 14 août 1864.

Vous me rendez moi-même, mon cher ami, un peu malheureux de ne pas faire tout comme vous désirez et comme je le voudrais. Mais d'abord, soyez tranquille, je ne suis pas si prêt de dételer que vous semblez le croire. J'ai déjà servi deux fois sept années comme le patriarche, et je continuerai de servir encore, dussé-je n'avoir ni Rachel ni Lia ; et, quand bien même je les aurais, je ne renoncerais pas pour cela à mon métier. Ainsi vous y viendrez. Seulement, je cherche mon assiette à votre sujet; et ce ne peut guère être que Mathieu Marais [1].

Vous devez voir, par le développement même de mes jugements sur des personnages que vous avez également traités, combien nous avons encore à faire pour nous entendre. Votre livre du *Panthéon démoli* m'a, je l'avouerai, reculé à votre égard.

Je vous jure, en mon âme et conscience, que ce n'est pas ainsi qu'il faut faire, quand on parle des hommes de ce temps-là, ou bien on est soi-même l'homme d'une Vendée, d'une guerre civile, et la guerre continue.

La France n'a pas à *se repentir*, même quand elle a eu des

1. M. de Lescure avait donné une édition de Mathieu Marais, à laquelle Sainte-Beuve a consacré deux articles. (*Nouveaux Lundis*, tome IX.)

torts; un peuple qui va son chemin et qui marche dans le sens de ses destinées ne se repent pas. Il n'y a rien de plus impitoyable que l'histoire; et, si l'on veut qu'elle s'attendrisse un peu, ce n'est qu'en se tenant dans les sentiments généraux de l'humanité.

Mais oui, vous avez une physionomie, et une physionomie brillante, animée, accentuée ; vos pensées et vos saillies vous sortent irrésistiblement ; votre œil a l'étincelle ; je ne voudrais pas vous apaiser ni vous refroidir, même quand je le pourrais. Et cependant je voudrais vous rendre aussi juste et aussi raisonnable que je vous ai trouvé sur le compte de Senac de Meilhan et de Rivarol.

Se peut-il que, quand on a goûté du fruit et (pour parler tout bas) du poison de ces deux éminents esprits, on ne soit pas guéri désormais de toutes les ivresses, sauf à respecter toutes les religions ?

Vous me forcerez un jour à vous dire de ces impertinences-là en public. Mais vous l'aurez voulu.

Tout à vous.

CXLVI.

A UN COMPATRIOTE.

Ce 30 octobre 1864.

Cher compatriote,

Il y a bien des choses dont j'aimerais à causer avec vous. Ma vie ne s'annonce pas comme devant s'alléger, ni me procurer plus de loisir. L'idée de revoir Boulogne n'était liée, dans ma pensée, qu'à ce rêve d'un loisir final.

J'aurai, en retour, un renseignement, et, peut-être, un service à vous demander. Je suis né en décembre 1804; mon père s'était marié et est mort en cette même année. Or, par suite de la négligence qui accompagne trop ordinairement la naissance d'un orphelin, les témoins de cette naissance, bien que gens de loi..., n'ont pas pris la peine de me faire inscrire sous le nom exact de mon père. Il en résulte que des coupons de rente, provenant de ma mère, qui avait pris le nom de son mari, *de Sainte-Beuve*, ont passé entre mes mains et sont inscrits à un nom qui n'est pas régulièrement le mien, et ne peuvent être réunis aux coupons pris par moi en mon propre nom, *Sainte-Beuve* tout court.

Qu'y a-t-il à faire pour régulariser et pour constater légalement l'identité ? On me dit qu'il ne faut pas moins qu'un arrêt du tribunal rectificatif de l'acte de naissance. Auriez-vous la bonté de me donner votre avis sur cette difficulté ?

Agréez, cher compatriote, l'expression de mes sentiments dévoués.

CXLVII.

AU PRINCE NAPOLÉON.

Ce 29 janvier 1865.

Monseigneur,

Je viens solliciter toute votre indulgence si je ne puis me rendre à l'invitation de Votre Altesse, et laissez-moi, puisque vous avez daigné me témoigner un intérêt personnel bien flatteur, m'ouvrir cette fois à vous.

Un changement longtemps retardé était devenu indispensable dans mon régime de vie. Je ne suffisais plus, depuis quelques mois, qu'à grand'peine au travail et au monde. Il m'a fallu opter. Je cesse en partie ma tâche de journaliste hebdomadaire, mais ce n'est que pour m'imposer une autre charge, celle d'un livre à faire. L'engagement en est pris, et je dois m'y mettre sans plus de délai [1]. J'ai besoin pour cela de rassembler toutes mes forces, et, comme le moral se ramène au physique, il me devient impossible de concilier la vie du soir avec le travail du jour. Les espérances que de bienveillants et augustes amis (je puis leur donner ce nom) m'avaient fait entrevoir un moment, sont devenues vaines par leur durée même. J'ai dû y renoncer par bon sens et sagesse, et aussi en vertu d'un autre sentiment qui tient de trop près à la dignité intérieure et à l'estime de soi-même pour que Votre Altesse ne l'apprécie pas et puisse la blâmer. Dorénavant donc, je suis plus que jamais cet ouvrier littéraire que je me suis amusé un jour à décrire [2] non seulement avec mon esprit, je puis vous l'assurer, monseigneur, mais avec ma conviction intime et ma propre expérience. Je n'y aurai aucun regret si vous voulez bien admettre et agréer mon

---

1. Sainte-Beuve avait reçu vingt mille francs de MM. Pereire, pour faire un ouvrage en deux volumes, devant servir d'Introduction à une Encyclopédie nouvelle. Ce vaste projet ayant été ensuite abandonné par MM. Pereire, Sainte-Beuve rendit par acomptes l'argent reçu. Les derniers cinq mille francs ont été remboursés après sa mort par son légataire universel.

2. Dans ses articles sur M. Le Play, *Nouveaux Lundis*, tome IX.

excuse. La Commission[1] dont j'ai l'honneur de faire partie, sous votre présidence, nous est, grâce à vous, monseigneur, d'un travail trop agréable et trop facile, pour que j'y renonce, si ce n'est à la dernière extrémité. Il ne me reste, monseigneur, qu'à vous prier de donner grâce à ces explications bien familières, et à vous offrir l'expression de mon respectueux et sincère attachement.

CXLVIII.

A M. WILLIAM L. HUGHES.

Ce 13 février 1865.

Cher monsieur et ami,

Me permettez-vous de vous consulter sur le sens des premiers mots dans la citation suivante? C'est David Hume, qui écrit à la comtesse de Boufflers à l'occasion du bruit, accrédité dans la société, que le prince de Conti, son ami (son amant depuis des années), allait se décider à l'épouser :

« *I was told of a man* of superior sense, no wise connected with you, who maintained in a public company that, if the report was true, nothing could give him a higher idea of the laudable and noble principles of your friend. The execution of his purpose, he said, could not only be justified, but seemed a justice due to you. »

Il s'agit pour moi de savoir s'il faut mettre : « j'ai *entendu*

---

1. La Commission pour la publication de la Correspondance de Napoléon Ier.

parler d'un homme de grand jugement, etc. », — ou bien, si le sens exact est : « j'ai *entendu dire à un* homme, etc. », cet homme parlant devant David Hume lui-même.

Comme c'est là un idiotisme, je ne vois que vous, cher monsieur et ami, pour m'éclairer en toute certitude.

Agréez d'avance mes remerciements et mes vieilles amitiés.

CXLIX.

AU MÊME.

Ce 11 mars 1865.

Cher monsieur,

Je vous remercie de la lecture que vous m'avez fait faire de l'article sur César. Il m'a paru très intéressant et assez vrai dans l'enthousiasme. Ce n'est pas sur l'admiration pour César qu'on peut différer, c'est sur la manière de motiver cette admiration.

Je voudrais pouvoir donner mon nom au projet de votre ami. Mais je suis un grand sceptique en matière de semblables projets. Je doute fort que ce qui a réussi en Angleterre puisse réussir chez nous. Voyez ce que les livres deviennent dans les cabinets de lecture : que deviendraient-ils dans une *librairie circulante?* J'aimerais mieux vous dire que vous écrire ce que je pense de nous, de nos habitudes, de notre légèreté et de notre humeur destructive et gaspillante. Je ne voudrais pas décourager votre ami, mais je ne puis prendre sur moi de l'encourager non plus. Est-ce que vous ne voyez pas ce que sont déjà devenues les *Lectures* qui réussissent si bien dans la société de Londres? Nous en avons fait ces *Conférences*, où la furie française s'est donné carrière et qui sont une fièvre de saison. Excusez-moi donc, cher monsieur, auprès de M. Yapp, et croyez qu'il faut que j'aie une répugnance bien motivée pour ne pas céder en ceci à votre désir.

Tout à vous.

CL.

A M. GUSTAVE REVILLIOD[1].

Ce 27 mars 1865.

Monsieur,

J'attendais, pour avoir l'honneur de vous remercier, d'avoir reçu le précieux volume annoncé. Comme il tarde cependant, et que maître Aubry paraît l'avoir oublié, je viens vous remercier à l'avance, en vous priant de lui faire réparer ses négligences. Laissez-moi vous dire, monsieur, combien je suis sensible à toutes ces marques de votre docte et bienveillante attention; il fut un temps où je vous aurais dit que je serais allé vous en exprimer de vive voix ma reconnaissance, en passant à Genève, mais *je ne passe plus nulle part*, et je reste cloué où je suis.

Agréez, monsieur, l'expression de mes sentiments les plus obligés et les plus distingués.

1. Le savant et généreux Genevois, protecteur des sciences et des lettres.

CLI.

A M. PHILARÈTE CHASLES.

Ce 29 mars 1863.

Mon cher Chasles,

Permettez-moi de vous parler en toute franchise. Vous n'avez pas à me faire de visite. J'aurais plutôt à vous en faire, car vous êtes d'un an ou deux, je crois, mon ancien. Vos titres ne sont pas en question : ce n'est à mes yeux qu'une affaire de possibilité, et j'agirai en conséquence.

Maintenant, comme je suis franc, je vous dirai que, dans votre cours du mardi 12 janvier de l'année dernière, vous vous êtes permis, à propos de Bonstetten, à qui vous m'avez fait l'honneur de me comparer, de faire rire votre auditoire à mes dépens. Vos propres termes ont été ceux-ci :

« Bonstetten... un Genevois, inconnu aujourd'hui, qui était l'ami de madame de Staël, un homme qui avait plus d'un trait de ressemblance avec l'écrivain ondoyant, le plus ondoyant de notre époque, notre brillant ami M. Sainte-Beuve, qui sait si bien s'assimiler, prendre toutes les teintes, toutes les doctrines, qui est si fluide, si ondoyant, dis-je, qui s'assimile admirablement les idées philosophiques, littéraires, *politiques aussi* (rires et applaudissements). Mais ne touchons pas à la politique, c'est chose trop délicate. »

Voilà ce que vous avez dit, il n'y a pas de négation possible ; vous le nieriez, à moi parlant, que je n'en croirais pas un mot ; car j'admets volontiers que vous ne pensiez pas à mal et que vous étiez ce matin-là un peu en pointe.

Mais je n'accepte point de tels éloges de la part de mes amis. Il vous arrive quelquefois de réclamer pour ce temps-ci non des *idées*, mais des *caractères*. Cela me fait sourire et vous me paraissez demander précisément le contraire de ce que vous possédez le mieux. *Quis tulerit Gracchos...?* Je crois avoir autant de caractère que vous, mon cher ami; mais, en revanche, beaucoup moins d'idées.

J'ai évité de vous voir depuis ce jour-là ; je l'éviterai encore. J'aurais à vous reprocher d'avoir, ce jour du 12 janvier, manqué à toutes les convenances envers un homme qui appartient nominalement encore au Collège de France, et qui est par conséquent votre *collègue*. Que diriez-vous donc et que feriez-vous, si j'étais une fois votre *confrère*?

Tout à vous, sans autre rancune.

CLII.

AU PRINCE NAPOLÉON.

Ce 3 avril 1865.

Monseigneur,

En réfléchissant à l'entretien que Votre Altesse m'a fait l'honneur de m'accorder, je sens le besoin de vous remercier plus vivement encore de tant de bonté et d'attention de votre part pour ce qui me concerne, et de vous exprimer, plus nettement que je ne l'ai fait sans doute en paroles, l'état vrai de mon esprit.

Lorsque, il y a quinze ans, j'ai pris parti spontanément et par ce que je crois avoir été du simple bon sens et du patriotisme pour le prince président, je n'ai fait que suivre l'impulsion de mon esprit, et, en me rangeant comme un volontaire zélé et presque seul entre les gens de lettres alors en vue sous le drapeau du prince, bientôt empereur, je n'ai songé qu'à me satisfaire, je l'avoue, et à rendre, à ma manière, le sentiment qui éclatait dans toute la France.

J'ai dû à l'empereur de travailler pendant quinze ans en paix et sécurité, sous un régime où il est permis à chacun de développer ses facultés, de vaquer aux travaux qui lui sont utiles ou chers : n'est-ce donc rien ?

J'ai aujourd'hui soixante et un ans, dont quarante et un de carrière littéraire et vingt et un d'Académie. J'ai pu, durant ce laps heureux des quinze dernières années, acquérir, dans cette France restaurée et gouvernée par lui, un accroissement de réputation dans la voie modeste et moyenne que j'ai embrassée. Ce serait être ingrat que de ne pas lui en être, de ne pas lui en rester reconnaissant.

Cependant, l'idée d'obtenir quelque jour un témoignage particulier de l'estime du souverain ne pouvait m'être indifférente : ce témoignage, j'en conviens, il m'eût été doux de l'obtenir, puisque c'était à son service et, je puis dire, dans les cadres du régime consacré de son nom, que j'avais pu accroître mes titres à l'estime publique.

Une aussi haute récompense que le Sénat n'était point entrée d'elle-même dans ma pensée, et vous savez mieux que personne, monseigneur, à quelle occasion et par qui cette idée a pu d'abord m'être présentée.

Je ne suis porté à me surfaire en rien : je sais la médiocrité du genre où je m'exerce ; j'ai cherché à l'étendre ; mais, même en me laissant dire que j'y ai en partie réussi, je suis loin de m'exagérer la portée du succès. Seulement il appartient à un souverain de mettre la dernière main aux choses et aux hommes, de prêter un peu à qui le sert et d'agrandir ce qu'il touche, — de le consacrer dans l'opinion.

Depuis plusieurs mois, cette pensée bienveillante de l'empereur avait transpiré : je n'ai été pour rien dans cette divulgation ; je n'ai pu m'y opposer, mais je n'ai cessé de parler de cette haute faveur comme douteuse. Le public, cependant, qui aime à jouer avec les noms, s'est emparé de ce bruit ; l'opinion littéraire avait paru y applaudir. J'ai cru savoir, à un moment, qu'il en avait été réellement question. Le retard, l'ajournement — comment dirai-je, n'osant dire le rejet ? — de cette bienveillante pensée, m'a laissé dans une autre situation qu'auparavant.

Après avoir touché à un but, j'ai paru en être écarté. La marque de la plus haute estime de la part du souverain a semblé souffrir des obstacles, des objections, des réserves. Je n'ai pu empêcher que cette situation nouvelle ne fût agitée, discutée, par amis et ennemis. — Je dis *ennemis*, car j'ai eu l'honneur d'en acquérir quelques-uns par la ligne que j'ai suivie.

Personnellement, est-il besoin, monseigneur, de vous dire que je n'ai pu avoir qu'une pensée, qu'un désir sincère : me taire, éviter des explications que, d'ailleurs, je n'aurais pu donner qu'incomplètes (n'étant pas même bien informé); rester fidèle à mon passé, c'est-à-dire à mon dévouement connu pour un régime dont j'ai dès l'abord accepté et embrassé le principe et dont je désire avec tous les bons citoyens l'affermissement et la gloire : ce sont là mes sentiments ; m'en supposer d'autres serait ne pas me connaître. L'empereur, que j'ai eu si peu l'honneur d'approcher, peut croire que, quoi qu'il fasse ou ne fasse pas à mon égard, je demeure un de ceux qui, parmi les hommes d'étude, lui sont le plus dévoués, ainsi qu'à son régime, qui nous assure une France honorée et paisible.

J'ajouterai encore, monseigneur, que, du moment qu'une marque de sa haute estime a été envisagée par moi comme possible et prochaine, il a dû m'être pénible de la sentir comme retirée ou remise en question ; mais ce sentiment même que je ne dissimule pas en ce moment est de ceux que je puis confesser à vous, monseigneur, et que je confesserais à l'empereur lui-même. La bienveillance que l'on m'assure qu'il a gardée à mon égard l'a, d'ailleurs, adouci déjà et presque effacé.

Quelques mots que Votre Altesse m'a dits dans l'entretien de ce matin m'ont paru exiger ce surplus d'explications. Excusez-en la longueur, monseigneur, et daignez croire à la profonde reconnaissance que j'ai pour vos bons offices en une affaire qui m'intéresse si fort,

Et à mon respectueux attachement.

CLIII.

A M. L'ABBÉ BARBE.

Ce 23 mai 1865.

Mon cher Barbe,

Tu penses bien que j'ai été très touché de ta bonne lettre. Je n'aurais pas reçu tes félicitations que je n'y aurais pas moins cru [1]. Nos liens sont de ceux que le temps et les années ne sauraient atteindre. J'ai reçu ton présent intellectuel, ton traité de *l'Immortalité*. Il me paraît des mieux faits, clair, simple, sans déclamation aucune; tous les faits, toutes les raisons, toutes les autorités sont rassemblés. Les beaux mots des sages anciens ou modernes, philosophes ou chrétiens, donnent à cette lecture un agrément sévère.

Si tu te rappelles nos longues conversations sur les remparts ou au bord de la mer, je t'avouerai qu'après plus de quarante ans, j'en suis encore là. Je comprends, j'écoute, je me laisse dire; je réponds faiblement, plutôt par des doutes que par des arguments bien fermes; mais, enfin, je n'ai jamais pu parvenir à me former, sur ce grave sujet, une foi, une croyance, une conviction qui subsiste et ne s'ébranle pas le moment d'après. Ton livre me fait repasser méthodiquement par ces mêmes chemins. Je te sais gré de cette promenade élevée que te doit mon esprit, qui ne laisse pas d'être un peu fatigué et dégoûté bien souvent. J'espère te revoir encore, et renouer l'entretien

---

1. Sainte-Beuve venait d'être nommé sénateur.

d'autrefois, d'aujourd'hui et de demain, — l'entretien dont le sujet est éternel.

Tout à toi.

CLIV.

A M. F.-M. LUZEL.

Ce 18 mai 1865.

Monsieur et cher poète,

Vous m'excuserez pour le retard que j'ai mis à vous répondre. Votre lettre m'est arrivée dans un moment où j'étais un peu débordé par les félicitations d'amis. Il m'a été impossible, depuis, de remettre la main dessus.

J'ai pris connaissance de votre volume de Chants Bretons[1]. Il me semble que vous avez trouvé là une veine. Cantonné dans votre vieille Armorique, vous y ressaisissez des sources ailleurs taries; vous y avez des accents qui nous atteignent même à travers la traduction et qui doivent mordre deux fois dans la langue natale. Brizeux, que vous chantez si bien, était un Breton qui l'était en quelque sorte redevenu après coup; il me semble que vous l'êtes plus naturellement. Je parle de toutes ces choses comme un Barbare. Je vous dirai à peu près la même chose que j'ai dite aux *Felibres*, à ce cénacle provençal qui s'est formé devers Avignon : je ne puis vous juger qu'à travers un

---

1. Il s'agissait du volume de poésies bretonnes, œuvre personnelle, publiée par M. Luzel, à Morlaix, en 1865. Ce volume porte le titre de *Bapred Breizad*, ou *Toujours Breton*.

voile, vous deviner et croire à une Poésie qui suscite, après des siècles, de tels fidèles et de tels vengeurs.

Agréez mes compliments avec l'expression de mes sentiments dévoués.

CLV.

AU MÊME.

9 juillet 1865.

Monsieur et cher poète,

J'ai un peu usé et abusé dans cet article, mais vous m'avez excusé. Il faut parler ici à nos gens et leur parler un langage qu'ils entendent. De là plus d'une petite malice à votre adresse, mais qui n'a fait qu'effleurer [1].

Pour répondre d'abord à un point essentiel de votre lettre, je vous dirai qu'il est tout à fait impossible de penser à l'Académie, qui, en sa qualité de *française*, doit se considérer comme essentiellement incompétente en matière de *breton*. Vous ne sauriez croire combien le couronnement de Jasmin, qui écrivait pourtant en demi-français, a donné lieu à des objections, et il a été bien dit alors qu'une fois n'était pas coutume. — Pour tout le reste, si j'avais le plaisir de causer avec vous, vous me verriez très accommodant, et ce qu'il y a de plus clair, c'est que, pour vous et pour l'emploi de votre faculté poétique et curieuse, vous avez trouvé votre canton.

---

1. L'article dont il s'agit avait paru dans *le Constitutionnel* du 3 juillet 1865. Il a été reproduit depuis dans les *Nouveaux Lundis*, t. X (*De la Poésie en 1865*, 4ᵉ article).

Ai-je donc reçu en son temps ce *Mystère de sainte Tryphine?* je n'en ai gardé note ni mémoire.

Une question à laquelle je vous prie de répondre : la charmante pièce de *Môna* a été lue et goûtée. Un de nos poètes d'ici, M. Pécontal, m'a reproché, à ce propos, de n'avoir pas cité de lui une pièce qui est dans un de ses recueils *(Ballades et Légendes),* et qui est sur le même motif : seulement la jeune fille s'appelle *Aniel,* et l'oiseau est un cygne. De plus, M. Mérimée m'a parlé d'une poésie slave qui roule également sur le même thème : seulement ce n'est plus un oiseau qui parle, c'est un poisson. Il m'est évident, d'après tout cela, qu'il y a une source commune, quelque légende celtique, scandinave ou slave. Voudriez-vous m'éclairer là-dessus et me dire naïvement votre source, afin qu'en réimprimant j'ajoute une petite note érudite ?

Agréez, monsieur et cher poète, l'expression de mes sentiments très distingués et dévoués.

CLVI.

AU MÊME.

15 juillet 1865.

Monsieur et cher poète,

Je vous remercie du renseignement et du beau volume de *Sainte Tryphine*[1]. Je ne vous blâme pas du tout d'imi-

---

[1]. *Sainte Tryphine et le roi Arthur, mystère breton en deux journées et huit actes,* avec texte breton et traduction française par M. Luzel. Quimperlé, 1863.

ter. Tous les poètes se sont imités les uns les autres, et je suis bien certain qu'Homère imitait déjà un autre Homère plus vieux que lui. La propriété littéraire n'existe pas en matière de poésie : il n'y a que la façon.

Vous pourriez user, auprès du ministre, de votre publication de *Sainte Tryphine*, et user aussi et même abuser de mon nom à l'occasion de l'article que j'ai écrit sur vous. Je ne suis pas en mesure de le faire directement; mais je suis sûr que cela, mis sous ses yeux par une autre voie, agirait et ne serait pas sans effet pour vous.

La Villemarqué m'est bien connu. J'ai vu de bonne heure ses défauts et ses qualités. Il a fait, somme toute, un Recueil utile et à l'honneur de son pays : il faut le prendre par là. C'est, d'ailleurs, un esprit peu étendu et, je crois, assez peu élevé. Mais vous autres Bretons, gardez entre vous vos querelles de ménage; vous n'êtes pas déjà trop forts tous ensemble contre l'étranger.

Je suis tout à vous avec sympathie.

CLVII.

A M. FÉLIX DELHASSE, A BRUXELLES.

Paris, 11 septembre 1865.

Mon cher monsieur,

Je n'ai pas oublié votre bonne conversation au sujet de Proudhon. J'ai eu de grands retards dans l'exécution de mon travail; mais ces retards auront tourné à la solidité même de ce que je dirai. Je possède maintenant comme

personne mes origines de Proudhon. Ma rédaction avance.
Un premier article paraîtra prochainement, et je voudrais
même maintenant qu'il pût paraître dans *le Constitutionnel*,
ce qui lui donnerait plus de publicité. J'ai des correspon-
dances très curieuses sur les premiers temps ; j'y insisterai
surtout. D'autres feront d'autres parties. C'est un sujet
énorme. Je vous demanderai sur un point un éclaircissement sur la *date* de la *naissance*. Il me semble bien que
vous m'avez dit que c'était le *15 janvier* 1809 et non le
15 juillet que Proudhon était né. Un mot là-dessus, je vous
prie.

Il est un autre sujet qu'en l'absence de M. Hippolyte
Garnier j'aborderai avec vous. Quoique sénateur d'hier, je
suis encore obligé (pendant quelque temps du moins) de
vivre en partie de mon travail. D'un autre côté, il n'est
pas juste que ce travail, composé en grande partie de
pages de Proudhon, ne rapporte qu'à moi. Je conçois la
combinaison suivante : une fois les articles insérés, on les
réunirait en brochure avec quelques additions même que
j'y pourrais joindre, et cette brochure, signée de moi, qui
serait placée chez MM. Garnier, se vendrait au profit de la
famille. Vous qui êtes du comité d'amis, veuillez me dire
si cette combinaison vous paraît satisfaire à toutes les
convenances. Il y aura sans doute dans mon travail sur
Proudhon bien des critiques que j'aurai à faire, mais l'ensemble est conçu de manière à tourner réellement en
hommage à sa mémoire.

Agréez, mon cher monsieur, l'assurance de ma gratitude
et de mon dévouement.

CLVIII.

A M. POULET-MALASSIS.

Ce 16 septembre 1865.

Mon cher ami,

Je n'ai pas oublié votre offre obligeante. Après bien des lenteurs et des retards involontaires, je suis en plein Proudhon. J'ai les documents les plus sûrs pour toutes ses premières années, mais je ne voudrais pas être trop faible sur les dernières. C'est à vous de m'y aider en voulant bien m'envoyer ce que vous pourrez des bonnes feuilles du recueil que vous préparez. Je crois que le plus sûr serait de me les adresser directement.

Nous causons quelquefois de vous. La destinée est bizarre; vous voulez en épuiser les vicissitudes. Mais enfin la patrie est quelque chose, et, quand vous pourrez sans inconvénient y rentrer, vous trouverez un Paris qui n'est pas encore trop indigne de vous. Voulez-vous serrer la main à Baudelaire?

Agréez mille remerciements à l'avance et mille amitiés.

CLIX.

A M. PAUL VERLAINE[1].

Ce 19 novembre 1865.

Monsieur,

L'ombre de Joseph Delorme a dû tressaillir de se voir si

---

1. Qui avait loué les *Rayons jaunes* de Joseph Delorme dans le journal *l'Art*, mais qui avait parlé légèrement de Lamartine.

bien traitée et louée si magnifiquement pour une des pièces les plus contestées de tout temps et les plus raillées de son *Recueil*. Il se permettrait toutefois, si je l'ai bien connu, une observation au sujet du dédain qu'on y témoigne, tout à côté, pour l'*inspiration lamartinienne*. Non, ceux qui n'en ont pas été témoins ne sauraient s'imaginer l'impression vraie, légitime, ineffaçable que les contemporains ont reçue des premières *Méditations* de Lamartine, au moment où elles parurent en 1819. On passait subitement d'une poésie sèche, maigre, pauvre, ayant de temps en temps un petit souffle à peine, à une poésie large, vraiment intérieure, abondante, élevée et toute divine. Les comparaisons avec le passage d'une journée aigre, variable et désagréable de mars, à une tiède et chaude matinée de vrai printemps, ou encore d'un ciel gris, froid, où le bleu paraît à peine, à un ciel pur, serein et tout éthéré du Midi, ne rendraient que faiblement l'effet poétique et moral de cette poésie si neuve sur les âmes qu'elle venait charmer et baigner de ses rayons. D'un jour à l'autre, on avait changé de climat et de lumière, on avait changé d'Olympe : c'était une révélation. Comme ces pièces premières de Lamartine n'ont aucun dessin, aucune composition dramatique, comme le style n'en est pas frappé et gravé selon le mode qu'on aime aujourd'hui, elles ont pu perdre de leur effet à une première vue. Mais il faut bien peu d'effort, surtout si l'on se reporte un moment aux poésies d'alentour, pour sentir ce que ces Élégies et ces Plaintes de l'âme avaient de puissance voilée sous leur harmonie éolienne et pour reconnaître qu'elles apportaient avec elles le souffle nouveau. Notre point de départ est là. Hugo, ne l'oublions pas, à cette date où déjà il se distinguait par ses merveilles juvéniles, n'avait pas cette entière originalité qu'il n'a déployée que depuis, et je ne crois pas que lui-même, dans sa générosité fraternelle, démentît cet avantage accordé à son aîné, le poète des *Méditations*.

Et maintenant je demande excuse pour cette petite dissertation posthume de Joseph Delorme. Je remercie M. Paul Verlaine de toute sa bienveillance, et je le prie de recevoir, ainsi que ses amis du groupe de *l'Art*, l'assurance de mes sympathies dévouées.

CLX.

A UN COMPATRIOTE.

Ce 3 janvier 1866.

Cher compatriote,

Je vous envoie mille remerciements et mes vœux, pour vous et pour votre famille. Je ne suis plus votre voisin; mais rien n'est changé. J'avais une vague idée que je n'ai plus. J'ai dû couper le bâton de perroquet[1] en perspective, parce que je ne le louais pas bien dans le présent; et j'ai dû profiter d'une occasion.

Je ne suis pas très content de ma santé : on a beau faire, on vieillit. Les soins des dernières dispositions commencent à m'occuper : il faut s'y prendre d'avance, pour

---

1. Sainte-Beuve appelait ainsi la petite maison qu'il possédait à Boulogne-sur-Mer.

n'être pas surpris. C'est là que je m'aperçois de mon isolement. J'aimerais, tout de bon, à avoir un voisin comme vous.

Agréez, encore une fois, vœux et amitiés.

CLXI.

A M. CHÉRUEL.

Ce 26 février 1866.

Mon cher recteur,

Je suis des plus sensibles à votre amical adieu. Je trouve seulement que vous me traitez avec un peu trop de cérémonie : nous avons fait campagne ensemble dans le Fléchier et dans le Saint-Simon, et, quoique divisés un peu sur l'appréciation de ce dernier, nous sommes encore plus d'accord sur bien des points. Je vous souhaite là-bas[1] du loisir pour continuer vos belles et fortes études. Il n'y a rien de plus sûr et de plus nourrissant que l'histoire. Je l'éprouve chaque jour. Vous nous en avez donné l'utile exemple.

Tout à vous.

---

1. M. Chéruel venait d'être nommé recteur de l'Académie de Strasbourg.

CLXII.

AU MÊME.

Ce 14 mars 1866.

Cher recteur,

Qu'il ne soit pas dit pourtant que je ne vous remercie pas pour ce coup d'épaule si net et si vigoureux que vous avez donné dans l'affaire de l'ami Bergmann [1].

Vous avez vu là devoir et justice, mais il y avait manière vos deux lettres, je le sais, ont fait le meilleur effet. M. Nisard n'a pu s'empêcher de dire : « Voilà un recteur qui débute bien. » C'est bien débuter en effet et sous les meilleurs auspices, que de contribuer à sauver un homme de mérite et innocent.

Tout à vous.

---

1. M. Bergmann, doyen de la Faculté des Lettres de Strasbourg, ami de jeunesse de Proudhon et l'un de ses exécuteurs testamentaires, n'avait pas craint de mettre des commentaires exégétiques à un ouvrage posthume de ce dernier, les *Évangiles annotés*, qui furent, comme on s'en souvient, condamnés par les tribunaux. Un des avocats ayant cru défendre le livre en disant qu'un membre de l'Université y avait travaillé, il s'ensuivit une dénonciation contre M. Bergmann, qui fut mandé devant le Conseil supérieur de l'Instruction publique. Il arriva un dimanche matin à Paris, et se rendit immédiatement chez Sainte-Beuve avec M. Langlois, autre exécuteur testamentaire de Proudhon. — On sait qu'un des premiers actes de Sainte-Beuve, après sa nomination au Sénat, avait été d'écrire une grande Étude (qui est devenue un volume) sur le célèbre philosophe économiste, et c'est ce qui l'avait mis en rapports amicaux avec ces messieurs. M Bergmann, en particulier, lui avait fourni un très grand nombre de lettres. — Sans perdre de temps, sous le coup de destitution qui menaçait le

CLXIII.

A M. WILLIAM-L. HUGHES.

Ce 19 mars 1866.

Cher monsieur,

Il y a, dans cette *Revue européenne*, un certain *Horace Street* qui sait bien des choses et qui se permet le libre-échange, comme si cela était stipulé dans le fameux traité de commerce : j'y gagne et, si vous le connaissez, veuillez bien l'en remercier.

Sur la question de la connaissance qu'avait Milton de Du Bartas, je serais très obligé à M. Horace Street, s'il voulait bien m'indiquer, à son loisir, où l'on trouve la preuve précise de cette influence. Milton a-t-il, en quelqu'un de ses écrits, cité Du Bartas ? M. Sandras donne-t-il ce passage en sa thèse ?

A cette prochaine vacance de Pâques (là, je compte comme les écoliers par congés et vacances), je demanderai à M. Horace Street, ou plutôt à M. William Hughes, de faire une petite lecture anglaise à mon intention.

Tout à vous, cher monsieur.

---

savant doyen, Sainte-Beuve passa toute sa matinée du dimanche à dicter des lettres pour les membres du Conseil, devant lequel allait comparaître le lendemain M. Bergmann. On a donné, dans le tome II de la *Correspondance*, par la lettre adressée à M. Ravaisson (12 mars 1866), un échantillon de celle qu'il écrivit aux autres et qui était à peu près la même pour tous. Un de ceux pourtant sur lesquels il avait le plus compté se montra le plus rétif, et c'était un protestant. M. Charles Giraud agit, au contraire, en parfait voltairien dans cette affaire, qui n'eut pas de suite, grâce à l'intervention de Sainte-Beuve.

CLXIV.

A M. BELMONTET.

Ce 25 mai 1866.

Cher monsieur,

Je vous remercie des écrits que vous m'envoyez et de l'occasion que vous me donnez de vous dire que mes sentiments sont moins éloignés des vôtres que mes paroles de l'autre jour ne pouvaient vous le faire penser.

Je suis sous l'impression d'une dernière petite botte que vous nous aviez portée, à nous académiciens et à moi-même, je crois, dans le nombre. Vous n'êtes pas seulement de la religion napoléonienne (ce en quoi vous nous surpassez tous, sans contredit, et par la date et par la constance), mais vous êtes, à mes yeux, de la religion lyrique, et l'un des fidèles ; voilà un titre. Vous n'avez pas reculé d'un pas. Les tragédies, je m'y connais peu, quoique j'aie apprécié plus d'une fois, à la représentation, celles que vous nous avez données quand vous étiez le frère d'armes de Soumet; mais les belles odes, les belles strophes, je m'y laisse volontiers aller comme au temps de Pindare, et il suffit de quelques-uns de ces coursiers-là, de ces coursiers ailés, aux naseaux de flamme, pour emporter haut un poète et l'élever dans l'estime de ceux qui ont gardé le culte de l'art. C'est par cet aspect que vous me permettrez de vous saluer, et, lorsque vous descendrez du char sur le terrain de la prose, je vous demande de vous serrer tout simplement la main.

CLXV.

A M. ARSÈNE HOUSSAYE.

Ce 2 juin 1866.

Mon cher ami,

J'étais un arbre en fleur où chantait ma jeunesse,
Jeunesse, oiseau charmant, mais trop vite envolé...

L'oiseau s'est envolé, l'arbre est mort : la branche aux sonnets s'est brisée d'un coup de vent, il y a bien quinze ans de cela. Et voilà comment je n'ai ni *un* ni *deux* sonnets à offrir à mon vieil et toujours jeune ami Arsène.

Pour des photographies, j'en ai. Bertall en a fait une et même plusieurs, debout ou assis : on peut choisir.

A vous de tout cœur.

CLXVI.

A MADAME D'AGOULT[1].

14 juin 1866.

Je ne suis pas ingrat ni oublieux ; je suis de plus en plus lent et je remets mon devoir comme mon plaisir. J'admire Diotime depuis que je l'ai vue et entendue, et il y a longtemps. J'admirai du premier jour ses paroles éle-

1. Au sujet de son *Dante et Gœthe*.

vées, délicates, inspirées par je ne sais quel amour d'au delà. Je me laissais, il est vrai, distraire dans ma fragilité par bien des choses, et quelques-unes passagères : est-ce la faute d'Amaury, si, comme Gœthe, il se laissait fasciner et éblouir à des cheveux d'un blond éclatant? C'est un ancien reproche, et je ne puis me décider à en rougir. Mais, aujourd'hui, je me plais à écouter Diotime sous sa forme la plus pure, la plus sévère, et très aimable encore ; ce dernier ouvrage où elle a résumé toute son éducation d'esprit, tout le miel de sa doctrine et de sa poétique sagesse, m'enchante ; il m'instruit, et je ne puis mieux faire désormais que de prendre l'auteur pour guide toutes les fois que je voudrai aller vers ces belles régions. Diotime m'a rappelé tout Dante et m'a conduit plus avant que n'avait fait aucun commentateur dans le sens de la grande œuvre. Comme elle y marche d'un pied ferme et le front dans la sérénité! Pour Gœthe, elle me l'a rappris ou appris tout entier ; car, bien que, dans ces dernières années, j'aie tâché de le mieux connaître et de me pénétrer de lui, je ne suis, en l'étude de cette grande nature, qu'un novice et un aspirant. Elle me l'a éclairci et fait comprendre de *droit fil* autant que cela est donné à un Français comme moi. Sur le second *Faust*, elle est allée aussi loin qu'on le peut avec la lampe mystérieuse : s'il y reste de l'ombre et des obscurités, c'est sans doute que Gœthe lui-même, sur cette fin, a cherché plutôt qu'il n'a trouvé et que sa lampe vacillait aussi. Mais Diotime a fait là une œuvre qu'elle seule, parmi nous, pouvait faire. Il y a trois âmes dans ce livre, et qui n'en font qu'une : un seul génie avec étoile et flambeau.

Puis-je, après cela, parler de vieilles amitiés fidèles autant que muettes et de mon inviolable attachement[1]?

CLXVII.

A M. PIERRE PRADIÉ,
ANCIEN REPRÉSENTANT.

Paris, ce 8 août 1866.

Monsieur,

J'attends avec impatience les ouvrages que vous avez bien voulu remettre à mon ami pour moi. Je réimprime en ce moment ce gros livre de *Port-Royal*, que vous recevrez au fur et à mesure que les volumes paraîtront.

Ce sera à moi à redouter votre critique et à demander votre indulgence pour un livre dans lequel je crois certainement comprendre l'esprit chrétien, mais qui est un livre très peu catholique, et où l'auteur n'a eu d'autre prétention que celle d'un exposé fidèle et d'un examen libre.

Il est un point de vue sur lequel je me sens prêt du

---

1.   RÉPONSE DE MADAME D'AGOULT.

Vendredi, 16 juin 1866.

Les cheveux blancs de Diotime se souviennent qu'ils furent les cheveux blonds de la *comtesse Marie*, et d'avoir porté la couronne que la main du poète avait tressée. Ils en ont goûté beaucoup d'orgueil.

Amaury est bien aimable toujours, et c'est grande joie de le lui dire, après tant d'années!

DIOTIME.

moins à me rencontrer avec vous : c'est que, quand on a une fois admis ce fait surnaturel et extraordinaire — plus qu'extraordinaire — d'un Dieu qui s'incarne, tout doit être subordonné à un tel miracle. Tout chrétien, en ce sens, doit subordonner non seulement sa morale, mais sa science, mais sa politique, mais sa philosophie (s'il se permet d'avoir une philosophie), à cette croyance en l'incarnation divine.

Tous ceux qui ne procèdent pas ainsi — et c'est la grande et l'immense majorité — sont inconséquents et se conduisent plus ou moins comme s'ils ne croyaient pas, et comme si le christianisme n'était pas *essentiellement* divin.

CLXVIII.

A M. CHARLES DIGUET.

Ce 25 août 1866.

Monsieur et cher poète,

Je lis vos *Blondes* et vos *Brunes*. Vous rajeunissez de vieux thèmes. Vous mettez de la saveur moderne à bien des choses que nous avions coutume de goûter sous une autre forme chez Horace et chez les Anciens : la mort à côté de la vie, l'amertume dans le plaisir! Ce n'est pas moi qui vous blâmerai d'être franc. Je me bornerai, pour cette fois, à ne pas présenter votre livre à l'Académie; mais je le laisserai sur ma table, et je relirai de temps en temps quelqu'une de vos jolies hardiesses entre deux poètes du XVIe siècle.

Bien à vous.

CLXIX.

A M. JULES VALLÈS [1].

Ce 28 août 1866.

Cher monsieur et ami,

J'avais à vous remercier pour votre recueil *la Rue*, et voilà que j'ai à vous remercier de plus belle pour votre article *ad hominem*. Entre nous, je le trouve bien un peu hardi, non pas par rapport à moi, mais par rapport à vous et au journal. Il y a deux ou trois passages que je vous aurais conseillé d'atténuer. « Singulier conseil, direz-vous, de la part d'un franc parleur à un confrère! », mais l'essentiel en ce monde est de vivre et de durer.

Et, maintenant, que je vous dise combien quelques-unes de vos remarques me sont allées au cœur. Le secret de quelques-unes des choses que vous voulez bien louer en moi est très simple : la nature m'avait destiné à être un critique, je commence à le croire. Or le propre de tout vrai critique est de ne pouvoir garder longtemps le mot qu'il a sur le bout des lèvres, cela le démange. Très jeune, dans un journal, *le Globe*, dès les années 1826-27, j'étais comme cela, et parlant plus franc et plus raide que je n'ai jamais fait depuis. Plus tard, ma liaison et ma complicité avec les poètes romantiques ne m'a longtemps permis que d'être leur champion et leur avocat, non leur

---

[1]. En réponse à son article du *Courrier français* du 26 août 1866.

critique. Peu à peu, pourtant, avec bien des précautions et moyennant des mitaines, j'ai reconquis ma liberté; — mais pas tout entière d'abord : de là l'accusation qui a si longtemps pesé sur moi de sous-entendre les choses plutôt que de les dire et de les cracher nettement. Je souffrais de cette difficulté, qui tenait à la situation même, à des engagements d'amitié, et à des antécédents avec lesquels on ne pouvait rompre tout d'un coup. Je suis redevenu moi-même avec les années, et je tâche de ne pas me laisser trop neutraliser de nouveau par ces diables d'engagements et de convenances qui recommencent sans cesse et qui, quand on s'en est débarrassé d'un côté, vous enlacent de l'autre.

Je crois bien que Proudhon sera mon dernier coup de collier : je tiens à compléter le portrait du philosophe et du penseur généreux, en traversant le plus rapidement que je pourrai la politique. Il y a encore de bien belles pages à tirer de ses lettres après 1853. Il a, à tout moment, dans la familiarité, de ces poussées de bon sens qui font des trouées dans l'avenir.

Port-Royal, revu de fond en comble et armé de nouveau contre les attaques jésuitiques, — et *Proudhon*, — c'est ce que je voudrais avoir fait et achevé en deux années. Je ne croirais pas les avoir perdues.

Je m'aperçois que je viens tout bonnement vous conter là mes petites affaires. Prenez cela comme une conversation, et agréez, cher monsieur et ami, l'assurance de mon entier dévouement.

CLXX.

A M. ADRIEN MARX.

Mardi, 4 décembre 1866.

Monsieur et cher confrère,

Je vous remercie bien de l'attention qui vous a fait m'envoyer votre recueil. On est flatté de ne pas être oublié de ceux qui savent si bien tout ce qu'il y a de nouveau et d'à-propos dans leur temps; cela nous prouve qu'on en est encore, — chose la plus sensible du monde en vieillissant. Je relis plus d'une de ces *indiscrétions* que je connaissais déjà et j'en trouve d'autres qui m'avaient échappé. On dira ce qu'on voudra : on s'amuse à vous suivre. On y apprend ce qu'on ne savait pas et ce qu'on ne saurait pas sans vous. Vous avez su marcher dans cette voie glissante d'un pied leste et assez ferme, — entre la complaisance et la raillerie. Sauf deux ou trois endroits, ce n'est ni trop ni trop peu.

Sur des figures que je connais, j'admire comme vous avez croqué du premier coup. C'est tout au plus si je vous ferai par-ci par-là une remarque critique.

Sur Gavarni, comme il était réellement malade, vous avez été un peu trop vrai. Sur Liszt, je ne sais si c'est parce que je l'ai vu enfant, mais je n'aime pas le mot *vieillard*. Sur la célèbre Sophie[1], je n'admets pas du tout

---

1. Cuisinière du docteur Véron, un vrai type de *cordon bleu*, très renommée aux beaux jours du docteur. Sophie *Véron* (car on avait fini par l'appeler ainsi) était originale à plus d'un titre,

le *nez pourpré* ni *l'aspect rabelaisien*. Ici, je suis fort net. Cette brave fille, restée, à quelques égards, primitive et dévote, a plutôt l'air janséniste et ascétique. Voilà mes grosses critiques, monsieur. Vous préludez aujourd'hui par des dessins à la plume. Si vous voulez être peintre un jour, ces études vous survivront. En attendant, elles plaisent, elles circulent et font une partie essentielle de votre *Nouveau Tableau de Paris*.

Agréez, je vous prie, l'assurance de mes sentiments les plus distingués et très obligés.

---

et par sa bonne cuisine, et par son costume de paysanne, auquel elle n'avait jamais voulu renoncer au milieu des splendeurs de la rue de Rivoli, — presque côte à côte avec les Tuileries, dont elle connaissait bien les hôtes, — et par son propos, qui ne ménageait personne et qui les amusait tous. Elle s'imagina même un jour de souffleter l'aigle sur le passage de l'empereur, au moment d'une bouderie de son maître avec celui-ci. Bouderie d'amoureux ! — Personne n'était plus au courant qu'elle des choses de l'Empire : elle en avait surpris le complot (sans qu'on se cachât d'elle), et vu toute la manigance. Elle demandait, un après-midi du mois de juillet 1851, à M. de Morny : « Est-il vrai que le président veut faire un coup d'État ? — Mais non, mais non, il fait trop chaud. — Ah ! je le dirai ce soir à monsieur *en le bordant*. » Elle eût pu écrire des Mémoires très curieux, et elle était intarissable quand elle parlait de ce qu'elle avait vu et entendu. Sainte-Beuve l'invitait quelquefois à dîner chez lui, et rien n'était plus intéressant que la conversation de cette bonne femme, sous sa coiffe et parée de riches atours à la mode de son pays. — Très dévouée à son maître, ne lui connaissant rien de supérieur, comparable jusque dans sa fidélité posthume à tout ce qui se peut imaginer, elle était, par sa sagesse, au-dessus de tout soupçon, et ce n'est certes pas sa beauté qui aurait jamais tenté le plus pervers. — Après la mort du docteur, elle se retira dans le même quartier, sur la paroisse Saint-Roch, « où elle ne voulait plus travailler désormais, dit-elle, qu'à son salut ». — Ce salut, malgré le milieu où elle avait vécu, n'avait jamais été bien compromis. La vertu de Sophie était sa sauvegarde.

CLXXI.

A M. PREVOST-PARADOL.

Ce 19 décembre 1866.

Cher confrère,

Non, de leçons sur l'Antiquité, je ne me souviens pas d'en avoir entendu, à moins qu'on n'appelle ainsi les leçons sur Ausone, sur les rhéteurs gallo-romains ; mais j'ai entendu presque toutes les leçons sur les origines de la littérature française, sur le moyen âge, sur le xve siècle et la Renaissance, jusques et y compris le xviiie siècle et Vauvenargues ; et j'ai toujours regretté amèrement qu'Ampère ne se soit pas appliqué à fixer par écrit cette suite qui ferait monument.

Tout à vous, mon cher confrère, et avec une impatience véritable d'être au 1er mars.

CLXXII.

A M. DE LESCURE.

Ce 6 février 1867.

Laissez-moi ne pas vous répondre sur le Magny[1]. Il faut que tout cela se dise de vive voix et à l'oreille. On en a

---

1. Les dîners du lundi chez Magny, ou *les Magny* tout court, suivant l'ellipse familière de Sainte-Beuve.

fait trop de bruit. Je crains que, comme toutes les choses humaines qui ont un certain cours naturel, commencement, milieu et fin, il n'y ait un petit souffle de déclin. Je n'ai pu y aller moi-même dans ces derniers mois. Tenez que vous *ne m'avez rien dit*, et que je *ne vous ai pas répondu*, et remettons à notre première rencontre.

A vous de tout cœur.

CLXXIII.

A M. ÉMILE ZOLA [1].

Ce 10 février 1867.

Monsieur et cher confrère,

Je ne me lasserai pas de vous remercier de vos persistantes bontés et de vos aménités indulgentes.

Vous me laisserez n'écrire que *pour vous*. On n'est pas bien juge de sa propre physionomie, même en se regardant dans le miroir; mais il me semble que je ne me déplais pas trop sous votre crayon, et j'aime à être présenté ainsi. Comme biographie et en ne tirant *qu'au jugé*, vous avez tranché nettement mes différents temps (on ne sait comment dire en parlant de soi-même, car le mot d'*époques* serait un peu fort). J'ai connu Hugo avant *les Orientales*. J'étais d'emblée très critique au *Globe*, sous M. Dubois, dès 1826 et 1827. J'y fus chargé de rendre compte des *Odes et Ballades*, sans connaître l'auteur que de nom. Je fis deux ar-

1. Qui avait fait sur Sainte-Beuve un article portrait dans *le Figaro* du 9 février 1867.

ticles. Victor Hugo vint à cette occasion pour me remercier : nous étions voisins, rue de Vaugirard, à deux portes près, sans le savoir (lui au n° 90, moi au n° 94). Je trouvai son nom, n'étant pas chez moi. Le lendemain, j'allai lui rendre sa visite, et de là une prompte intimité. Je lui confiai des vers que j'avais jusque-là gardés *in petto*, sentant que le milieu du *Globe* était plutôt critique que poétique. On était très raide dans ce coin-là ; je l'étais aussi alors. Je ne me serais pas fait *présenter* pour tout l'or du monde à un poète dont j'avais à juger les œuvres. C'est pour vous dire que j'avais, dès ce moment, le signe et la marque du critique. Il y eut quelques années d'oubli et de suspension de cette faculté. Quant à ce qui m'arriva, après juillet 1830, de croisements en tous sens et de conflits intérieurs (saint-simonisme, Lamennais, *National*...) je défie personne, excepté moi, de s'en tirer et d'avoir la clef ; encore se pourrait-il bien que, si je voulais tout repasser nuance par nuance, j'en donnasse ma langue aux chiens.

Voilà à quoi l'on s'expose, monsieur et cher confrère, quand on a une fois enlevé si délicatement la peau des gens : ils vous prennent pour médecin ou confesseur.

Agréez l'assurance de mes sentiments dévoués.

CLXXIV.

A M. PHILIBERT SOUPÉ,
PROFESSEUR A LA FACULTÉ DES LETTRES DE LYON.

Ce 12 février 1867.

Monsieur,

C'est nous-mêmes qui serions très malheureux et dans notre tort, si nous ne lisions pas les bons travaux qui se font et ne nous tenions au courant. Vos articles se signalent à la fois par le sujet et par la signature, qui est d'une plume sérieuse [1]. Cette connaissance d'Outre-Rhin et de tout ce qui s'y passe est de plus en plus indispensable, et c'est être manchot dans les choses de l'esprit que d'en être privé. Vous qui avez l'outil, vous avez un rôle tout trouvé : c'est de nous traduire, et par là je veux dire de mettre à notre portée et de nous présenter à notre mesure ce qui se fait d'important, là-bas, en littérature ou en philosophie. Je serai charmé de faire personnellement votre connaissance, aux vacances prochaines. Vous serez bien aimable alors de m'aviser par un petit mot jeté à la poste, en me laissant votre adresse, pour nous appointer et ne pas nous chercher vaguement. Je serai charmé de causer de nos études communes.

Agréez, monsieur et cher collaborateur, l'assurance de mes sentiments les plus distingués.

---

1. Sainte-Beuve fait allusion, dans cette lettre, à deux articles publiés par M. Philibert Soupé, dans *la Revue contemporaine* des 15 et 31 janvier 1867, sur Diderot, d'après un ouvrage allemand. De là le titre de collaborateur, Sainte-Beuve ayant fourni quelques articles à cette Revue.

CLXXV.

A M. PHILIPPE BURTY.

Ce 26 février (1867).

Cher monsieur,

Je ne cesserai pas plus que vous : — vous, de m'être spirituellement agréable, — moi, de vous remercier. Je voudrais avoir la plume de Saint-Victor de ce matin, pour démêler toutes ces curiosités que vous possédez si bien ; mais, quoique confusément, je sens les mérites de l'homme de goût, et, par conséquent, le prix de son suffrage.

Tout à vous.

CLXXVI.

A M. FÉLIX BOVET[1].

Ce 16 mars 1867.

Cher monsieur,

Je suis bien ignorant de ces choses du dessin et du pinceau. La présente Académie française, qui n'est pas du tout la fille directe de l'ancienne, quoiqu'elle s'en flatte,

---

1. Qui avait écrit à Sainte-Beuve pour lui demander si l'on conservait à l'Académie un portrait original de Conrart.

n'a, à ma connaissance, aucun portrait, — j'entends portraits originaux. Le plus sûr serait d'aller Bibliothèque impériale aux Estampes, et, là, demander ou M. Duplessis ou M. Kolloff. Ajoutez, quoique ce soit inutile, que c'est moi-même qui vous l'ai conseillé. — Peut-être aussi, en allant à la Bibliothèque de l'Arsenal, où sont déposés les papiers *Conrart*, trouveriez-vous quelque gravure : vous demanderiez de ma part M. Délerot ou M. Baudry.

Agréez, cher monsieur, l'assurance de mes sentiments dévoués.

CLXXVII.

A M. HENRY HOUSSAYE[1].

Ce 23 mars 1867.

Cher monsieur,

Je suis très sensible à vos bonnes attentions. Votre nom vous recommandait tout d'abord, et l'ancienne amitié que j'ai eue pour les vôtres, pour votre mère elle-même. Et puis je vous ai vu encore enfant, ce que vous ne savez pas. Aussi, quand j'ai vu éclore un helléniste et un esthéticien de l'antiquité, je me suis dit que les générations héritaient l'une de l'autre avec variante et que le fils ne faisait que *transposer* savamment le père.

---

1. Lettre écrite en réponse à l'envoi de l'*Histoire d'Apelles* et d'une étude, publiée dans une Revue, sur la nouvelle orthographe des noms grecs.

J'ai lu votre article et je lis votre livre. Sur ce chapitre de l'orthographe, j'ai bien des doutes ; vous-même, vous convenez que la logique mène bien loin et au delà du but, au moins pour le moment ; je voudrais qu'une traduction fût moins hérissée. On en est venu à barbariser Homère. Mais, selon moi, la barbarie des Grecs (si barbarie il y a) ne ressemblait pas aux autres barbaries, — celtique, germanique, scandinave, etc. Il me paraît manquer quelque chose d'essentiel à l'Homère traduit, si cette traduction le fait trop ressembler aux Eddas. J'aimerais à retrouver, même dans la traduction la plus fidèle, le charme. Ce charme, à mes yeux, si on pouvait le reproduire, serait la plus grande des fidélités.

Je vous remercie d'avoir pensé à moi pour cette première édition d'*Apelles*, la seconde eût-elle quelques corrections de plus. Ce premier jet d'un jeune talent, même avec ses excès de sève, a tout son prix à mes yeux. Je me complais avec vous à ces tableaux de l'*Artémis* et de la *Vénus Anadyomène*, que vous tirez et concluez des ravissantes poésies dont vous nous donnez des traductions vivantes.

Agréez donc, cher monsieur, avec mes compliments et mes vœux pour une carrière si bien inaugurée, l'assurance de mes sentiments dévoués.

CLXXVIII.

A M. LOUIS DÉPRET.

Ce 29 mars 1867.

Eh bien, cher monsieur, il me semble que voilà l'article retrouvé! Vous y complétez toutes vos bienveillances. J'ai lu dans l'intervalle avec plaisir ce que vous avez écrit sur Longfellow. J'ai retrouvé aussi de vous dernièrement des souvenirs de Windsor. Ces délicatesses et celles que vous portez dans le roman font un peu contraste, dans mon esprit, avec ce goût si prononcé que je vous vois pour le grand romancier Balzac. Vous allez me croire incurable; mais je ne romps pas d'une semelle à son sujet. Je reconnais (bien entendu) le talent, la puissance, et (je ne demande pas mieux d'employer le terme) un coin de génie, mais un coin seulement : et tout à côté, des exubérances, des jactances, des exagérations, des hallucinations, auxquelles il m'est impossible de me rendre. Gavarni, lui, avait la fertilité et le *goût*. C'est en cela que je le préfère. Je suis resté, malgré tout, de l'école classique, de celle d'Horace, du chantre de la *forêt de Windsor,* et même, en n'y mettant plus du tout de passion, je reste obstiné par ce côté de mon esprit et dans ce for intérieur de mon sentiment.

Je vous serre la main avec reconnaissance et suis tout à vous.

CLXXIX.

AU MÊME.

Ce 30 mars 1867.

Cher et aimable critique,

J'ai un *r'après coup*. Je me rappelle votre question sur *Comprendre, c'est égaler*. Je ne puis croire que Raphaël ait dit semblable chose dans le sens où cela est évidemment faux. Mais vous le trouverez dans la dédicace des *Parents pauvres*, une de ces dédicaces à des princes étrangers (celui-là est romain) que M. *de* Balzac, qui faisait le noble et qui ne l'était pas, nous jetait comme de la poudre aux yeux. Ce prince romain avait fait un commentaire sur Dante, par où Balzac l'égalait tout bonnement à Dante, en vertu de la maxime : *Comprendre, c'est égaler*. Ce sont là des hyperboles piquantes, à coup sûr. Mais (je vous le demande), si cela n'était dans une dédicace, pourrait-on juger que c'est une vérité de sens commun? — Je continue de plaider devant le juge.

Tout à vous.

CLXXX.

A M. DUBÉDAT,
CONSEILLER A LA COUR DE LIMOGES.

2 avril 1867

Monsieur,

Je n'ai pas oublié que vous m'avez posé, il y a quelques années, des questions d'un intérêt commun pour tous deux. Je refais en ce moment une édition de *Port-Royal*, augmentée d'un volume, qui, par conséquent, en aura six. C'est dans les appendices que j'ai surtout ajouté. Voulez-vous me permettre, avant d'arriver au troisième volume de cette réimpression, de rattacher votre nom *à la lettre à un magistrat*, qui date de 1860? Si cela ne vous était point parfaitement agréable, je ne le ferais certes pas. Je vois avec plaisir que vous poursuivez ces sérieuses études sur Port-Royal. Vous m'avez parlé de Tabaraud : j'ai beaucoup vu, dans ma jeunesse, d'anciens oratoriens qui, à la table de M. Daunou, s'entretenaient de Tabaraud, le dernier des vrais oratoriens d'autrefois. Les nouveaux diffèrent beaucoup des anciens.

Agréez, monsieur, l'assurance de mes sentiments affectueux et dévoués.

CLXXXI.

A M. JULES LOISELEUR,
BIBLIOTHÉCAIRE DE LA VILLE D'ORLÉANS.

Ce 19 juin 1867.

Monsieur,

Excusez, je vous prie, un malade qui ne bat que d'une aile. J'avais lu, dans *la Revue contemporaine*, l'une au moins de vos excellentes dissertations[1]. Ces questions spéciales méritent en effet d'être traitées comme un problème, et l'on arrive, comme vous le faites, à des conclusions et solutions presque rigoureuses. Vous me faites très bien comprendre que la force de Mazarin était plutôt dans le non-mariage, tandis que la force de madame de Maintenon, à trente-cinq ans de là, était dans le sacrement. Vous êtes là dans une voie particulière et neuve : les lièvres lèvent devant vous, et il me semble que vous continuerez cette chasse et ne les manquerez pas. Votre livre ouvre une série de piquants chapitres.

Veuillez agréer, avec mes excuses encore et mes remercîments, l'assurance de mes sentiments les plus distingués.

---

1. *Mazarin a-t-il épousé Anne d'Autriche ? — Gabrielle d'Estrées est-elle morte empoisonnée ?* Un vol. in-18, Hachette, 1867.

CLXXXII.

A M. RENAN.

Ce mardi, 2 juillet 1867.

Mon cher ami,

C'est demain mercredi, à l'Institut, la discussion du prix biennal : parmi les candidats — évincés *in extremis* par l'influence de Beulé, — est le plus digne, M. Charles Blanc, pour sa *Grammaire des arts du dessin*, un grand et bon livre.

Or il serait bien urgent qu'un membre de l'Institut autorisé et impartial, étranger d'ailleurs à l'Académie des Beaux-Arts, demandât tout haut, avant le vote, des explications sur le Rapport qui ne donne qu'un nom (Félicien David) et se contente de désigner vaguement les autres candidats.

Je sais que la minorité de l'Académie des Beaux-Arts *ne désire qu'un mot de provocation* pour parler (notamment M. Lehmann) du candidat qu'elle préférerait.

Pourriez-vous être cette voix qui éveillerait un écho et amènerait une explication, dans tous les cas très honorable pour le candidat qui serait le plus digne du prix ? Ne l'obtînt-il pas, il aurait les honneurs d'une discussion qui mettrait ses titres en pleine lumière.

Tout à vous.

CLXXXIII.

A MM. LES OUVRIERS TYPOGRAPHES, FONDATEURS
DE *LA BIBLIOTHÈQUE NATIONALE* [1].

Ce 3 juillet 1867.

Messieurs,

Aucun remerciement ne pouvait m'aller plus au cœur que le vôtre. Vous êtes le corps d'élite des travailleurs. Vous faites le trait-d'union avec les écrivains proprement dits. Vous êtes bien à même de juger quelles productions de la pensée peuvent avoir le plus de bonne influence dans une éducation populaire mâle et saine. La précieuse Bibliothèque que vous m'offrez porte témoignage, dans ses choix, de la virilité de l'intelligence et de l'étendue variée que cette fermeté n'exclut pas. Une nation qui aurait franchement adopté cette Bibliothèque comme sienne serait à la fois lettrée et solide. Les sottises n'y mordraient pas.

Veuillez agréer mes profonds remerciements pour une démarche qui me fait tant d'honneur, et l'assurance de mes sentiments dévoués.

---

[1]. Qui avaient envoyé à Sainte-Beuve la collection complète de leurs publications, à la suite et comme remerciement de son discours au Sénat à propos des Bibliothèques populaires.

CLXXXIV.

A DES CITOYENS DE GUINES EN CALAISIS.

Paris, 10 juillet 1867.

Messieurs,

Un témoignage comme le vôtre, m'arrivant d'un pays voisin de ma ville natale, et d'hommes que je suis en droit d'appeler mes compatriotes, m'est doublement précieux. Il me prouve que je ne me suis pas trompé, en défendant avec quelque énergie la tolérance. Cette tolérance ne doit plus être, au XIXe siècle ce qu'elle était précédemment; elle a fait un pas et un progrès. On ne réclame plus maintenant pour ne pas être brûlé ou embastillé, mais on veut être estimé et respecté en plein soleil, quand soi-même on se tient dans les termes de la convenance et du respect.

CLXXXV.

A M. ATHANASE FOREST, ANCIEN NOTAIRE, MEMBRE DE *L'UNION DES POÈTES*, A TOURS.

Ce 13 juillet 1867.

Monsieur,

En vous remerciant de votre attention très obligeante, permettez-moi de vous faire remarquer que je crois que vous vous méprenez sur le sens de mon discours et de mes actes récents [1]. En protestant en faveur d'un droit, je n'ai pas prétendu faire de profession de foi, et on en trouverait difficilement une qui serait commune aux divers écrivains dont j'ai pris en main la défense. Sans prétendre à plus d'unité et d'homogénéité qu'il ne convient dans ma vie littéraire, je ne crois nullement être en contradiction avec moi-même autant que vous le supposez, et mon ouvrage de *Port-Royal* notamment, que j'achève en ce moment de réimprimer, après l'avoir complété, en sera la preuve. C'est, après tout, la défense des convictions persécutées, ces convictions ne fussent-elles pas miennes.

Veuillez agréer, monsieur, l'assurance de ma considération respectueuse.

CLXXXVI.

A M. E. BENOIST, ANCIEN ÉLÈVE DE L'ÉCOLE NORMALE, DOCTEUR ÈS LETTRES [2].

Ce 3 août 1867.

Monsieur,

Croyez bien que la politique ou ce qui en a l'air ne m'a pas tellement submergé dans ces derniers temps, que je n'aie commencé à vivre avec vous dans ce *Virgile* désor-

---

1. M. Athanase Forest, catholique et démocrate, avait blâmé l'entrée de Sainte-Beuve au Sénat impérial et, plus tard, sa conduite comme défenseur de la libre-pensée.
2. Aujourd'hui professeur de poésie latine à la Faculté des Lettres de Paris. Sainte-Beuve avait accordé une attention toute particulière aux travaux de M. Benoist; il en comprit sur-le-champ la portée et y vit le signal d'un renouvellement des études

mais indispensable et qui fait une véritable révolution dans notre école française. J'ai été profondément reconnaissant qu'un essai rapide ait appelé votre attention et que vous l'ayez bien voulu marquer au passage par une note favorable[1]. Ce sera mon honneur dans cette courte carrière qu'il ne m'a pas été donné de parcourir et où je n'ai pu poser qu'un pied. Vous allez nous faire relire, avec une réflexion et une conscience nouvelles, ce grand et divin poète envers lequel la science et la philologie française étaient si fort arriérées et à qui rien désormais ne manquera, ni pour l'éclaircissement, ni pour le charme. Ils sont rares, les commentateurs qui, à la fois, savent le dernier mot des manuscrits et qui citent à propos une page de *Monsieur Silvestre*[2].

Veuillez agréer, cher monsieur, l'assurance de mes sentiments de haute considération et de dévouement.

---

latines en France; l'événement a justifié ses prévisions. Outre l'article qu'il consacra au tome Ier de cette édition de *Virgile* (*Nouveaux Lundis*, t. XI), et qui complète l'*Étude sur Virgile* de l'illustre critique, plusieurs des lettres qui suivent montrent l'importance qu'il attachait à cette tentative. — (Nous devons à l'obligeant intermédiaire d'un ancien secrétaire de M. Benoist, M. G. Larroumet, aujourd'hui professeur agrégé de l'Université, la communication de ces lettres et les quelques notes signées G. L. qui les accompagnent).

1. T. Ier, p. XII de la première édition du *Virgile* de M. Benoist.
2. Comme développement, aussi bien approprié qu'inattendu, des vers où Virgile décrit le petit domaine que lui a rendu la protection d'Auguste (*Bucoliques*, I, 47-49):

> Fortunate senex, ergo tua rura manebunt.
> Et tibi magna satis, quamvis lapis omnia nudus
> Limosoque palus obducat pascua junco.

CLXXXVII.

A UN CARICATURISTE[1].

Ce 3 octobre 1867.

Je me trouve, grâce à vous, monsieur, malgré les lois et les conditions de la caricature, avec une physionomie et dans une posture presque sérieuses. Je crois reconnaître à ma droite des figures et des profils dont on ne peut que s'honorer. Tout ceci est très sensiblement bienveillant, et je vous prie de vouloir bien agréer mes remerciements pour une attention qui est toujours périlleuse à celui qui en est l'objet, mais dont votre ingénieux crayon m'a fait sortir, ce me semble, avec les honneurs de la guerre.

CLXXXVIII.

A UN COMPATRIOTE.

Ce 20 octobre 1867.

Cher compatriote,

... Laissez-moi vous dire que votre idée d'un tirage à part des *Appendices*[2] est chose tout à fait impraticable; votre crainte est vaine. On pouvait reprocher à Cousin, qui fai-

---

1. Communiquée par M. Frœhner, ancien conservateur du Louvre.
2. Les *Appendices* de la nouvelle édition de *Port-Royal*.

sait un tirage de ses livres tous les six mois, d'y changer, d'y ajouter ou d'en retrancher sans cesse. Mais, après dix et vingt ans, il n'a jamais été défendu à un auteur de perfectionner son ouvrage ; et ce ne saurait être une malhonnêteté au libraire éditeur de vendre cette seconde édition. Otez-vous, je vous prie, de pareilles idées, que personne n'a ici.

Je voudrais, aussi, vous persuader que le *Journal des Savants*, dont j'ai l'honneur d'être, n'est pas un meilleur lieu, pour y écrire, que des journaux quotidiens. On y est plus gêné, et partant plus froid, voilà tout. Les conditions actuelles de publicité, dont la rapidité est la principale, ont tout à fait changé l'état de choses ancien.

Vous verrez, à l'examen, que ce n'est pas seulement dans les *Appendices*, mais que c'est couramment, et dans des notes à chaque instant jetées au passage, que j'ai complété, rectifié ou fortifié le texte; lequel, en effet, n'a pas été sensiblement modifié en soi, si ce n'est pour des corrections indispensables.

Vous ne me dites pas si vous apprêtez votre lance, pour la mettre en arrêt contre l'ennemi de Daunou[1].

A vous de tout cœur.

---

1. Le marquis de Laborde, alors directeur général des Archives de l'Empire.

CLXXXIX.

A M. RENAN.

Ce 15 novembre 1867.

Cher ami,

Enfin, je l'ai, devant le public, cet article[1] qui est ma consécration. J'y tenais fort. Je mets mon honneur intellectuel à ce que mon nom s'associe au vôtre dans cette réforme qui est à tenter, à cette heure du siècle. J'arrive tard et je finis. Vous êtes en plein cours, et vous en avez pour longtemps à durer et à combattre. Votre suffrage me donne l'illusion que ma pensée sur quelques points s'est embranchée à la vôtre.

A vous de tout cœur.

CXC.

A M. ALEXANDRE HAHN.

Ce 30 novembre 1867.

Monsieur,

J'ai tardé plus que je ne l'aurais voulu à vous répondre et à vous remercier. Vous tirez parti de tout ce qui est à votre portée et sous votre main pour exercer votre faculté d'archéologue. N'avez-vous pas, à quelque distance de Luzarches, devers Royaumont et Précy, un de ces lieux élevés et fortifiés par la nature, qu'on appelle « camp de César » ?

---

1. Il s'agit d'un nouvel article sur *Port-Royal*, qui parut au *Journal des Débats*, le 15 novembre 1867.

N'y aurait-il rien à y fouiller et à y découvrir?

J'ai usé, dans ma réimpression de *Port-Royal*, du document bibliographique que je vous ai dû sur M. de Saci. C'est dans une toute petite note. Vous y êtes nommé[1].

L'état de ma santé me fait tout à fait valétudinaire. Si vous venez à Paris, j'espère que vous me ferez le plaisir de vous revoir encore.

Veuillez agréer, monsieur, l'assurance de mes sentiments très distingués.

CXCI.

A M. DURANDEAU.

Ce 4 décembre 1867.

Monsieur et cher poète,

Je suis bien en retard, et bien malgré moi, pour vous remercier de la lecture de vos vers (*les Sombres*). Je les ai bien souvent pris et repris. Vous avez attaqué la campagne par un côté qui n'est pas vulgaire. Je crois voir dans vos vers une sorte de pendant à ce que de vigoureux paysagistes de notre temps ont essayé de réaliser.

En vous suivant aussi dans *la Libre Conscience*, il me semble que vous portez en vous toute une pensée morale et poétique qui se tient. Ce n'est qu'en causant qu'on pourrait éclairer certaines nuances et hasarder quelques observations.

---

1. *Port-Royal*, édition de 1867, t. II, p. 388.

Mais laissez-moi, du moins; monsieur et cher poète, vous exprimer ici mes sentiments de haute estime et de vive sympathie.

CXCII.

AU PRINCE NAPOLÉON

Ce 5 janvier 1868.

Monseigneur,

Je n'ai pas d'expression pour vous remercier de l'honneur *historique* de ce choix : il couronne à jamais ma courte carrière publique [1].

Trop faible encore pour écrire, je vous demande la permission de dicter, non seulement pour que l'écriture soit plus lisible, mais afin que ma pensée puisse se développer.

Votre éloquente protestation me paraît parfaite de tout point. La logique en est inattaquable, tout se tient, tout se serre, les contradictions sont mises en pleine évidence : une chaleur intérieure et qui n'éclate que par places donne à l'ensemble mouvement et vie.

Je n'ai, monseigneur, à vous supplier que de vouloir

---

1. Le prince Napoléon avait adressé à Sainte-Beuve un mémoire, sous forme de lettre, d'une éloquence véhémente et passionnée, sur les affaires de Rome et la politique de l'Empire, au lendemain de Mentana. C'était une éclatante rupture avec la politique du moment. Sainte-Beuve était censé devoir communiquer au *Siècle* ce document, destiné à faire grand bruit, et il avait déjà corrigé l'épreuve d'une lettre d'envoi de lui à M. Havin, qu'on lira plus loin, quand il fut prévenu que la publication n'aurait pas lieu. (*Voir cette lettre à l'appendice.*)

bien changer deux mots, ou plutôt un seul mot qui se répète à quelques lignes de distance. Il s'agit du mot *indécise* appliqué à la politique de l'empereur.

Monseigneur, votre protestation est toute de première impulsion, de bon sens indigné et de jet patriotique : je ne saurais dire qu'il y ait de l'art, mais, s'il y en a, il ne peut être que sur un point : au moment où vous montrez que le ministre est allé à l'encontre ou au delà de la pensée de l'empereur, la première règle et je dirai la première habileté est de ne pas appliquer un mot désobligeant à la politique de l'empereur.

On sait assez, monseigneur, que la politique récente de l'empereur n'est pas la vôtre, qu'elle n'est ni de votre goût ni de votre humeur. Vous le dites et cela suffit, mais, au lieu de ce terme d'*indécis* qui remonte à l'homme et qui qualifie désobligeamment un système, veuillez, je vous en supplie, accepter ou trouver une expression plus neutre, indifférente, disant la même chose, mais sans nuance qui asse faire la grimace au début.

Il faut que l'empereur, lisant votre manifeste, se dise et dise même peut-être à M. Rouher : « Il a raison. » — On sait qu'il a déjà dit : « Vous êtes allé bien loin aujourd'hui. »

Cette légère précaution prise, toutes les lois de la persuasion sont observées, et le glaive ensuite n'en entre qu'avec plus de force pour découdre toutes ces lâchetés et ces inconséquences.

Je vous demande pardon de mon instance, et je vous apporte, monseigneur, l'entier hommage de mon admiration, de ma gratitude et de mon dévouement.

CXCIII.

A M. RAPETTI[1].

Ce 7 janvier 1868.

Mon cher ami,

Tout tient-il ? J'ai toujours et il me revient une certaine inquiétude sur la phrase concernant la politique impériale. Si l'on a enlevé *équilibre*, a-t-on au moins laissé *pondération* ou *pondérer ?* Sans cela, la phrase reste désobligeante et mon intention échoue. Veillez, je vous supplie, jusqu'au dernier moment.

Il faudrait, au moins, une politique *pondérée, oscillante*, etc.
A vous.

CXCIV.

AU MÊME.

8 janvier 1868.

Mon cher ami,

Je reviens au point qui m'est essentiel et je continue de proposer une petite liste d'expressions au choix qui, toutes, tendent à définir sans désobliger : une politique de pondé-

---

1. M. Rapetti avait été chargé de porter à Sainte-Beuve le manifeste du prince Napoléon, dont il est question dans la lettre précédente.

ration, une politique pondérée, une politique tempérée, une politique expectante, une politique de temporisation.

Quoi! parmi ces expressions neutres, aucune ne trouverait-elle grâce?

Tout à vous.

CXCV.

A M. HAVIN, DÉPUTÉ,
DIRECTEUR DU JOURNAL *LE SIÈCLE.*

Paris, 9 janvier 1868.

Monsieur et cher député,

J'ai reçu une lettre qui est de nature à m'honorer : mais, après une première et une seconde lecture et, en réservant le sentiment de profonde gratitude pour le choix qui a été fait de mon nom dans une communication de cet ordre, je sens que je suis en présence d'un document qui me dépasse et me déborde.

Cette lettre n'est pas une confidence, c'est un cri éloquent ; elle ne m'appartient pas ; elle parle à bien d'autres que moi, elle s'adresse à des milliers d'esprits dignes de l'entendre ; et je ne crois point aller contre l'intention de l'auguste signataire en venant vous demander, monsieur et cher directeur, si vous ne jugeriez pas à propos de prêter à une pièce à consulter de cette importance l'appui d'une large publicité libérale, dont *le Siècle*, entre vos mains, est le dispensateur naturel. Les pensées, à leur heure, sont faites pour sortir et les paroles pour voler.

Veuillez agréer, monsieur et cher député, l'assurance de mes sentiments dévoués.

CXCVI.

AU PRINCE NAPOLÉON.

Ce 14 janvier 1868.

Monseigneur,

Je remercie Votre Altesse de la marque de confiance qu'elle me donne : j'ai *ma* lettre que j'ai le droit d'appeler ainsi : je la relis ; elle restera le monument le plus historique de mes humbles archives.

Je n'ai su qu'assez imparfaitement bien les circonstances survenues ; mais, certes, l'occasion renaîtra de reproduire hautement ces nobles et justes pensées : elles ne sauraient se perdre. Le Rhône ne se perd que pour se retrouver.

Veuillez agréer, monseigneur, l'hommage de ma gratitude et de mon respect.

CXCVII.

A M. LOUIS VIARDOT.

Ce 26 janvier 1868.

Cher et ancien ami,

Il n'y avait pas lieu, en effet, de s'inquiéter. J'avais vu le brave M. Delhasse[1] et lui avais dit de faire à son gré. La

---

1. On se souvient de la belle lettre, adressée à M. Louis Viardot par Sainte-Beuve, au sujet de *l'Apologie d'un Incrédule*. — Cette lettre a déjà été publiée à sa date (17 avril 1867) dans le tome II de la *Correspondance* (page 158). — M. Viardot avait craint que Sainte-Beuve ne fût contrarié de la voir reproduire dans son livre, que M. Félix Delhasse faisait imprimer, en 1868, à Bruxelles. Et c'est à quoi répond Sainte-Beuve.

vieillesse et la maladie rendent apparemment plus hardi; le fait est que je ne me suis jamais senti si à l'aise sur ces choses et plus disposé à n'obéir qu'à mes convictions, sans céder aux fausses convenances sociales. Il est dommage que les forces diminuent quand le courage demeure! Enfin, j'espère encore vous serrer la main quelque jour, et je suis tout à vous de bon souvenir et d'affection.

CXCVIII.

A M. GUSTAVE REVILLIOD.

Paris, 30 janvier 1868.

Cher monsieur,

Je n'ai reçu que d'avant-hier vos précieux cadeaux. Le *Bonivard* va se joindre à cette précieuse série que votre libéralité patriotique a remise en lumière à l'usage des bibliophiles. Je lis avec plaisir le Recueil[1] où vous avez déposé, comme dans un herbier fleuri, les meilleurs souvenirs et les parfums des belles années; j'aime cette fiction des deux anges, l'un *par qui tout meurt*, l'autre *par qui tout dort*... Je comprends mieux maintenant comment une sympathie fraternelle vous a porté à cet acte charmant envers la mémoire de madame Desbordes-Valmore[2].

---

1. *Les Fleurs de mon printemps.*
2. M. Gustave Revilliod a publié, en 1860, à ses frais, un recueil posthume de *Poésies inédites* de madame Valmore. « Et qu'on le sache bien, M. Revilliod n'est pas un éditeur; c'est un ami des lettres, libéral et généreux, qui ne se fit éditeur, cette fois, que pour avoir le droit de mettre un prix aux Poésies posthumes d'une muse qu'il respectait et admirait. » (Note de Sainte Beuve dans le premier article sur *Madame Desbordes-Valmore*, *Nouveaux Lundis*, t. XII.)

Heureux qui peut cultiver et cumuler ainsi les délicatesses secrètes du cœur, les curiosités de l'art et les traditions du patriotisme !

Veuillez agréer, cher monsieur, l'assurance de mes sentiments de haute estime et de dévouement.

CXCIX.

A M. JULIEN PIOGEY, AVOCAT.

Ce 6 février 1868.

Monsieur,

Je me suis hasardé hier à parler à monsieur votre frère[1] d'une pensée que je voudrais mettre à exécution à l'occasion de la loi sur la presse.

Je ne voudrais adresser au Sénat que quelques observations sur un seul point : un regret pour le présent, un vœu pour l'avenir.

C'est au sujet du délit qui est spécifié, je crois (car j'ignore tout en fait de lois), — délit contre la morale publique et religieuse et les bonnes mœurs.

1° Je voudrais exprimer le regret qu'on ait confondu, sous le même chef, des délits d'un ordre fort différent, ceux qui sont en effet contre les bonnes mœurs et d'une nature assez vile, et ce qui peut paraître atteindre la doctrine religieuse dominante et qui appartient à un ordre tout différent.

1. M. le docteur Gérard Piogey.

Est-ce vrai en fait, et trouvez-vous la réclamation juste?

Par exemple, sous la Restauration, un homme respectable, M. de Senancour, a été mis en jugement pour ce prétendu délit : je crois qu'il avait appelé Jésus-Christ *un homme respectable*. (Ce cas de Senancour serait à vérifier dans la *Gazette des Tribunaux :* il s'est passé en 1827.)

Il y a eu aussi le cas de la condamnation d'Alphonse Esquiros pour *l'Évangile du peuple.* Le procès est du 30 janvier 1841. Il fut condamné. Le cas serait à vérifier encore, afin de bien savoir les considérants de la condamnation. — Senancour, je crois, condamné en police correctionnelle, fut acquitté en appel. (Mais ceci à vérifier encore.) — Il y a sans doute d'autres exemples, Vacherot; mais est-ce bien pour ce prétexte de délit spécial qu'il a été poursuivi?

2° J'exprimerais le vœu qu'un jour ce genre de délit, en quelque sorte intellectuel, ne fût jugé que par un jury (quand même les autres délits de presse appartiendraient à une autre juridiction). En effet, un tribunal de police correctionnelle n'est pas libre ni suffisamment apte à juger une question qui intéresse avant tout les consciences religieuses et philosophiques, et c'est bien le moins qu'on prenne pour arbitres des hommes tirés du milieu de la société et qui savent où en est le courant et le degré de la tolérance, ou mieux le droit acquis au xix° siècle pour cette liberté publique d'examen et d'opinion.

Voilà, monsieur, ma pensée et mon cadre. Vous paraît-il propre à être rempli? Je ne connais pas même l'article précis auquel je m'en prends; je ne connais ni la loi de 1819 (que par ouï-dire), ni celle de 1822 (si c'est bien la date), ni ce qui a suivi. Je ne suis informé, jusqu'à présent, que par cette connaissance générale qu'on prend dans la lecture des journaux et dans l'air du temps. J'ai donc besoin d'un conseil pour ne pas faire une fausse levée de bouclier. Mais mon sens intime m'avertit qu'il y a là quelque chose à dire.

Veuillez agréez, monsieur, l'assurance de mes sentiments les plus distingués.

CC.

A M. MILCENT, MÉDECIN HOMŒOPATHE.

Ce 10 février 1868.

Monsieur et cher docteur,

Je comptais presque vous voir ces jours-ci. J'ai à vous remercier de deux écrits, dont je vous ai dû l'envoi. Ils m'ont fort intéressé, et, quoique je sois bien peu juge en ces matières, je me suis permis tantôt et souvent d'approuver, d'autres fois de discuter, d'autres fois enfin de trouver que la logique extrême entraînait un peu au delà de l'expérience. Je suis de ceux, par malheur, qui pourraient être classés parmi les inconséquents et qui sont accoutumés à prendre des uns et des autres et à flotter dans l'entre-deux. Ce que je fais en morale, j'eusse probablement été tenté de le faire, si j'étais devenu médecin. Mais combien j'apprécie, croyez-le, l'élévation des doctrines, la fermeté des points de vue, la largeur et l'équilibre, l'animisme vraiment hippocratique! Je vous aurais dit, monsieur et cher docteur, quelque chose de tout cela, en vous exprimant tous mes remerciements.—La force a continué de me revenir: je marche et je crois être maintenant au point où j'étais avant ma complication. Il ne faut pas désirer trop guérir.

Veuillez agréer, monsieur et cher docteur, l'assurance de mes sentiments dévoués.

CCI.

A M. ARTHUR DE GRAVILLON.

Ce 6 mars 1868.

Cher monsieur,

Je n'ai votre adresse exacte que de ce matin. Je vous envoie un numéro de *Revue* en retard. Demain ou après-demain, je vous adresserai par la poste tous les autographes de madame de Staël et de madame Récamier. Je prie mon ami Chantelauze de les relire encore, car il est resté pour moi quelques mots douteux. Je croyais que, quand on avait passé quatre-vingts ans, la coquetterie se retournait et qu'on se piquait d'avoir plutôt plus que moins. Vous avez été charmant de confiance, et je vous en remercie d'autant plus que, ayant eu affaire pour mes biographies à bien des familles, j'ai rarement trouvé cette libéralité entière de procédé. C'est que vous êtes homme de lettres et que, vous aussi, vous avez mordu à la grappe.

Croyez-moi votre obligé et dévoué.

CCII.

A M. JULES RICHARD, RÉDACTEUR DU *FIGARO*.

Ce samedi 7 mars 1868.

L'Académie des sciences morales et politiques vient de faire aujourd'hui samedi un choix qui est un acte. Elle a choisi pour membre, en remplacement de M. Cousin, M. Vacherot, ancien directeur des études à l'École normale, métaphysicien distingué et qui n'est pas du tout un matérialiste comme l'a prétendu M. Guizot, mais qui serait plutôt un *idéaliste*. M. Vacherot, esprit sévère, consciencieux, voué à la science pure et rien qu'à la science, est une des intelligences les plus honorables de ce temps-ci. Faut-il ajouter que, pour son livre de *la Démocratie*, il avait été condamné en police correctionnelle il y a quelques années, sous prétexte qu'il présentait et proposait l'idéal d'un gouvernement futur et libéral qui devait surgir avant la fin du siècle? On a remarqué avec plaisir qu'au sein de l'Académie, MM. Delangle et Troplong ont voté en définitive pour M. Vacherot. L'opinion publique leur en tiendra compte. M. Thiers aussi est venu exprès voter pour M. Vacherot...

(Note parfaitement exacte à l'usage de l'excellent et de plus en plus sérieux rédacteur.)

CCIII.

A M. L. BABAUD-LARIBIÈRE, A VILLECHAISE, PRÈS CONFOLENS (CHARENTE).

Ce 8 mars 1868.

... Je n'ai pas eu l'occasion de parler de dom Rivet dans mon *Port-Royal,* qui s'arrête à la ruine du monastère et qui n'entre qu'à peine dans le xvIII^e siècle. J'aurais pu, il est vrai, consacrer à dom Rivet une notice dans mes appendices, à cause de sa rédaction du *Nécrologe.* Mais, dans le tome VIII de mes *Causeries du Lundi,* à l'occasion de l'*Histoire littéraire* de la France, j'ai rendu une justice sommaire à ce digne travailleur. Vous trouveriez cette page dans la première édition des *Causeries* (tome VIII, page 221).

La vie de ces honnêtes religieux était si uniforme et si cachée, que je n'ai rien rencontré de plus particulier sur dom Rivet que ce qui en est dit dans la notice de l'*Histoire littéraire.* Il appartient tout entier à ce jansénisme du xvIII^e siècle qui mériterait son historien et son biographe. Il n'y a qu'une notice bien courte sur lui au tome III du petit *Nécrologe.* J'y vois pourtant avec peine le trait final : *Il était extrêmement attaché aux convulsions.* Pourquoi la vertu, le mérite, la sincère et parfaite prud'homie sont-il sujets à ces éclipses de lumière ?

CCIV.

A M. PAUL ARÈNE.

Ce 11 mars 1868.

Pour le coup, vous êtes bien heureux que l'article 11 ne soit pas encore en vigueur. Voilà une fameuse brèche au mur de la vie privée [1] ! Sérieusement je voudrais que vous lussiez ces *Observations* [2] de M. Didot. D'après votre système, on écrirait encore : *throsne, phantosme,* etc. Mais il paraît que toute notre vigueur de réformation expire à l'an 1740 et que l'abbé d'Olivet a posé en orthographe les colonnes d'Hercule. Oh ! cher monsieur Arène, que nous sommes donc routiniers en même temps qu'aimables ! Et comme, tout en faisant un pas vers le progrès, du pied gauche, nous tenons à boiter de l'autre pied. — Vous cependant, vous êtes des plus vifs, des plus alertes en raillerie, et je vous applaudis des deux mains.

Bien à vous.

1. M. Paul Arène avait publié un article sur l'intérieur de Sainte-Beuve.
2. *Observations sur l'orthographe française,* par M. Ambroise-Firmin Didot. Sainte-Beuve venait de consacrer à cet ouvrage un article recueilli depuis dans les *Nouveaux Lundis,* t. XI.

CCV.

A M. GOUMY, DIRECTEUR DE *LA REVUE DE L'INSTRUCTION PUBLIQUE* [1].

Ce 21 mars 1868.

Mon cher ami,

Voilà un numéro qui compte. Il a bien du prix pour moi par le résumé que vous voulez bien donner de ce gros livre si agréablement jugé par vous et par deux autres maîtres. C'est par le caractère et par la morale en effet que le jansénisme a mérité de compter. Si pourtant il avait pu infuser dans les habitudes et dans les veines françaises un peu de son esprit de rigorisme et de résistance, nous aurions été plus aisément un peuple fait pour observer la loi, pour résister aux envahissements du pouvoir, et moins prompt à nous révolter *tour à tour ou à nous livrer sans réserve*. Mais probablement ce qui devait arriver est arrivé; la *sélection* historique a opéré les *éliminations* inévitables.

Notre ami Lenient a fait là une levée de boucliers [2] qui est bien dans l'esprit gaulois ; mais je ne lui ferai qu'une question, la même que faisait, il y a cinquante ou soixante ans, M. Stapfer à Fontanes, un jour qu'en plein salon le

1. Remerciement de son article sur *Port-Royal*, dans le n° du 19 mars 1868.
2. Contre l'esprit allemand.

15.

grand maître de l'Université déclamait à tue-tête contre Kant et les Allemands : « Savez-vous l'allemand, monsieur le comte? » Or Fontanes n'en savait pas un mot, et il n'en continua pas moins sa diatribe. — Étudions avant de nous prononcer.

CCVI.

A M. CHARLES DEULIN [1].

Ce 31 mars 1868.

J'aurais dû vous remercier depuis longtemps, monsieur, pour l'intéressant volume des *Contes flamands,* — intéressant, en effet, par le fond, par le tour, par le bon sens vivant et le drame familier qui s'y joue à chaque page. Vous avez parfaitement fait de mettre du vôtre dans les légendes et récits populaires : à moins qu'on ne veuille recueillir de simples racines pour la science pure ou pour l'histoire des origines, c'est ainsi qu'il convient de faire, afin de courir de main en main et d'être lu. Ces ébauches primitives ne peuvent que gagner à un coup de pouce habile, donné par un ami et par un *pays*.

L'Hôtellerie des sept péchés capitaux est excellente. *Le Poirier de misère* est admirable. Je doute que, dans le récit populaire, il y ait cette belle expression simple : « Chaque nouvelle génération n'était plus occupée qu'à soigner les précédentes qui ne pouvaient *guérir de la vie.* » — C'est là

1. Auteur des *Contes d'un buveur de bière.*

ce que j'appelle le *coup de pouce* de l'artiste sournois et qui n'en a pas l'air.

Veuillez agréer, cher monsieur, l'assurance de mes sentiments dévoués.

CCVII.

A M. VICTOR LAMBINET, JUGE, A VERSAILLES [1].

Ce 9 mai 1868.

Cher monsieur,

Je suis heureux qu'un magistrat veuille bien entrer dans ma pensée. Et en effet, quand on songe à tous les services que rend une bonne magistrature, lorsqu'elle est en face de la véritable perversité ou de la fraude, on souffre de la voir commise à la répression de prétendus délits qui n'ont souvent d'autre tort dans leur expression que d'être de trop vives et de trop vraies vérités.

Veuillez agréer l'assurance de mes sentiments de gratitude et de dévouement.

CCVIII.

A M. RENÉ FOSSÉ-DARCOSSE,
IMPRIMEUR-JOURNALISTE, A SOISSONS.

Ce 9 mai 1868.

Cher monsieur,

Vous êtes un fidèle, et en vérité j'ai bien besoin de ce secours du dehors. Malgré tout, j'ai été satisfait d'avoir pu

---

1. Sur la magistrature devant les délits de presse et de pensée.

prononcer ce discours. Depuis plus de deux mois, je croyais avoir pris toutes mes précautions pour obtenir un meilleur tour d'inscription. Le président me l'avait promis, et par lettre. Peu assidu au Sénat pour motif de santé, je comptais qu'on m'aurait inscrit à un rang raisonnable. Rejeté tout à la queue et au moment de n'être point admis, même à essayer d'être entendu, j'ai mis l'amour-propre sous les pieds; et, tout en subissant ma petite humiliation sénatoriale, je souriais en moi-même en me disant que l'écrivain aurait sa revanche; que ses arguments auraient du moins été produits; que, de plus, ils auraient eu ce singulier avantage de n'être ni contredits ni réfutés.

Je vous remercie encore, cher monsieur, et suis votre tout dévoué.

CCIX.

A M. JULES RICHARD[1].

Ce 11 mai 1868.

Monsieur et cher confrère,

Vous êtes un chroniqueur devenu de plus en plus sérieux et dont les articles, dans ces derniers mois, ont traité de bien des questions. Cette transformation de votre talent, nourri d'un ferme bon sens, ne m'a point échappé. J'y ai applaudi. Vous êtes puni aujourd'hui pour avoir dit un

---

1. Remerciement d'un article du *Figaro* du 11 mai 1868 sur le discours de la loi de la presse.

peu trop de vérités ; car c'est de cela, plutôt que du contraire, qu'on est ordinairement puni.

J'avoue que, malgré votre théorie inattaquable en principe, je ne puis prendre sur moi de me croire tout à fait le collègue de tant de grands personnages : et j'estime qu'eux-mêmes n'ont pas beaucoup d'effort à faire pour me considérer très peu comme collègue. Notre origine nous nuit. Je ne suis point de haute provenance militaire, ou ecclésiastique, ou administrative ; je suis de simple extraction littéraire. De là l'inégalité, que je n'ai rien fait depuis pour racheter ; après tout, je m'en honore. De là encore le traitement singulier et tout exceptionnel que je reçois et qui, eu égard à un milieu si élevé, ne laisse pas chaque fois de m'étonner. Je suis certes loin de m'en enorgueillir et cependant, après tout, je m'en honore.

CCX.

A M. ÉMILE VILLARS, RÉDACTEUR DE *L'ÉVÉNEMENT* [1].

Ce 13 mai 1868.

Eh bien, oui, vous aurez une lettre, et une lettre de remerciement encore. Est-ce vous, cher monsieur, que j'ai vu chez moi l'autre jour, et qui êtes venu de la part de M. Marx ? Si vous êtes l'indiscret, vous l'êtes à bonne fin.

1. M. Émile Villars avait écrit un article sur *l'intérieur de Sainte-Beuve*, dans *l'Evénement* du 7 mai 1868.

Mais je vous avertis que vous mettez le trouble dans mon intérieur : il y a une personne qui est par trop fière de voir son nom dans le journal :

    Et mon valet de chambre est mis dans la gazette!

dit le poète de *la Métromanie*. Vous serez cause qu'il y aura des saturnales chez moi et que tout y sera interverti. Je vous en fais responsable. Mais pourtant je vous réponds de ne jamais user à votre égard de l'article Guilloutet; vous voyez que je suis bon prince.

Et, sur ce, je vous serre cordialement la main, car, en cette vie, au milieu de tant de sottises qu'on entend ou qu'on supporte, il faut bien savoir rire un peu.

CCXI.

A M. JULES LE SIRE.

Ce 14 mai 1868.

Monsieur,

L'idée que vous avez à cœur de promouvoir est digne de tout intérêt. Elle a préoccupé bien des intelligences et bien des cœurs dans ces dernières cinquante années, et on peut dire qu'elle se lie aux plus grands problèmes économiques et sociaux de notre temps. Je suis malheureusement trop étranger à ces questions d'organisation pour m'y mettre si tard; le temps me manque, la santé aussi. Tout engagement écrit m'effraye. Que sais-je moi-même où je serai, comment je serai dans quelques années? Je ne me refuserai certainement pas à une demande, surtout si modique, qui pourra m'être faite; mais je ne puis me résoudre à la souscrire à titre de fondateur. Je ne me sens propre en telle matière à être le fondateur de rien. Je ne pourrais tout au plus qu'adhérer à titre libre et bénévole en tant qu'une telle institution serait fondée.

Je ne vous remercie pas moins de votre bonne communication, et je saisis cette occasion, monsieur, de vous prier d'agréer l'assurance de mes sentiments très distingués.

CCXII.

A M. FRÉDERIC DAMÉ.

Ce 14 mai 1868.

Monsieur,

Je vois avec surprise mon nom figurer parmi les membres du comité de la *Société de l'avenir*. Dans la très courte conversation que j'ai eue avec vous ou avec deux de vos amis, je n'ai absolument rien promis, étant si peu informé; j'ai demandé à savoir quels étaient les statuts de la Société dont on me parlait, dans le cas où elle aurait déjà ses statuts. J'ai demandé à réfléchir. Les choses sérieuses ne s'enlèvent point de cette façon. Je vous prie donc, bien à regret, de faire disparaître mon nom de la liste, ne pouvant consentir à prendre des charges dont j'ignore la portée et que je ne pourrais remplir.

J'ai l'honneur de vous exprimer mes regrets avec l'assurance de mes sentiments très distingués.

CCXIII.

A M. DURUY.

Ce 17 mai 1868.

Monsieur et cher ministre,

Je sais que M. Taschereau a proposé depuis quelque temps à Votre Excellence la nomination de M. Chéron aux titre et fonctions de bibliothécaire. M. Chéron doit être chargé spécialement de présider à la nouvelle salle publique de lecture qui s'ouvrira le 2 juin. Il ne sera pas indifférent, pour les détails journaliers de ce service, que M. Chéron ait une certaine autorité que confirmera le titre de bibliothécaire. Il a déjà lui-même vingt-trois ans de service à la Bibliothèque, et tous les travailleurs qui sont accoutumés à recourir aux sources ont eu, depuis des années, à se louer de lui.

Veuillez agréer, monsieur et cher ministre, l'assurance de mon respectueux dévouement.

CCXIV.

A M. DE SAINT-PAUL.

Ce 21 mai 1868.

Monsieur,

Permettez-moi de m'adresser à vous comme à un homme dont j'ai déjà éprouvé les sentiments de justice et d'humanité pour des services à rendre.

Il y a un brave homme dont il vous a déjà été parlé et à qui vous-même avez, dans un cas récent, accordé spontanément un secours : c'est M. A... G..., fils d'un lieutenant-colonel d'artillerie de marine; il a une trentaine d'années; ancien employé au chemin de fer d'Orléans, il a eu le tort de lâcher la proie pour l'ombre et d'aller à l'isthme de Suez, déçu par un faux mirage. Revenu depuis quelques mois, il est employé comme simple auxiliaire au chemin de fer du Nord à trois francs par jour, le dimanche non compris. Il a une jeune femme et trois enfants. Il a concouru à l'examen pour entrer au ministère de l'intérieur; mais, ce qui est mieux, il a obtenu de vous une marque directe d'intérêt d'après de bons témoignages. Je viens l'appuyer auprès de vous, monsieur, les détails qu'il m'a donnés sur sa situation m'ayant intéressé; je crois que c'est un homme dont on ferait un bon, modeste et utile employé et qui serait à jamais reconnaissant des bontés qu'on aurait eues pour lui.

Veuillez agréez, monsieur, l'assurance de ma haute considération et de mon dévouement.

CCXV.

A M. HARRISSE.

Ce 21 mai 1868.

Mon cher ami,

Je vous remercie de votre approbation réitérée; elle m'est précieuse. — Mais la liberté!...

La liberté sera due aux adversaires, le jour où ils ne

toucheront plus un sou des quarante-quatre millions qu'ils ont au budget ; le jour où ils ne seront plus sénateurs du droit du chapeau ; le jour où ils seront les égaux des autres citoyens, avec le droit de réunion pour tous ; le jour où, maîtres chez eux avec leurs croyants et leurs fidèles, ils ne seront pas, de plus, en faveur en cour, et à même de brider et de commander l'Université et d'obliger la Faculté de médecine de Paris à se renfermer dans les doctrines du spiritualisme et du vitalisme. Ce jour-là, en effet, liberté pour tous : les croyants d'un côté, les convaincus et libres penseurs de l'autre, à deux de jeu, les bras nus, les couteaux et les arguments tirés à la face du soleil, à la bonne heure ! Ce jour-là, je ne craindrai rien ! Jusque-là, je crains tout, connaissant notre cher peuple français et nos facilités de soumission au mot d'ordre.

Tout à vous.

P.-S. — Vous parlez en Américain et en pur républicain des États-Unis : vous avez raison. Mais ne commencez-vous pas à nous connaître un peu ?

CCXVI.

SUR LA LIBERTÉ D'ENSEIGNEMENT DEMANDÉE PAR LES CLÉRICAUX[1].

Ce 23 mai 1868.

Monsieur,

Vous avez mille fois raison, et le parallèle ou plutôt le contraste des deux médecins (le curé et le médecin de

---

1. On n'a pas retrouvé le nom du destinataire de cette lettre.

campagne) est frappant. Il est dommage sans doute que
cette liberté réelle d'enseignement ne se puisse accorder en
toute vérité, dans le système politique actuellement régnant :
mais ce serait un leurre ; les cléricaux auraient leur liberté
complète, et ils travestiraient la science à plaisir. L'Université, bridée par eux, se verrait obligée de la surveiller
plus étroitement que jamais, et les libres esprits pourraient
tout au plus enseigner à huis clos ou d'une manière obscure ; car, dès que leur enseignement éclaterait en toute
franchise, on trouverait bien moyen de l'avertir comme
dangereux.

Veuillez agréer, monsieur, l'assurance de mes sentiments
les plus distingués.

CCXVII.

A UN PROFESSEUR D'ALLEMAND, A COLMAR.

Ce 23 mai 1868.

Monsieur,

Vous qui êtes d'origine et de race allemande, vous devez
nous juger sévèrement. Je crains bien que ce que j'ai dit
ne serve à rien, là où je l'ai dit. Je ne convaincrai que
ceux qui sont déjà convaincus. Puissent les générations
nouvelles qui surviendront se rallier à une science forte
et digne ! Vous y pouvez dans votre sphère, en leur ouvrant
le passage du Rhin. On ne saurait assez multiplier ces
ponts de Kehl pacifiques.

Veuillez agréer l'assurance de mes sentiments les plus
distingués.

CCXVIII.

A M. HENRY LIOUVILLE.

Ce 24 mai 1868.

Cher monsieur,

Vous avez bien raison. Quel rôle a joué la science, mise sur la sellette pendant toute une semaine devant une Assemblée incompétente, où l'Église parlait haut, où la philosophie biaisait! Pauvre science française! Elle ne s'en est tirée que moyennant excuses, en faisant son *mea culpa*, en disant et répétant: *Je ne le ferai plus* ; — en un mot, en faisant acte de faiblesse et de repentance comme Galilée à genoux. — Et pourtant la science triomphera! mais je ne suis pas sûr, en effet, que ce soit à Paris qu'elle triomphe et qu'elle ait son siège. Ce siège, de par les lois de l'histoire, sera peut-être transféré à jamais dans l'avenir à Heidelberg, à Bonn, à Berlin. Ce serait triste pour la France hispanisée!

Tout à vous.

CCXIX.

A M. A. BURTAL[1].

Ce 24 mai 1868.

Monsieur,

J'ai bien du regret de ne pouvoir faire ce que vous

---

1. Auteur d'un Recueil de Poésies, intitulé *Pourpre et Haillons*.

désirez de moi. Je lirai avec plaisir vos épreuves poétiques à mon prochain moment de loisir : mais, en tout état de cause, il me sera impossible d'écrire la Lettre-Préface que vous me demandez. Je n'ai jamais fait cela, ni écrit semblable Préface pour des vivants. Ces complaisances de maître des cérémonies sont incompatibles, selon moi, avec le caractère d'un critique qui se respecte.

Veuillez agréer, monsieur, avec mon excuse, l'assurance de ma considération très distinguée.

CCXX.

A M. RENÉ FOSSÉ-DARCOSSE.

Ce 24 mai 1868.

Vous avez mille fois raison, mon cher monsieur. — Cet article de M. Calland est des plus curieux et bien frappé. L'Église et la Science sont deux ennemies; mais, quand la Science a triomphé manifestement sur un point, l'Église se retourne, s'adjuge le point démontré, n'y voit plus d'inconvénient, et elle réserve ses oppositions et ses négations pour la future découverte. C'est ainsi qu'elle procède dans cette longue et astucieuse retraite qu'elle fait depuis déjà trois siècles devant la Science et le sens commun. Nous ne sommes pas au bout, et des séances comme celles de la semaine dernière, au Sénat, n'avanceront pas beaucoup la retraite de ces longues colonnes catholiques, qui continueront d'imposer longtemps aux faibles et de les ramasser chemin faisant, comme on ramasse des traînards, mais moins ne reconquerront jamais le pays perdu.

Veuillez agréer l'assurance de mes sentiments très distingués et dévoués.

CCXXI.

A M. ODYSSE BAROT.

Ce 25 mai 1868.

Cher monsieur,

Il m'en coûte, en effet, de paraître me déclarer contre une liberté qui tôt ou tard aura son jour : mais, vous l'avez bien senti, pour le moment c'est un leurre, ce serait un piège. Oh! quand donc les conditions égales se poseront-elles? Jusque-là, tout se fausse, et notre ami M. de Girardin, avec sa formule absolue, se trouve avoir seul raison, en pratique, contre ces façons de faire incomplètes et illusoires.

Merci, et agréez mes meilleurs sentiments.

CCXXII.

A M. JULES VALLÈS.

Ce 25 mai 1868.

Mon cher Vallès,

Pour vous tout seul, car, depuis quelque temps, j'ai une peur horrible des lettres interceptées. Vous m'avez enrôlé, bon gré, mal gré, dans le bataillon des *Irréguliers* avec une verve, une chaleur, un tour de main qui ne m'aurait pas laissé libre de dire oui ou non. Il y a, certes, du vrai : et ma première audace sur Ronsard, il y a juste quarante ans, était peut-être encore plus forte et plus osée que celle d'hier. Vous êtes cause que je me suis tâté, que je me suis rejeté dans mes souvenirs, en me demandant si, en effet, j'avais fait tout cela, — tout ce que vous dites. — Vous y avez bien mis un peu d'enjolivement par talent et par amitié. Nous en recauserons, nous disputerons de nouveau, ce qui est une bonne manière entre esprits libres de causer.

Laissez-moi seulement, aujourd'hui, vous serrer cordialement la main.

CCXXIII.

A M. JEAN GAY.

Ce 26 mai 1868.

Monsieur,

Je ne saurais qu'approuver et admirer l'inspiration humanitaire qui a suggéré l'idée de cette *ligue protectrice*. Tous ces mouvements généreux, toutes ces aspirations humaines convergent et ont leur rendez-vous dans une société de l'avenir. Permettez seulement que je décline l'honneur de m'y inscrire nominativement : je suis vieux, je ne suis arrivé que graduellement au rôle politique et philanthropique que vous voulez bien me reconnaître; je suis peu accoutumé à aborder ces questions sociales par leur côté de généralité et sous forme de croisade ou de ligue : ma pensée n'est tout à fait à l'aise et n'a sa force que lorsqu'elle agit individuellement, fût-ce même pour une cause générale.— Veuillez donc, tout en m'excusant, monsieur, recevoir l'assurance de mes sympathies lointaines pour vos efforts et de ma respectueuse considération.

CCXXIV.

A M. FISHER.

Ce 28 mai 1868.

Je vous remercie, monsieur, des ouvrages que vous m'envoyez. Je suis, en effet, grand partisan de la littérature anglaise : je crois que la posséder, dans quelques-unes de ses branches au moins, serait une grande avance, une leçon pour nos romanciers et nos poètes : et pour les politiques, donc ! C'est ne voler que d'une aile que de ne pas savoir directement la société anglaise, le monde anglais.

Veuillez agréer l'assurance de mes sentiments très distingués.

CCXXV.

A M. SANTALLIER, A BEAUJEU (RHONE).

Ce 28 mai 1868.

Monsieur,

L'auteur de *Port-Royal* vous remercie de votre intérêt et de vos remarques. Je voudrais bien qu'il y eût en vue, à l'horizon, une *quatrième* édition probable ; mais la vente de tels livres est lente et ils ne s'écoulent que doucement.

La Table, que vous réclamez, est journellement demandée à MM. Hachette ; mais la personne qui s'en est chargée et qui la fait à merveille[1], n'est point un travailleur à la journée ni à la tâche. Elle a d'autres devoirs, et je n'ose espérer que cette Table soit prête avant la fin de l'année. Vous en serez informé par les *annonces* qui seront mises dans les journaux et par les invitations de la retirer. Cette Table contiendra, de plus, ou accompagnera certaines additions et corrections utiles ou indispensables.

Veuillez agréer, monsieur et cher lecteur, l'assurance de mes sentiments les plus distingués.

CCXXVI.

A M. DE MUSGRAVE CLAY, ÉLÈVE EN MÉDECINE.

Ce 28 mai 1868.

Monsieur,

J'aurais voulu pouvoir témoigner à chacun de vous ma gratitude en retour de vos bons sentiments. Il m'a été impossible, en recevant plusieurs cartes sans adresse, de répondre directement par un signe et d'envoyer mon serrement de main. Vous me permettrez du moins de vous dire ce que je voudrais exprimer à vous tous, le haut intérêt que je mets à la continuation et à l'intégrité de vos fermes études. Vingt-cinq années d'une bonne Faculté de

---

1. M. Anatole de Montaiglon.

médecine avanceraient bien des choses dans notre pays : l'esprit moderne serait fondé.

Tout à vous.

CCXXVII.

A M. CHARLES MARTINS[1].

Ce 2 juin 1868.

Je remercie le cher coreligionnaire. Je le félicite pour sa prochaine expédition du Caucase. Non, Prométhée n'y est plus cloué et enchaîné. Son rôle aujourd'hui serait de parcourir ces cimes et ces vallées, d'y lire par tranches l'histoire du monde ancien, d'y dissiper les restes de nuages mythologiques, et de n'y pas laisser trace ni vestige de Jupiter. Tel est le rôle des vaillants d'aujourd'hui. C'est le vôtre.

Tout à vous.

CCXXVIII.

A M. CHARLES DIGUET.

Ce 7 juin 1868.

Je remercie de la très agréable notice. Je voudrais bien mériter le quart de ce qu'on y dit. Je crois reconnaî-

---

1. M. Charles Martins, le savant rédacteur de *la Revue des Deux Mondes*, directeur du Jardin botanique et professeur à la Faculté de médecine de Montpellier.

tre le nom d'un poète dans le signataire : je concevrais mieux alors tout ce qu'il y a mêlé d'indulgence. Je veux le chicaner sur un mot : le *habent sua fata libelli* serait digne d'Horace ; mais il est, je ne sais pourquoi, d'un grammairien obscur (Terentianus Maurus).

Vous croyez que j'ai su cela tout seul ? non, on me l'a appris.

Compliments affectueux.

CCXXIX.

A M. LE BARON LEROY,
SÉNATEUR, PRÉFET DE LA SEINE-INFÉRIEURE.

Ce 11 juin 1868.

Monsieur et très aimable collègue,

Il y a en ce moment un prisonnier ou condamné pour délit de presse, ouvrier ou ancien ouvrier, je crois, C... M..., qui, paraît-il, a l'honneur d'être connu de vous. Pour moi, je ne lui connais d'autre défaut que la manie d'écrire un peu à tort et à travers, et aussi de vouloir assister à toutes les séances de l'Académie française. — Or, un homme qui sollicite à ce point des billets d'Académie ne saurait être bien dangereux. Il me demande de vous prier de vouloir bien vous intéresser encore à lui. Il a tout simplement demandé sa grâce.

Laissez-moi, monsieur et cher collègue, profiter de cette occasion pour vous offrir l'hommage de ma haute considération et de mon dévouement.

CCXXX.

A UN COMPATRIOTE.

Ce 13 juin 1868.

Cher compatriote,

J'ai reçu votre *carte de visite* si bien remplie. J'y trouve bien des particularités curieuses. Quant à ce qui est de Hugo, je ne crois pas, du tout, qu'il ait lu la parade de Le Sage, ni qu'il en ait eu besoin pour sa *Cour des Miracles*. Victor Hugo lisait très peu; et c'est en fouillant dans son imagination, aidée de Sauval et de l'historien Pierre Matthieu, qu'il a édifié sa *Notre-Dame*. Ce n'est donc qu'une rencontre curieuse, et on vous devra de l'avoir remarquée.

Mille amitiés.

CCXXXI.

A PROPOS DU CHRIST EN CROIX DE GÉRÔME.

Ce 19 juin 1868.

Monsieur,

J'ai perdu l'espoir de voir le tableau de M. Gérôme. Ne pouvant supporter la voiture, je ne vais que là où mes jambes me portent, et l'exposition avec ses fatigues est trop loin pour que je puisse m'en donner le plaisir. C'est une grande privation. Je vois que, des deux tableaux exposés par ce peintre, vous avez été attiré par celui qui attire moins le vulgaire. Votre interprétation toute philosophique est grosse de conséquences. Peut-être votre prophétie rapproche-t-elle un peu trop la catastrophe. Les vieilles religions mettent des siècles à mourir, et elles retrouvent de temps en temps de fausses apparences de renaissances, de petits étés de la Saint-Martin. Il n'est pas moins vrai que les choses s'accompliront, mais il faudra encore bien des luttes et des lutteurs auprès desquels nos noms seront bien peu de chose. Que du moins, avant de nous en aller, nous voyions la grande cause humaine en marche et en progrès, non en défaillance.

Veuillez agréer, monsieur, l'assurance de mes sentiments les plus distingués.

CCXXXII.

A M. ERNEST RENAN.

Ce 21 juin 1868.

Cher et illustre ami,

J'avais appris par le mot de Nefftzer cette perte cruelle, quoique prévue. Madame votre mère avait l'âge de la mienne lorsque je l'ai perdue. Je sais ce que sont ces douleurs, même lorsqu'elles sont le plus selon la nature, et qu'on peut presque les appeler les bonnes douleurs. J'ai eu une fois le plaisir d'être reçu (rue Madame) par madame votre mère, un jour que vous étiez absent ; j'ai pu, ce jour-là, me faire idée de sa ressemblance morale avec son fils, de sa tendresse et de son culte pour lui. Elle m'a montré l'appartement, les chambres, le cabinet de travail; elle m'a traité en peu d'instants comme un ami et comme quelqu'un avec lequel elle aimait à causer de vous. Je puis donc garder d'elle, moi aussi, un souvenir très présent et très vivant.

Veuillez agréer, cher ami, l'assurance de mes sentiments dévoués et offrir mon hommage à madame Renan.

CCXXXIII.

A M. ERNEST DAUDET.

Ce 23 juin 1868.

Mon cher ami,

Ce n'est pas une distraction que je dois à *Marthe Varades*, c'est un véritable et puissant intérêt qui attache à l'analyse et à la peinture de ce caractère, de cette organisation charmante et fatale. Que de scènes fortement saisies et décrites avec un talent, plein de fermeté et de délicatesse ! J'aurais quelques observations à faire pour certains moyens employés dans les intervalles, pour des changements de situation un peu brusques; mais, chaque situation une fois posée, vous y faites mouvoir, sentir et parler vos personnages d'une manière tout à fait vivante. Vous savez le langage et le jeu de la passion.

Je vous félicite donc bien sincèrement, mon cher ami, en même temps que je vous remercie de tout le plaisir que je vous dois.

CCXXXIV.

Ce 26 juin 1868.

Monsieur[1],

Je lis la lettre-mémoire que vous me faites l'honneur de m'envoyer. J'y trouve des parties d'une logique solide; mais les exemples me paraissent se rapporter trop exclusivement à une polémique déjà ancienne. Je ne me représente pas très bien ce que vous me faites l'honneur de désirer de moi; car l'anonyme (si vous vous décidiez à publier) ne vous couvrirait qu'imparfaitement et serait percé à jour par ceux précisément qui auraient intérêt à vous connaître. La sagesse me paraît donc être de marcher humble et ferme dans votre ligne, d'enseigner uniquement ce qui vous semble vrai, mais de vous abstenir d'intervenir dans la lutte, étant placé à un rang de bataille d'où vous ne pouvez atteindre l'adversaire, tandis que lui saurait bien vous découvrir et vous viser.

Veuillez agréer, monsieur, avec mes remerciements, l'assurance de ma considération distinguée.

CCXXXV.

A M. PIERRE BOYER.

Ce 27 juin 1868.

Cher monsieur,

Avant de recevoir le volume[2], j'ai lu presque toutes les feuil-

---

[1]. On ignore le nom du destinataire de cette lettre.
[2]. *Une Brune, scènes de la vie de carabin.*

les[1]. Je ne saurais vous dire le plaisir — et un plaisir mêlé d'émotion — que je trouve dans vos spirituelles, vos gaies, vos tendres et tour à tour poignantes peintures. Ce livre avec son air décousu me paraît artistement composé : après une nuit de Madeleine, on a cette scène de la pauvre enfant toute meurtrie de coups sur son lit d'hôpital. Ce que vous dites dans ce chapitre sur la morale relative, je me le suis dit bien souvent. Il y a un fonds d'humanité qui se dégage à travers ces folles scènes de jeunesse. Le portrait de Velpeau est d'une frappante ressemblance. Enfin, le livre m'intéresse beaucoup et j'ai hâte d'achever. On a prononcé le nom de Murger à cette occasion. Le sujet le rappelle tout naturellement. Mais, si c'est du Murger à quelques égards, c'est du Murger de ce soir et au niveau des questions de ce temps-ci. Vous avez su embarquer de la science et de la philosophie sur un courant de gaie et spirituelle humeur.

Ayez bon espoir : il me semble que le côté sérieux et philosophique du livre a déjà été senti par plus d'un critique.

Tout à vous.

P.-S. — *La petite fille aux pieds gelés* est navrante!

CCXXXVI.

A M. CHARLES RITTER.

Ce 28 juin 1868.

Monsieur,

J'ai lu avec un vif intérêt ces deux discours de Strauss, qui m'ont rappelé ce que Renan a écrit sur la mort de sa

---

1. Le volume avait été communiqué en feuilles.

sœur ; mais Strauss garde plus de fermeté et un stoïcisme mieux défini. Il me semble que, de toute cette partie de l'œuvre de Strauss, partie plus morale qu'exégétique, et qui est tout à fait inconnue chez nous, vous pourrez faire un volume exquis et qui aura dès lors son succès. Lorsque le livre aura paru, bien des gens en France n'auront lu de Strauss que cela.

Ma santé est un grand obstacle à l'activité. Je suis invalide et le plus souvent très souffrant. J'aurais lieu de m'appliquer ce que Strauss dit de son frère ; mais je n'en suis pas à ce degré de vertu. Quoi qu'il en soit, je pousse le règlement de mes affaires le plus que je puis. Dans un mois environ, le tome X des *Nouveaux Lundis* paraîtra. — Je vous remercie de votre aimable intérêt et de toutes vos attentions.

Veuillez agréer, cher monsieur, l'assurance de toutes mes sympathies cordiales.

CCXXXVII.

Ce 6 juillet 1868.

Monsieur[1],

Je voudrais pouvoir faire la démarche que vous désirez ; mais, depuis près de deux ans, l'état de ma santé, qui m'interdit l'usage de la voiture, a coupé court à mes relations sociales proprement dites. Je n'ai jamais mis les pieds chez M. le ministre des finances, et je n'ai qu'à peine

---

1. Communiquée sans nom de destinataire.

l'honneur de le connaître. Certaine position que j'ai cru devoir prendre en public, et qui n'est pas de nature à plaire à tous, m'a rendu encore plus circonspect que d'habitude pour des sollicitations où l'on n'a chance de réussir qu'en marquant que l'on y tient comme à un service personnel. J'ai donc un véritable regret de ne pouvoir faire ce que le souvenir que vous invoquez me rendrait agréable; mais des difficultés particulières que je me suis volontairement créées et que je sens plus que personne, — s'y opposent.

Veuillez agréer, monsieur, l'assurance de ma considération distinguée.

CCXXXVIII.

A M. ERNEST ALLARD.

Ce 8 juillet 1868.

Cher monsieur,

J'ai lu votre morceau. Il y a une pensée élevée, et votre *Dernier Faust* a pour moi l'avantage que je le comprends, et que la perspective qu'il ouvre n'est pas trop nébuleuse. Mais, à vous parler franc, je ne crois point qu'un tel morceau, trop court, non complété, puisse avoir chance d'être accueilli par la très difficile *Revue des Deux Mondes*. Les recommandations auprès de ce recueil ne font rien. Le directeur, M. Buloz, plus inflexible à lui seul que Minos, Eaque et Rhadamante, n'insère que ce qui lui convient et ce qu'il croit du goût de ses lecteurs. Il ne coûterait rien de lui présenter le morceau, mais je vous dis d'avance mon pronostic. — Nous touchons là à une grande difficulté de la vie littéraire: avoir comme les peintres une place où l'on puisse exposer.

Veuillez agréer, cher monsieur, l'assurance de mes sentiments dévoués.

CCXXXIX.

A THÉOPHILE GAUTIER

Ce 12 juillet 1868.

Voilà une vacance. Nous ne sommes qu'au mois de juillet: l'Académie n'existe de nouveau et ne se remue qu'en décembre ou janvier prochain. Il y a donc toute chance que, d'ici là, nous autres les trente-neuf immortels, nous nous appliquions à réaliser la combinaison qui amènera enfin le résultat désiré et auquel battra des mains tout le public ami de notre Théo.

Ma fatigue, qui recommence depuis ces chaleurs, me force à garder Troubat[1] tous les matins de cette semaine. Je prends d'ailleurs un bain tous les deux jours, selon la prescription de Théo-Apollo.

Tout à toi, cher neveu.

CCXL.

A UN PRÉSIDENT DU TRIBUNAL DE POLICE CORRECTIONNELLE.

Ce 15 juillet 1868.

Monsieur le président,

Permettez-moi d'invoquer tout particulièrement votre in

---

1. Théophile Gautier avait fait l'honneur au secrétaire de Sainte-Beuve de l'inviter à déjeuner chez lui, à Neuilly.

dulgence pour une personne qui comparaîtra devant le tribunal vendredi prochain, madame B...., loueuse de journaux... J'ai déjà eu l'honneur d'écrire pour elle à M. le procureur impérial. Si elle a été en contravention pour la vente de *la Lanterne,* il paraît bien qu'elle ne s'est pas rendu compte, qu'elle était de bonne foi... Mais surtout, monsieur le président, c'est d'après l'appréciation morale du fait et de la personne que votre équité bienveillante daignera statuer. — C'est une brave femme, veuve, qui a élevé deux enfants et qui soutient un vieux père, et toutes les personnes qui la connaissent rendent bon témoignage d'elle.

Veuillez agréer, monsieur le président, l'hommage de mon respect.

CCXLI.

A M. JOSEPH DELAROA.

Ce 16 juillet 1868.

Que je suis touché, monsieur, de votre aimable démarche Nous avons un ami commun qui est un lien. Je voudrais bien pouvoir répondre à cette sollicitude de l'amitié; mais ma santé est désormais une suite de va-et-vient qui déjouent presque toujours les nouvelles. Quand on me dit mal, je suis mieux, et, quand je passe pour guéri, je suis redevenu souffrant. Je voudrais ensevelir ces misères et ne me montrer à mes amis que par les côtés de la gratitude et des grâces que je leur dois.

Veuillez recevoir, cher monsieur, l'assurance de mes sentiments les plus distingués.

CCXLII.

A UN POÈTE.

Ce 17 juillet 1868.

Monsieur,

Je vous remercie de cette preuve aimable de confiance. Il est difficile, sur un simple échantillon, d'avoir un avis qui se résume en conseils. Vos vers sont gracieux; ils témoignent d'une grande fraîcheur d'âme et d'une oreille sensible à la mélodie. Mais ces sortes d'impressions printanières ont été tant de fois exprimées, qu'il est bien difficile, sans un don particulier, d'y mettre une note et un accent qui se distinguent. Cela n'empêche pas de cultiver pour soi un talent naturel qui a son charme et qui permet de mieux pénétrer ensuite dans les œuvres des grands poètes.

Veuillez agréer, monsieur, l'assurance de mes sentiments très distingués.

CCXLIII.

A M. LE COMTE DE CIRCOURT.

Ce 22 juillet 1868.

Cher monsieur,

Sans d'extrêmes souffrances, que j'attribue en partie à la chaleur, j'aurais déjà eu l'honneur de vous répondre. Votre jugement est d'ordinaire, pour moi, une règle et une direction. Dans le cas de Viennet pourtant, je résiste. Soit souvenir invétéré, soit prévention littéraire, je ne puis accorder beaucoup plus à ce rimeur intrépide que sa longévité. Il ne parlait que de lui, ne citait que lui, ne pensait qu'à lui, et à la suite de toute cette personnalité outrageante, le talent ne venait pas ; il ne venait que des boutades d'esprit dans ses *Fables et Satires*. Je suis donc resté un romantique du vieux temps par rapport à Viennet, et ma plume se briserait dans mes doigts avant de pouvoir aller avec lui au delà d'une certaine estime.

En vous parlant ainsi, je ne vous dissimule pas qu'il y a peut-être un peu des nerfs du malade ou du souffrant. Oh ! que j'envie ceux qui peuvent marcher, s'asseoir, se promener à pas lents.

Ces choses si simples, je ne les fais désormais qu'au prix d'intimes douleurs. — Mais à qui viens-je parler de douleurs, à vous qui avez été témoin de tant de souffrances héroïquement et angéliquement supportées !

Agréez, cher monsieur, l'assurance de mes sentiments respectueux et dévoués.

CCXLIV.

A M. DURUY.

Ce 28 juillet 1868.

Monsieur et cher ministre,

Je le sais d'avance, vous êtes assiégé, harcelé de demandes à cette approche du 15 août : ce n'est qu'en tremblant que je viens ajouter une recommandation en faveur d'un écrivain du *Moniteur*, M. Octave Lacroix, qui a été mon secrétaire pendant des années. Homme d'esprit, il écrit agréablement en vers et en prose, et il a même autrefois fait représenter une jolie bluette en vers au Théâtre-Français. Cela ne gâte rien à ses titres de rédacteur ordinaire du *Moniteur*.

Veuillez agréer, monsieur et cher ministre, l'hommage de mon respectueux dévouement.

CCXLV.

A M. PRÉVOST-PARADOL.

Ce 30 juillet 1868.

Cher et aimable confrère,

Il y a longtemps que je vous aurais remercié pour la lecture de votre beau et savant livre[1], si je n'avais été presque continuellement souffrant. Je l'ai lu, médité, — relu par parties ; j'ai goûté cette fermeté sobre dans l'élégance, cette force dans l'atticisme.

Plus d'un chapitre m'a frappé (toute politique à part et indépendamment de l'opinion que je puis avoir) par sa philosophie et par son élévation. Le chapitre sur la guerre est de ceux-là, et votre raison, en ces matières sévères, continue de ne marcher qu'avec une certaine grâce : elle ne saurait s'en séparer.

Les considérations historiques seraient matière à débats et à disputes sans fin. Votre portrait de Napoléon Ier n'est

---

1. *La France Nouvelle*.

pas si éloigné de l'idée que je m'étais faite du grand homme en de certains jours : l'expression en est originale et vous restera en propre.

Vous savez que je ne regrette pas autant que vous que certains régimes qui n'ont pas su vivre soient tombés. Trop de Louis XVI aurait à la fin moutonné et encotonné la France : il est vrai qu'elle a été terriblement remuée et dantonisée en revanche! Qui pourrait savoir, après coup, la juste mesure de ce qu'il aurait fallu?

Mais tout cela est bien ingénieux, modéré de forme, piquant d'aiguillon et calculé juste à point pour ne pas faire cabrer même des Athéniens, si tant est que nous le soyons encore.

Tout à vous.

CCXLVI.

Ce 31 juillet 1868.

Monsieur [1],

Me permettrez-vous de venir vous recommander particulièrement un employé du bureau de M. L..., M. A... G..., pour lequel M. Delebecque m'a bien voulu promettre sa bienveillance?

Il s'agirait, pour M. G..., de rentrer régulièrement dans l'administration à laquelle il avait appartenu précédemment. C'est sous les auspices de M. Jousselin, inspecteur à Lyon, qu'il lui a été possible de remettre un pied dans les bureaux; mais il n'est pas commissionné; il aspire à l'être. Il est plein de bonne volonté, père de famille, dans une

---

[1]. Sans nom de destinataire.

situation difficile, et M. Delebecque a bien voulu m'écrire, il y a quelques jours, que, après information prise, il le savait en effet digne d'intérêt.

Veuillez agréer, monsieur, avec mon excuse, l'assurance de mes sentiments de haute considération.

CCXLVII.

A M. AMÉDÉE POMMIER.

Ce 3 août 1868.

En voilà une de revue et de grande revue, mon vieux camarade! Les morts ont dû tressaillir. C'est aux vivants à te répondre et à dire, chacun à tour de rôle : *Présent!*

Je viens faire mon salut au grand nomenclateur, à celui qui a cent poitrines de fer et cent voix d'acier. Comme chacun est signalé et a sa marque! Les grands, les moyens! Ceux mêmes qui n'ont qu'un vers se détachent dans leur isolement: Ségur, avec son trois quarts de vers, est un des mieux traités et des mieux coupés dans sa silhouette. C'est bien spirituel de finir ce vers, tout héroïque et militaire en commençant, *Scribe*. Il y a de ces malices dans tes tours de force. J'en vois une dans le vers pour George Sand. Je ne finirais pas si je disais tout ce que m'a causé d'amusement et de surprise ce nouvel exploit de ta façon, cette *facilité dans l'impossible*, comme disait l'autre jour quelqu'un que tu as vu chez moi.

Une bonne poignée de main.

P.-S. — J'offre mes respects à mesdames Pommier.

CCXLVIII.

A M. FERNAND TROUBAT.

Ce 3 août 1868.

Cher monsieur,

Il faut que j'aie été souffrant pour ne pas avoir répondu tout aussitôt à votre aimable lettre. Je vous ai tous présents de toutes les manières, votre digne père avec sa belle physionomie, votre charmante fiancée avec sa naïve douceur. Vous avez bien raison de presser le moment d'une union si attendue et préparée durant des années de mutuelle affection. Je voudrais bien pouvoir envoyer mon cher Troubat: il m'est bien nécessaire. C'est ici que j'espère vous voir bientôt, — en automne.

Je suis à vous, cher monsieur, et aux vôtres, de tout mon cœur.

CCXLIX.

A M. PHILIPPE BURTY[1].

Ce 10 août 1868.

Mon cher ami,

Voilà ce que j'appelle chercher un prétexte pour être aimable. Je me suis malheureusement mis trop tard en route pour le pèlerinage à l'art pur. Vous avez mille fois

---

1. A propos d'une note publiée dans la *Gazette des Beaux-Arts* pour répondre à l'étude consacrée dans les *Nouveaux Lundis* aux *Idées et Sensations*, de MM. Edmond et Jules de Goncourt.

raison sur cette indépendance absolue de l'Art. Cependant, dans l'art *écrit*, qui n'est plus jamais tout à fait l'art en soi, et qui participe de la pensée, il y a, ce me semble, à tenir compte davantage de la moyenne du public. Nos amis écrivent peut-être un peu trop comme s'il ne s'agissait que des arts pittoresques et plastiques.

Tout à vous d'amitié.

CCL.

A M. FAUGÈRE.

Ce 11 août 1868.

Cher monsieur et ami,

Je reçois votre intéressant mémoire; il était dur et pénible à faire, mais il est essentiel. J'admire vraiment M. Thiers : ce présomptueux voudrait maintenant nous donner à croire qu'il entend la haute *géométrie* et qu'il lit Pascal et Fermat *de facie ad faciem*. Que d'esprit, mais quelle fatuité et quelle faquinerie! Et penser que c'est là le plus grand de nos hommes d'État hors du pouvoir et notre étoile du matin pour le quart d'heure!...

CCLI.

A MADEMOISELLE DE SENANCOUR.

Ce 12 août 1868.

Mademoiselle,

Je suis profondément reconnaissant de votre bonne lettre et de votre envoi. J'ai lu avec le plus vif intérêt cette sorte de confession interne et continue. J'en ferai bon usage et vous renverrai bien exactement l'original. Si j'avais le plaisir de causer avec vous, je vous ferais voir chez un poète anglais, M.. Matthew Arnold, de belles stances à la mémoire d'Oberman, qui sont de l'année dernière. Quinet a aussi parlé du même Oberman dans son dernier livre sur *la Révolution*. Tout cela n'est pas sans doute ce que l'auteur lui-même ou sa fille pourrait écrire d'exact ou désirer de tout à fait vrai; mais la gloire n'est qu'un grand nuage doré, une sorte de mirage qui plane sur le paysage réel. Oberman vivra, le nom de Senancour ne sera jamais oublié. C'est là un dédommagement pour tant de tristesses obscures, subies avec courage et constance. — Je ne serai moi-même heureux que lorsque, à propos de quelque occasion que je prévois, j'aurai prononcé, dans le Sénat, le nom de l'auteur des *Traditions religieuses*.

Je suis tout à vous, mademoiselle, avec gratitude et respect.

CCLII.

Ce 14 août 1868.

Monsieur [1],

J'ai à m'excuser d'un long retard. L'état de ma santé vient souvent à la traverse de tout. J'ai lu les pièces que vous me faites l'honneur de m'adresser. Il m'est difficile d'entrer par lettre dans l'examen que vous paraissez désirer; permettez-moi de vous dire qu'il est un degré de cri-

---

1. Sans nom de destinataire.

tique de détail dans lequel un maître peut entrer avec un élève, mais auquel il ne me paraît pas séant qu'un homme de lettres se livre avec un autre homme de lettres. Chacun a là-dessus ses principes différents, et M. Viennet, par exemple, que vous me citez, était, quoique mon voisin à l'Académie, aux antipodes de moi pour le jugement en matière de vers. Ce qui n'empêchait pas entre nous l'estime.

Veuillez agréer, monsieur, l'assurance de ma considération très distinguée.

CCLIII.

A M. F.-M. LUZEL

Ce 18 août 1868.

Monsieur,

Je vous remercie de l'envoi de votre curieux volume. J'en avais déjà eu un avant-goût par *la Revue critique*. Vous ne me surprenez point dans tout ce que vous me dites d'un de vos prédécesseurs très en vogue. Je l'ai connu de très bonne heure, et quand il ne faisait que commencer ses recherches : je n'ai jamais cru à leur exactitude ni à l'esprit de critique qui y aurait présidé. Aussi, malgré une liaison assez grande qu'avaient fait naître les circonstances, j'ai toujours résisté à parler au public d'un livre duquel je ne pouvais juger directement, mais que je flairais comme médiocrement exact ou authentique. Quant à parler aujourd'hui de votre travail d'une manière expresse et étendue, je n'oserais le promettre. Ma santé fort atteinte ne me rend sûr de rien, et, de plus, je n'ai pas autorité sur une matière dont les éléments, c'est-à-dire la connaissance des idiomes, m'échappe. Mais il me semble que les critiques compétents ne vous manqueront pas ; l'attention est éveillée, et, dans la lutte avec l'académicien, vous ne serez pas si seul que vous semblez le craindre [1].

Veuillez, cher monsieur, agréer l'assurance de mes sentiments très distingués et dévoués.

CCLIV.

A M. OCTAVE DE PARISIS, RÉDACTEUR DU *GAULOIS*.

Ce 26 août 1868.

Quoique je soupçonne ce M. *Octave de Parisis* d'être une de mes proches connaissances, il aura pourtant, lui aussi, un remerciement pour sa bonne grâce. Mais ce qui empêche d'être poli le plus souvent, c'est la vie qu'on mène. Un homme occupé est rarement poli ; un homme affairé ne l'est jamais.

Et qui est-ce qui n'est pas affairé en ce temps-ci? On

---

1. Le livre dont il est question dans cette lettre est le premier volume des *Gwerziou Breiz-Izel*, ou *Chants populaires de la basse Bretagne*, recueillis et traduits par M. Luzel, (Lorient, 1868, pour le premier volume, — 1874, pour le deuxième). — Le premier volume de ce recueil de Chants populaires bretons vraiment authentiques, — et qui sont, sous bien des rapports, en contradiction avec ceux qu'a publiés M. de la Villemarqué dans ses *Barzas-Breiz*, — a été couronné par l'Institut, en 1869.

prend la vie comme à poignées, mais il en échappe bien plus qu'on n'en prend, et tout se fait un peu à la diable.

Je fais les excuses des autres et un peu les miennes, en même temps que j'envoie mes remerciements.

CCLV.

A M. LOUIS NICOLARDOT.

Ce 27 août 1868.

Mon cher monsieur,

Je vous remercie de vos communications. CONFÉRER la *prêtrise* est, en effet, inexact ; vous me faites revoir mes auteurs originaux, qui disent seulement : *envoyer à la prêtrise.*

Quant à la charge de Racine, ce n'est pas moi qui parle, c'est un contemporain, M. Vuillart, et par conséquent il sait la chose d'original. C'est en effet le prix de la propriété que probablement a voulu dire l'ami bien informé de Racine. Cela mériterait peut-être une note explicative.

Quant aux gens de Port-Royal qui se détruisent par leurs austérités, je tiens bon, et cela est positif. Il ne s'agit pas seulement de jeûnes à certains jours et de diète végétale : mais de M. de Pontchâteau, qui travaillait comme un paysan tout le jour, et qui se refusait en même temps le nécessaire, excédait toutes les règles de Cornaro ; et ce n'est que de cet excès qu'il s'agit dans les passages indiqués. L'hygiène et la diète de Port-Royal étaient, en général, fort mal entendues.

Je vous remercie encore une fois de vos remarques, et il en sera tenu compte dans l'errata, en tête de la Table des matières.

Tout à vous.

CCLVI.

A M. LE DOCTEUR CAZIN, SURVEILLANT DE LA LOGE MAÇONNIQUE DE BOULOGNE-SUR-MER.

Ce 30 août 1868.

Monsieur et cher concitoyen,

Des félicitations comme les vôtres, comme celles de vos amis de la Loge de Boulogne, ne sont jamais tardives : ce qui est l'essentiel, ce sont les sentiments qui les inspirent, et ces sentiments ont surtout leur prix en ce que, une fois établis, ils durent et font lien, — un lien d'estime et de sympathie.

Veuillez dire à tous vos amis combien je suis heureux et touché de ce témoignage collectif et unanime qui m'arrive au nom d'un groupe si respectable et si uni de mes chers Boulonnais ; — et agréer pour vous en particulier, très honoré docteur, l'assurance de mes sentiments dévoués.

P.-S. — J'aurais adressé directement au Président et Vénérable, si je n'avais craint de faire quelque confusion due à l'écriture.

CCLVII.

A M. ERNEST HAVET [1].

Ce 2 septembre 1868.

Cher critique,

Je revendique pour moi ce que vous dites de madame Swetchine, page 589 de la *Revue contemporaine*. Le mot est de moi en effet, à propos de Rancé. (Tout comme pour Pascal, révérence gardée, on a pris une citation d'elle pour une de ses pensées.)

Oserai-je dire que je le maintiens, ce mot, nonobstant toutes les savantes et ingénieuses citations qui ne peuvent faire que le point de vue général soit autre? Le point de vue d'*Horace* et le point de vue de *Rancé* sont deux pôles. Tous les raisonnements, toutes les transitions de la philosophie ne peuvent aller contre ce qui est évident. Ce qui ne m'empêche pas de lire, relire et admirer cette vaste et si instructive enquête.

Tout à vous.

P.-S. — L'épigraphe de votre ouvrage pourrait être : « Il n'y a pas de sauts dans l'histoire pas plus que dans la nature. » — Mais est-il vrai qu'il n'y ait jamais de sauts?

---

[1]. A propos de son article sur *le Christianisme et ses origines* dans la *Revue contemporaine* du 31 août 1868.

CCLVIII.

A MADAME DANGLARS.

Ce 4 septembre 1868.

Madame,

J'ai lu avec plaisir le roman que vous avez bien voulu me confier. J'y ai trouvé surtout de l'intérêt, parce qu'il est vrai et qu'il semble assez exactement tracé d'après nature et sur observation. Il y aurait, pour le détail, plus d'une remarque à faire sur le style, et, quoique je sois d'avis d'écrire, autant que possible, comme on parle, la délicatesse des analyses demande quelquefois à être relevée par l'expression. La composition aussi pourrait être plus serrée.

Les vengeances de M. Bellefond recommencent à plus d'une reprise. Mais j'ai l'honneur de vous le répéter, madame, ce qui me plaît dans ce récit, où des personnages naturels sont aux prises, c'est son air de vérité.

Veuillez agréer, madame, l'hommage de mon respect.

CCLIX.

A M. DE PONGERVILLE.

Ce 9 septembre 1868.

Ah! ce n'est qu'en vers qu'il faudrait répondre à un tel appel, cher et illustre confrère. Mais ma Muse (si Muse il y a et si Muse il fut) est à jamais enrouée, et c'est affaire à vous d'avoir encore la rime à volonté, jointe à la raison. Savez-vous bien que notre confrère Viennet, qui se donnait des airs d'indépendance et qui n'était qu'un déiste pusillanime, n'a pas craint d'écrire dans une lettre à ce Dupanloup, notre si peu confrère, que nous étions *trois* autour du tapis vert, trois ni plus ni moins, qui étions de la religion de Lucrèce? j'en ai conclu que c'était vous, d'abord, M. Mérimée ensuite, et moi probablement. — Je m'en honore; mais convenez que ce Viennet n'était qu'un faux brave en philosophie, en poésie et dans tout ce qui s'ensuit. Il flagornait les salons et faisait patte de velours aux évêques. Pour bien parler de Lucrèce au *Moniteur,* il serait bien bon que *le Moniteur* redevînt libre, et que le mot d'*officiel* y disparût. Je pense que le *terme* tire sur sa fin.

Si je ne me trompe, il y aura un très prochain changement, et, si mes forces physiques ne me font pas défaut, je ne résisterai pas à payer ce que je considère comme une dette et un devoir.

A vous tout de respect et de cœur, cher et illustre confrère.

CCLX.

A M. CHARLES TRANCHANT.

Ce 9 septembre 1868.

Je vous remercie bien, monsieur, de votre aimable prévenance. Voici le fait : en écrivant un article de la *Revue des Deux Mondes,* j'ai commis, au sujet de l'École d'administration, une erreur que je tiens à réparer. Notre ami Charton m'en a averti, M. Carnot lui-même a bien voulu m'envoyer une brochure résumant les actes de son ministère. J'avais cru que l'École administrative était restée à l'état de projet. Je vois qu'elle a duré, qu'elle a eu deux promotions et qu'elle a été détruite ou licenciée sous le ministère Falloux. A vrai dire, ces circonstances me suffisent pour la rectification que j'aurai à faire quand je réimprimerai l'article; mais les bonnes occasions d'être bien informé ne sont pas à éviter. Et, si vous me faisiez l'honneur de venir un matin à neuf heures et demie (pas plus tôt, car je suis peu matineux), je serais très heureux, monsieur, de faire votre connaissance personnelle et de causer avec vous.

Veuillez agréer, avec l'expression de ma gratitude, celle de mes sentiments les plus distingués.

CCLXI.

A M. LE PASTEUR MAULVAULT, A GUERNESEY.

Ce 15 septembre 1868.

Monsieur,

Des lettres comme la vôtre sont la meilleure récompense du travail et la plus douce des satisfactions réservées à l'écrivain. Quand on se trouve aimer ensemble une chose aussi particulière, aussi en dehors des sentiers battus et en même temps aussi élevée que Port-Royal, on a un lien de fraternité qui dispense aussitôt de bien des préambules et de bien des intermédiaires. Je serai très curieux de voir votre étude. Il n'est pas sans difficulté aujourd'hui de se procurer tous les livres originaux concernant Port-Royal. C'était très facile, il y a trente et trente-cinq ans; mais les derniers libraires jansénistes sont morts; les libraires religieux catholiques tiennent peu de ces choses suspectes d'hérésie, et les mondains n'ont garde de donner dans ces bouquins. Il existe bien ici un petit résidu ou noyau janséniste : mais il est très mystérieux et, entre nous, assez peu éclairé. L'emplacement de l'ancienne abbaye de Port-Royal des Champs appartient, je le crois, à cette petite coterie religieuse, qui y a réuni quelques reliques; mais il n'y a de curieux que l'emplacement même, très bien indiqué par la nature des lieux. Le vallon est resté bien authentique : les petites images qu'on y a rassemblées sont de ces derniers temps et ne sont que des pièces rapportées. — Vous me dites sur les dernières pages de mon livre ce que je n'ai pas été sans me dire à moi-même. Mes idées n'ont pas été sans varier pendant les longues années que j'ai suivi ce travail. La sincérité m'obligeait pourtant à dire où j'en étais en le terminant. C'est plutôt vis-à-vis de moi-même que vis-à-vis des autres que j'ai tenu à constater l'état, triste on non mais non embelli, de ma conviction et de ma conscience. Je reste tout à fait reconnaissant et touché pour les témoignages d'intérêt dont je suis l'objet, que ce soit sous les noms de bienveillance ou de charité.

Veuillez agréer, cher monsieur, l'assurance de mes sentiments sympathiques et respectueux.

CCLXII.

A M. COLINCAMP.

Ce 20 septembre 1868.

Certes, mon cher et aimable critique, je serais bien difficile si je n'étais pas content ! Je crois que, pour ces sortes de morceaux littéraires, il n'y a rien à ambitionner que l'approbation des vrais juges, et votre lettre me fait espérer que, même dans mes libertés assez grandes à l'égard des personnes, j'ai réussi à me les concilier. M. Vitet est un de ces juges et connaisseurs, et qui doit être des plus difficiles, tant par la nature un peu haute de son esprit que par certaines délicatesses et certains scrupules qu'il a acquis avec l'âge. Vous avez toute raison sur Jouffroy, qui était un maître à nous tous et à Vitet lui-même.

Veuillez, mon cher ami, me garder ces sentiments d'affection, que je vous rends avec gratitude.

CCLXIII.

A M. PÉRENNÈS.

Ce 29 septembre 1868.

Monsieur,

Je lis dans la *Revue moderne* un article sur *la Jeunesse de Proudhon* fait avec des pièces émanant de vous, le tout écrit sous votre inspiration et à votre plus grand honneur :

j'y suis non pas nommé, mais désigné pour avoir, dans mon travail sur Proudhon, *dénaturé* l'histoire de sa jeunesse, et, peu s'en faut, pour en avoir fait un *roman*. J'aurai, en revenant prochainement sur mes propres articles pour les mettre en volume, à profiter de ces documents nouveaux; mais je dois dire, à vous qui les fournissez, que le procédé est un peu cru et me paraît moins d'un galant homme que d'un *cuistre*, d'un homme tout occupé à faire exclusivement valoir sa marchandise. Il me serait pénible d'avoir à en faire rejaillir sur vous quelque chose. On cherche la vérité en commun; on combine ses efforts. Le dernier venu ne s'attache point à nier son prédécesseur; au besoin, il le réfute ou le rectifie, il ne le supprime point à l'aide de généralités peu obligeantes.

Je vous ai connu autrefois, monsieur, dans des sentiments plus bienveillants, et j'ai le regret d'avoir à vous exprimer ma plainte. Vous ne serez point étonné que, dans la discussion sur laquelle j'aurai à revenir, je m'exprime là-dessus en toute franchise.

Veuillez agréer l'hommage de mon respect.

CCLXIV.

Ce 8 octobre 1868.

Monsieur le secrétaire général [1],

Un brave homme de mon quartier, le sergent de ville V..., attaché à la brigade du VIe arrondissement, faisant

---

1. Sans nom de destinataire.

depuis bientôt quatorze ans le service dans le quartier Notre-Dame-des-Champs, ancien militaire, congédié avec le grade de sous-officier, aspirerait à un emploi d'*ordonnateur aux pompes funèbres*.

Déjà, il y a cinq ans environ, il avait adressé à la Préfecture de la Seine une pareille demande, qui avait été apostillée par M. Gressier, notre maire, et par M. le premier président de Royer.

Il est venu aujourd'hui me prier d'appuyer sa nouvelle demande : il a cinq enfants ; le service de nuit commence à le fatiguer. Si vous vouliez bien, monsieur le secrétaire général, accorder quelque attention à son humble requête, il aurait bien chance de réussir.

Veuillez m'excuser si je prends la liberté de m'adresser particulièrement à vous, et veuillez agréer, monsieur, l'assurance de mes sentiments de haute considération et de dévouement.

CCLXV.

A M. ADRIEN DESPREZ, RÉDACTEUR DU JOURNAL *LE PROGRÈS*, DE LYON.

Ce 11 octobre 1868.

Monsieur,

Je ne lis que d'aujourd'hui l'article que vous avez bien voulu consacrer à mon dixième tome des *Nouveaux Lundis*. J'ai beaucoup à vous remercier, et de votre bienveillance personnelle pour l'auteur, et de la forme sous laquelle vous lui avez présenté quelques objections. J'en reconnais la justesse pour plus d'une. La vérité est que je suis un peu moins décidé en matière de politique qu'en fait de philosophie. J'ai peine en politique à ne pas faire un peu comme les médecins empiriques qui font, à l'occasion, fléchir les principes absolus. Il serait plus aisé dans une courte conversation de m'expliquer, sinon de me justifier entièrement là-dessus. Mais, encore une fois, monsieur, soyez le bien remercié pour votre obligeant et bienveillant article, et veuillez agréer l'assurance de mes sentiments les plus distingués.

CCLXVI.

A M. L'ABBÉ MOIGNO.

Ce 12 octobre 1868.

Monsieur l'abbé,

J'ai lu avec grand intérêt votre magnifique programme. L'apologétique chrétienne a besoin d'être renouvelée de temps en temps, et vous serez l'apologiste, avec un tel ouvrage, du moment présent et de la circonstance moderne. Cette fois, vous aurez fait le *Cosmos universel.* J'ai assez traversé dans ma vie très variée et d'égale longueur à la vôtre, de phases analogues bien qu'inférieures, pour me figurer ce que pourra être une telle conception remplie par un homme de science et d'imagination qui sait choisir ses points. En vérité, si j'avais à définir l'esprit de l'homme, je crois que je le ferais en disant : « C'est quelque chose qui sait se retourner dans tous les sens et qui a réponse à tout. » J'ajoute encore, en vous lisant, ce mot que vous ne désavouerez pas : « La foi est un don. » Je serai très heureux que vous me fassiez l'honneur de venir causer de ces choses un matin à une heure. C'est un moment où l'on est plus seul. Je suis moi-même un invalide, et je ne sors que peu.

Veuillez agréer, monsieur l'abbé, l'assurance de mes sentiments respectueux.

CCLXVII.

A M. ERNEST RENAN.

Ce 12 octobre 1868.

Mon cher ami,

Je regrette bien de n'avoir pas été chez moi la dernière fois que vous y êtes venu. Je désirerais bien enlever votre assentiment pour décider Michel Lévy à publier un choix de *Mélanges* du docteur Strauss, que M. Charles Ritter, de Morges, a traduits avec grand soin et qu'il lui a proposé d'éditer. Michel Lévy doit vous consulter à son retour. M. Charles Ritter doit vous consulter aussi pour le choix définitif des morceaux. Quelques pages *d'introduction* de vous décideraient Lévy, à coup sûr. Quelques-uns de ces morceaux de Strauss que j'ai lus m'ont fait l'effet (si j'ose employer cette comparaison) de ces pages admirables que vous avez consacrées à la mémoire d'une sœur.

Agréez, cher et savant ami, l'hommage de mes sentiments dévoués, et veuillez offrir mes respects à madame Renan.

CCLXVIII.

A UN CORRECTEUR DE L'IMPRIMERIE IMPÉRIALE
POUR LE *JOURNAL DES SAVANTS.*

Ce 22 octobre 1868.

Monsieur,

J'ai peine à comprendre la manière de faire de l'Imprimerie impériale. J'ai renvoyé une épreuve lundi matin, en demandant une *révision*. Je n'ai pas reçu cette *révision*, et voilà que, ce soir jeudi, M. Pauthier a l'obligeance de me venir apporter une mise en pages de mon article qu'il a reçue par *méprise*. Mais je n'y trouve pas l'épreuve première, qui peut seule me permettre de vérifier avec certitude, et sur laquelle j'avais fait d'assez nombreuses additions. Il me faut rattraper tout cela de mémoire. Je vous serai obligé, monsieur, de faire rechercher cette épreuve; mais je vous avoue que je ne suis point habitué, si elle ne se retrouve pas, à donner un *bon à tirer* dans ces conditions, et je vais écrire à M. Lebrun pour qu'il veuille bien ajourner mon article à un prochain cahier.

Veuillez agréer, monsieur, l'assurance de ma considération très distinguée.

CCLXIX.

Ce 23 octobre 1868.

Monsieur le directeur [1],

Veuillez m'excuser si, sans avoir l'honneur de vous connaître personnellement, je viens réclamer votre bienveillance pour un pauvre homme de mon quartier, Brunet, mécanicien, qui allait être reçu, en qualité de graisseur, dans l'administration, lorsqu'il a passé à la visite d'usage devant l'un des médecins, M. d'H... Celui-ci, l'entendant tousser à son entrée, et sans même l'examiner, l'a déclaré incapable du service comme atteint de bronchite aigüe. Or, il paraît bien que l'état de cet homme, qui remonte déjà à deux ans, est simplement un *asthme* qui ne l'empêchera nullement de faire le service, un service qui se fait en plein air, et c'est pour vous prier, monsieur le directeur, de vouloir bien le soumettre à l'examen d'un des autres médecins de l'administration, plus humain et plus attentif, que je viens solliciter votre indulgence.

Veuillez agréer, monsieur, l'assurance de ma haute considération.

CCLXX.

A UN CORRECTEUR DE L'IMPRIMERIE IMPÉRIALE POUR LE *JOURNAL DES SAVANTS*.

Ce 23 octobre 1868.

Monsieur,

Je vous prie d'excuser ce que vous appelez la vivacité

---

1. Sans nom de destinataire.

des termes : je sais tout ce que peut occasionner de retard et même d'embarras la superposition des hiérarchies et l'enchevêtrement des ordres. Je subis les conditions de l'illustre établissement auquel j'ai affaire : je croyais cependant avoir stipulé avec M. Lebrun un peu plus de laisser aller et de communication directe de moi avec l'imprimerie et la correction. Il est si simple de me renvoyer à moi directement ce dont M. Pingard et autres n'ont que faire. Je le redirai à M. Lebrun.

Veuillez encore une fois m'excuser, monsieur, et croire que je ne fais rien qu'en vue de l'exactitude et de la bonne correction.

P.-S. — Je m'aperçois qu'à la page 607, j'ai fait une remarque dont les termes vous paraîtront peut-être encore vifs : j'y regarderai désormais à deux fois.

CCLXXI.

A M. HONORÉ SCLAFER[1].

Ce 24 octobre 1868.

Monsieur,

Je voudrais bien pouvoir venir en aide au bon sens dans un cas comme le vôtre. Évidemment, la commission du colportage, au point de vue moral, n'a rien à faire ici, ni même au point de vue religieux ; car ce que vous dites sur le prône ou sur la danse au village me paraît fort modéré : mais aussi que faites-vous ! Vous terminez le volume par

---

1. Auteur de *la Chasse et le Paysan*.

une apostrophe, et cette apostrophe s'adresse tout droit à l'homme de la place Vendôme. Le zèle de la Commission aura vu là une atteinte politique et antidynastique. C'est petit, c'est misérable; mais, instituée comme elle l'est, elle n'a osé timbrer ce terrible nom de baptême, assez semblable à celui que Boileau en son temps donnait au grand Alexandre. Je n'ai aucune accointance de près ni de loin avec cette Commission. Ici, comme ailleurs, on n'a de recours qu'auprès du grand public, qui saute par-dessus les estampilles, quand un livre lui convient.

Veuillez, je vous en prie, retrancher ces termes d'*Excellence* auxquels on n'a pas droit, et c'est à quoi je ne donne pas l'estampille. Mais veuillez agréer, avec mes compliments, l'assurance de ma considération très distinguée.

CCLXXII.

A M. E. DU BOIS-REYMOND.

Paris, le 24 octobre 1868.

Monsieur,

Je suis en effet bien d'avis que votre discours traduit soit publié en France. Il y a ici une *Revue moderne,* dirigée par M. le comte de Kératry, qui pourrait peut-être l'insérer; je n'ai malheureusement pas de rapports avec cette *Revue;* et, d'ailleurs, confiné depuis bien longtemps dans ma chambre par une incommodité qui m'interdit l'usage de la voiture, je suis peu apte à bien des choses. Si M. Lépine était ici, il tirerait vite ce point à clair. Je ne puis que donner des indications que je crois, d'ailleurs, précises. Parmi les éditeurs libraires, je n'en vois que trois qui puissent se charger de cette impression : ou la librairie *Franck, rue Richelieu,* ou, mieux encore, la *librairie internationale Lacroix-Verbœckoven,* ou enfin *Germer-Baillière, rue de l'École-de-Médecine.* Mais c'est *Lacroix* qui me paraîtrait devoir être l'éditeur naturel. Il est à la fois à Bruxelles et à Paris. Si je le voyais, je lui parlerais de la parfaite convenance que je trouve à cette publication pour lui-même et pour sa maison. Il est personnellement un homme très lettré et fort capable d'en juger directement. On pourrait tout à fait user de mon nom dans une lettre qui lui serait adressée.

Excusez-moi, monsieur, de ne pouvoir intervenir plus activement ; les éditeurs que je connais pour être les miens (tels que MM. Lévy ou Garnier) sont fort négatifs de leur naturel ; mais j'insiste sur l'appropriation parfaite de cette publication à la maison Lacroix.

Veuillez agréer, monsieur, l'assurance de mes sentiments de considération très distinguée et de dévouement.

CCLXXIII.

Ce 2 novembre 1868.

Mon cher ami[1],

J'oublie mes classiques. J'ai bien besoin d'un ami qui les sache pour moi, et qui me mette un nom au bout de vers errants qui me reviennent par l'esprit en réminiscence, — de

1. Sans nom de destinataire : c'était peut-être M. Ravenel

ces choses que chacun sait et dont on ne trouve plus l'auteur comme pour les monnaies qui ont trop circulé et où on ne peut plus lire le nom. — Eh bien, veuillez me dire de qui est ce mot : *Glissez, mortels, n'appuyez pas!*

Tout à vous, et mes fidèles hommages aux trois personnes.

CCLXXIV.

A M. PIERRE DESCHAMPS.

Ce 9 novembre 1868.

Monsieur,

La question que vous m'adressez sur Port-Royal demanderait, pour être traitée, tout un petit chapitre ou appendice. Il est parfaitement certain qu'il a fallu que Port-Royal eût des imprimeries secrètes pour imprimer bien des feuilles qui coururent, et ne fussent que les *Lettres provinciales.* Une tradition disait que partie de cette impression avait été faite dans des bateaux de blanchisseuses sur la Seine. A la fin du xviie siècle, cela était moins nécessaire; mais je ne doute pas qu'il n'y eût pour ces messieurs des moyens d'impression secrète, quand ils en avaient besoin. Ils avaient leurs libraires attitrés, Savreux ou Desprez; mais, quand on voulait imprimer en dehors de l'autorité, sous le couvert d'*Utrecht*, on trouvait bien moyen de le faire à Paris ou aux environs. Quand *les Nouvelles ecclésiastiques*, ce journal janséniste, commença à paraître, ce fut une lutte continuelle avec l'autorité, et les adresses, les supercheries des jansénistes dans cette lutte contre le lieutenant de police pour se faire imprimer clandestinement à son nez et à sa barbe étaient devenues proverbiales. Mais qu'étaient-ce que ces imprimeries clandestines? où étaient-elles? cela nous échappe par cela même qu'elles étaient clandestines.

Veuillez agréer, monsieur, l'assurance de ma considération très distinguée.

CCLXXV.

A M. MANUEL RODRIGUEZ.

Ce 10 novembre 1868.

Monsieur,

La question que vous me faites l'honneur de m'adresser me prend, je l'avoue, fort au dépourvu, bien que j'aie eu le loisir d'y réfléchir en assistant de loin, comme je le fais, et avec une attention suivie, à ces grands événements. Ce qui m'a paru avant tout dans cet accord unanime pour rejeter un gouvernement méprisé, c'est qu'il y a un degré de scandale et d'immoralité flagrante que la longanimité d'une nation généreuse ne peut décidément supporter. Quant à savoir la forme et la nature de gouvernement qui doit le plus opportunément succéder, il faudrait pour cela voir les choses de près, connaître non seulement les hommes éminents qui sont à la tête du mouvement politique, mais encore le fond même de la nation, et ce fond, qui sans doute n'est pas uniforme partout, le connaître dans ses variétés de province à province, et dans sa moyenne générale. Je ne suis jamais allé en Espagne, je n'ai pas vu, et conséquemment je ne me permets point de préjuger de ces choses. Ce qui me paraît le plus à désirer, c'est tout ce qui se rapprochera de la raison, des principes modernes, de la liberté et de la tolérance pour tous, de l'économie bien entendue, de l'esprit de paix et de travail qui est de plus en plus l'esprit de la civilisation même; plus on saura renoncer aux fictions surannées, à ce que le passé nous lègue de convenu, d'artificiel, dans le gouvernement des hommes, mieux ce sera. Ces fictions en effet, si légères et si transparentes qu'on les suppose, finissent toujours par obscurcir la vérité, par l'empêcher d'arriver toute nette et toute franche à la connaissance des *gouvernants*, et les abus qu'on croyait évincés et supprimés rentrent bientôt par une autre porte. Mais, en matière politique, je vous l'avoue, je suis encore de la secte des empiriques : je considère volontiers toute nation comme une malade (en connaissez-vous une de parfaitement saine?), et dès lors je raisonne un peu comme un médecin qui n'agit pas toujours en raison du mieux normal, du mieux absolu, mais qui tient compte de ce qu'il croit possible pour le moment, pour la circonstance et pour le lendemain. Vous voyez, monsieur, quelle est ma timidité ou plutôt mon incompétence : je me borne donc à faire des vœux sincères pour le bonheur et la liberté d'un noble peuple, en laissant la solution aux mieux informés et aux habiles, à la condition qu'ils restent en même temps honnêtes.

Veuillez agréer l'hommage de mon respect et de ma sympathie.

CCLXXVI.

A M. CHARLES AUBERT.

Ce 17 novembre 1868.

Monsieur,

Je suis bien en retard, mais vous m'excuserez, car j'ai lu et relu l'article, le jugement si plein, si nourri, j'allais dire si définitif (mais mon amour-propre y est trop intéressé), que vous avez consacré à mes doubles *Lundis* dans *la France*. Vous m'y avez rappelé quelques-unes des choses que j'ai écrites autrefois, et que j'avais presque oubliées moi-même; il est bien vrai que j'ai un peu changé. Au sujet de cette double série de *Lundis*, ma conscience littéraire s'était déjà dit tout bas quelques-unes de ces demi-vérités que votre indulgence recouvre en les laissant entrevoir. Cette même indulgence a bien voulu faire abstraction pour le moment de la complication politique et philosophique: laissez-moi ajouter sur ce point que ce qui a éclaté fortuitement et publiquement, et à quoi mon siège au Sénat a donné de l'importance et de l'écho, était, depuis bien des années, ce que mes amis m'entendaient dire sous bien des formes aux instants de conversation vive et sérieuse; mais il n'y avait pas lieu d'en informer le public. L'occasion et la contradiction à bout portant ont été mes accoucheuses. Mais, dans la critique littéraire, je compte bien toujours rester en dehors des partis pris, et, si vous jetez les yeux sur *le Moniteur*, un de ces matins, vous en verrez la preuve dans un petit article un peu *faiblet*, mais sincère, à propos d'un demi-poète spiritualiste et religieux[1].

Veuillez agréer, monsieur, mes remerciements les mieux sentis et l'expression de ma haute estime.

CCLXXVII.

Paris, le 20 novembre 1868.

Monsieur[2],

Je suis bien en retard, et j'en rougis, pour vous remercier de l'intéressante collection des savants et érudits mémoires que j'ai reçus par les soins de M. Delhasse. J'ai voulu m'y instruire avant de vous dire combien j'étais touché de cette marque d'attention de votre part. Vos travaux sur la géographie de la Gaule Belgique m'ont prouvé une fois de plus combien il est aisé de se tromper de loin, quand on ne fait que parcourir le pays et quel profit on aurait à tirer des recherches locales dirigées par de bons et rigoureux esprits. Vous m'avez fait bien du plaisir aussi par cette note sur les faux autographes de M. Chasles : quand sa collection sera trouée ainsi à bien des endroits, elle ne saura plus se défendre, ce qu'il essaie encore de faire et ce que notre Académie des Sciences a la faiblesse de couvrir de son autorité.

Veuillez agréer, monsieur, l'hommage de mes sentiments de respectueuse considération.

---

1. Le poète Loyson (*Nouveaux Lundis*, t. XI).
2. Sans nom de destinataire.

CCLXXVIII.

A M. LOUIS RATISBONNE.

Ce 21 novembre 1868.

Cher monsieur,

On me dit que vous avez bien voulu (en l'entourant d'ailleurs de toute sorte de bonnes grâces à mon adresse) m'attribuer un mot sur les enfants : « J'aime surtout les enfants quand ils crient, — parce qu'on les emporte. » Non seulement je n'ai jamais dit un tel mot, mais je n'ai pu le dire.

Je crois avoir toujours évité de comprendre dans un blâme ou dans une aversion générale des classes, des *catégories* entières, soit de nations, soit d'hommes et de personnes.

Comment l'aurais-je fait pour les enfants?

Je les ai d'ailleurs trop peu vus pour qu'ils m'aient jamais gêné. Je les considère déjà comme de petits hommes, des hommes en miniature; et cette misanthropie que je n'ai jamais appliquée aux hommes en masse, comment l'aurais-je pu réserver pour les seuls enfants?

Tout à vous.

CCLXXIX.

A M. EGGER.

Ce 21 novembre 1868.

Cher et savant confrère,

Je vous remercie bien du précieux cadeau. Je ne pourrai en goûter que par les bords, mais les miettes mêmes m'en seront précieuses. Je jouis déjà de me voir édifié sur le grand *grammairien Nicas*. Le passage sur Dübner est charmant de vérité et de sourire. Je rougis d'avoir usé de mon rôle de pis aller en cette circonstance et d'avoir fait comme si j'avais voix réellement au chapitre; mais la bonne intention et la nécessité sont mon excuse.

Tout à vous.

CCLXXX.

Ce 22 novembre 1868.

Monsieur[1],

Je vous remercie de votre agréable attention. Le mot : *Voilà bien du bruit pour une omelette au lard!* était un dicton en circulation depuis Des Barreaux ou tout autre à qui on l'a attribué; mais il est bien possible que l'*omelette* de madame Geoffrin ait donné idée, par une sorte de confusion assez naturelle, de lui en faire l'application. Ces propos de société

---

1. Sans nom de destinataire.

sont toujours plus ou moins obscurs pour ceux qui ne sont pas du temps et de la coterie même. Ce ne sont que des à peu près qui se transmettent; ce qu'il y a de plus léger et de plus vif dans ces plaisanteries de société ne survit pas et s'évanouit.

Veuillez agréer, monsieur, l'assurance de mes sentiments très obligés et les plus distingués.

CCLXXXI.

A M. LORÉDAN LARCHEY[1].

Ce 25 novembre 1868.

Cher monsieur,

Je vous remercie de votre bonne sympathie et de votre sentiment d'honnête indignation. Mon histoire avec M. M... est bien simple : il y a des années déjà, au début de mes *Nouveaux Lundis* au *Constitutionnel,* j'étais dans la boutique de Michel Lévy, il y était aussi, et, m'entendant nommer, il se jeta à ma tête. Compliments, avances, rien n'y manqua. Le lendemain, je recevais tous ses livres. Il est vrai que je n'ai jamais pu trouver l'occasion d'en parler. Cet ancien élève de l'École normale n'a rien de solide, il n'a rien gardé de sa première éducation et n'a aucun des mérites de ses autres camarades sécularisés et

---

1. M. Lorédan Larchey avait pris la défense de Sainte-Beuve dans *l'Impartial du Bas-Rhin* (du 23 novembre 1868) contre M..., qui avait insulté Sainte-Beuve dans un article du *Gaulois* (10 novembre 1868).

émancipés ; il est inexact, léger, parlant de ce qu'il sait peu, et, somme toute, ayant peu réussi à marquer sa place dans cette pléiade des About, Paradol, Weiss, Sarcey, etc. Un peu de mauvaise humeur est bien pardonnable, et je conviens avoir tout fait par mon silence pour la mériter.

Mais encore une fois, merci de prendre ainsi en main la cause de ceux qui vous paraissent attaqués injustement.

CCLXXXII.

A M. ERNEST RENAN.

Ce 30 novembre 1868.

Mon cher ami,

Dussé-je venir à la traverse du *Saint-Paul,* je ne crois pas être importun ni hors de propos en vous priant de joindre la lettre que je mets sous ce pli aux précédentes de M. Ritter, concernant le volume de Strauss projeté. Je ne verrai pas une seule fois Lévy sans le remettre à la question. Cette introduction de Strauss en France par un côté intime et imprévu est une dépendance et une partie de votre œuvre à vous-même. — Tout à vous.

Hommages à madame Renan.

CCLXXXIII.

A M. FÉLIX AUVILLAIN.

Ce 2 décembre 1868.

Je lis avec intérêt, monsieur, vos vers, vos soupirs de plainte et de tristesse. — Nous avons passé par cette même phase poétique et morale. C'est déjà commencer à guérir de son mal que de le chanter. Vos vers sont sincères et d'une harmonie qui est bien d'accord avec votre pensée. J'aime ce passage :

Quand le vent...

Il y a des faiblesses et des négligences, deux fois *aubépine* à la rime, par exemple; mais celui qui a chanté ainsi n'en restera pas là. Un exercice utile et doux serait de rechercher dans les poètes français, anglais ou italiens, des notes et des variantes d'une plainte plus ou moins pareille à la vôtre. Cette étude n'écarterait pas de la poésie et, en même temps, elle fortifierait votre veine. Au lieu d'être seul à chanter, et à pleurer, vous vous feriez un concert de tous ces chants, tantôt doux et tendres, tantôt lamentables et sublimes.

Croyez-en un ancien élégiaque, rien ne relève et ne console davantage.

Veuillez agréer l'assurance de mes sympathies dévouées.

CCLXXXIV.

A M. CALVERT[1].

Ce 2 décembre 1868.

Cher monsieur,

Oh! cette fois, je reçois bien décidément le très aimable et si bien étudié Portrait du *critique*. Comment exprimer comme je le sens ma gratitude pour tant de soin, d'attention pénétrante, de désir d'être agréable tout en restant juste? Il y avait certes moyen d'insister bien plus sur les variations, les disparates et les défaillances momentanées de la pensée et du jugement à travers cette suite de volumes. C'est toujours un sujet d'étonnement pour moi, et cette fois autant que jamais, de voir comment un lecteur ami et un juge de goût parvient à tirer une figure une et consistante de ce qui ne me paraît à moi-même dans mon souvenir que le cours d'un long fleuve qui va s'épandant un peu au hasard des pentes et désertant continuellement ses rives. De tels portraits comme celui que vous voulez bien m'offrir me rendent un point d'appui et me feraient véritablement croire à moi-même. Et quand je songe à l'immense quantité d'esprits auxquels vous me présentez sous un aspect si favorable et si magistral dans ce nouveau monde de tant de jeunesse et d'avenir, je me prends d'une sorte de fierté et de courageuse confiance, comme en présence déjà de la postérité.

Le mal auquel vous voulez bien vous intéresser est tout

1. Réponse à son article du *Putman's Magazine*.

simplement une hypertrophie de la prostate[1]. Les souffrances ne sont pas vives, mais l'incommodité est grande, ne pouvant supporter à aucun degré le mouvement de la voiture, ce qui restreint ma vie sociale à un bien court rayon.

Veuillez agréer, cher monsieur, l'assurance de ma cordiale gratitude et de mes sentiments les plus distingués.

CCLXXXV.

A M. TUCKERMANN, A NEW-YORK.

Ce 12 décembre 1868.

Cher monsieur,

J'ai été touché comme je le dois du témoignage si flatteur de votre bienveillance qui m'a été transmis par monsieur votre neveu. Je sais gré à la mémoire de mon ami Ampère de m'avoir en quelque sorte introduit auprès de vous. Il m'avait fait dès longtemps vous connaître de nom et vous apprécier de loin. Je puis aujourd'hui, grâce à vous et par l'intéressant volume que vous me faites lire, me rendre bien compte du mérite et du piquant de ces Essais si divers et dont chacun est ramené à une idée principale et juste. Votre champ d'observation est plus étendu que le notre à nous Français, ainsi qu'il convient à un critique qui, sur une aussi large base que votre libre Amérique et du haut de ce belvédère immense, embrasse et va choisir à son gré dans nos littératures d'Europe les individus et les types qui le tentent et qui lui conviennent. Cette galerie

1. L'autopsie a mis trois énormes pierres à découvert.

variée est pour moi d'un intérêt tout particulier, soit que j'y retrouve des figures de connaissance que j'ai traitées moi-même, soit que j'y rencontre des noms moins familiers et dont vous gravez à mes yeux la physionomie par le trait caractéristique. Un regret se mêle à mon plaisir, c'est de sentir que, malgré le désir et *l'appétit* intellectuel qui persiste, je suis au bout de ma recherche et de mon investigation curieuse et que je n'irai jamais visiter de près ceux avec qui j'aurais aimé à échanger des pensées amicales et des observations relatives à notre commun métier.

Veuillez agréer, cher monsieur, l'hommage de mes sentiments de haute distinction et de cordiale sympathie.

CCLXXXVI.

A M. ERNEST RENAN.

Ce 23 décembre 1868.

Cher ami,

Les correspondants de l'Académie sont-ils nommés? Bergmann[1] a-t-il encore une fois et décidément échoué? Excusez ma sollicitude pour un homme de mérite et de science que cette constance de refus afflige. Est-ce que M. Guigniaut n'y peut rien? Il est fait pour comprendre les vrais mérites, ceux mêmes qui ne portent pas précisément l'uniforme français.

Tout à vous.

1. M. Bergmann, doyen de la Faculté des lettres de Strasbourg et ancien ami de Proudhon, dont il a été déjà question dans ce volume.

CCLXXXVII.

A M. PAUL FOUCHER.

(1868 ou 1869.)

Mon cher et vieil ami,

Vous aviez bien raison de penser que ce volume de vous [1] m'intéresserait à bien des titres. Sans compter ce qui est de la littérature de tous les temps, j'y retrouve avec bonheur celle de notre temps à nous, de notre première jeunesse, et rendue par un témoin naïf, bien informé, non jaloux, ayant gardé de sa première flamme. Nous avons là un Vigny au naturel, un charmant Musset *avant la lettre*, — ou plutôt avec la lettre, car celle que vous citez de lui, de ce chérubin de seize ans, est adorable. Vous parlez de chaque nouveau venu à sa date, avec bon sens et avec chaleur, sans prévention et en le baptisant le plus souvent d'un nom heureux. Je reviendrai plus d'une fois à votre recueil, mon cher Paul, et je n'ai voulu aujourd'hui que vous dire ma première impression sur l'ensemble.

Tout à vous.

1. *Entre cour et jardin.*

CCLXXXVIII.

A M. COBET[1].

Paris, 5 janvier 1869.

Monsieur,

J'ai reçu, par les soins de M. Wescher, le Discours[2] que vous m'avez fait l'honneur de m'envoyer. Nulle attention ne pouvait m'honorer davantage. Je ne suis, en ces matières, qu'un amateur du dehors, mais qui cherche du moins à deviner et à saisir quelque chose de ce que savent et possèdent les maîtres. J'ai pris grand intérêt en vous lisant; et, à voir ce règlement de compte tout nouveau, cette balance que vous établissez d'une manière sûre dans cette vieille et éternelle querelle des Anciens et des Modernes, à suivre de l'œil la ligne de démarcation si hardie et si nette, par laquelle vous déterminez et confinez la vraie et belle Antiquité, je me suis fait une idée plus juste du caractère de cette critique délicate et ferme qui est la vôtre et que je pouvais moins apprécier dans les détails spéciaux de profonde érudition qui m'échappent trop souvent.

Veuillez agréer, monsieur, l'hommage de mes sentiments respectueux.

---

1. Professeur à la Faculté de Leyde.
2. *Oratio de monumentis litterarum veterum suo pretio æstimandis* (Leyde, 1864).

CCLXXXIX.

A M. ÉMILE DÉLEROT.

Ce 1ᵉʳ février (1869).

Je vous remercie, mon cher ami, de l'analyse si bien faite d'un livre indigne[1]. J'avais répondu à l'auteur que je sucerais la moelle quand un savant de mes amis aurait brisé l'os. Je ne suce plus rien du tout! Pouah!

Je vous remercie beaucoup cependant. Ce monsieur est un clerc de notaire: farce de basochien cochon du XVIᵉ siècle.

A vous de cœur.

CCXC.

A M. CONTI.

Ce 5 février 1869.

Cher collègue,

Si ma santé m'avait permis ces jours derniers d'aller au Sénat, je vous aurais prié de vouloir bien mettre sous les yeux de l'empereur la pétition ci-jointe, qui est d'un homme des plus honorables et des plus utiles dans son humble

---

1. Il s'agissait d'une sotte parodie allemande de *Faust*, pleine de ces ordures que les plaisants germaniques prennent pour des traits d'esprit. Ils croient être rabelaisiens: ils sont simplement dégoûtants. *(Note de M. Émile Délerot.)*

sphère. Je joins à la pétition une note fort exacte le concernant et qui ne dit rien de trop sur son mérite.

Si je sortais et si mon incommodité persistante ne m'interdisait absolument le mouvement de la voiture (ce qui limite nécessairement mes promenades dans le plus étroit rayon), j'aurais eu le plaisir de vous rencontrer et j'aurais aimé à causer avec vous d'une circonstance personnelle récente dont on a cherché à faire beaucoup de bruit et qui s'explique le plus naturellement du monde[1]. Ce que je puis dire, c'est qu'il y a eu bien de la légèreté et de l'inexpérience dans la mesure qui, en brisant les anciens cadres officiels, n'a pas su en créer de nouveaux dans les mêmes conditions. Et puis il y a dans la presse gouvernementale la plus favorisée des noms et des plumes qui font que quiconque se respecte désire en être le plus loin possible. Mais j'espère causer avec vous au Sénat quelque jour de ces choses plus commodément que je n'en écris.

Veuillez agréer, cher collègue, l'assurance de ma haute considération et de mes sentiments dévoués.

CCXCI.

A M. WILLIAM L. HUGHES.

Ce 19 février 1869.

Mon cher ami,

Je vous écris pour vous demander quantité de petits services. En qualité de badaud de Paris, je demande si la

---

[1] Le passage de Sainte-Beuve au *Temps*.

rue de Londres est *Dowing* street ou *Downing* street. — la maison de banque Baring s'écrit-elle bien ainsi? J'ai de plus un livre anglais, les Mémoires de M. Raikes, plein de détails curieux sur la fin de Talleyrand. Il y a quelques locutions curieuses et familières qui m'échappent ou dont je ne suis pas sûr pour la nuance du sens. Je voudrais bien vous consulter là-dessus. Voulez-vous que je vous l'envoie au ministère; ou serait-ce trop vous déranger que de vous demander de venir un des jours de la semaine prochaine?

Tout à vous.

Réponse prompte, s'il vous plaît, pour ce Dowing street.

CCXCII.

A M. PARENT DE ROSAN.

Ce 26 février 1869.

Monsieur,

Je ne saurais assez vous remercier de vos nouvelles attentions. Il y a quelques traits bons à recueillir dans ces lettres à M. le marquis de Giambone. J'ai connu ce dernier, et je le rencontrais quelquefois dans les salons de madame de Boigne et de madame de Châtenay. Si c'est de M. Théodore de Lameth que vous me parlez dans le *post-scriptum* de votre lettre, j'ai eu aussi le plaisir de causer quelquefois avec lui.

Il reste toujours un grand *desideratum* sur *notre* spirituelle comtesse de Boufflers, le moment et le lieu de sa mort. C'est à vous qu'il appartient de fixer ce point essentiel de sa biographie, comme vous avez fait pour tant d'autres circonstances intéressantes.

Veuillez agréer, monsieur, avec l'expression de ma gratitude, celle de ma considération la plus distinguée.

CCXCIII.

A M. JULES LOISELEUR,
BIBLIOTHÉCAIRE DE LA VILLE D'ORLÉANS.

Ce 26 février 1869.

Monsieur,

Je vous remercie d'avoir pensé à moi pour me faire lire vos deux savants mémoires [1]. C'est ainsi que la science historique se renouvelle et qu'elle se fonde de plus en plus dans ses parties solides, par une interprétation intelligente des documents authentiques. Vous ajoutez à l'histoire de Jeanne d'Arc et à la connaissance d'un moment à jamais mémorable dans nos annales françaises. Au milieu d'une discussion de nombres et de chiffres, vous n'oubliez pas le côté moral, et vos pages 146, 147, s'éclairent tout d'un coup d'un reflet.

Vous êtes bien indulgent pour ces articles si abrégés et si incomplets nécessairement, où je ne puis indiquer que des traits principaux : c'est un livre qu'il faudrait faire

---

1. *Mazarin et le duc de Guise.* — *Comptes des dépenses faites par Charles VII pour secourir Orléans pendant le siège de 1428.*

sur Talleyrand, et on attendra probablement, pour l'écrire,
que ses Mémoires aient paru.

Veuillez agréer, monsieur, l'assurance de mes sentiments
très distingués et dévoués.

CCXCIV.

A M. NEFFTZER, RÉDACTEUR EN CHEF DU *TEMPS*.

Ce 8 mars 1869.

Mon cher ami,

Je serais bien désolé de vous occasionner, ainsi qu'au
Journal, un désagrément : évidemment le procès serait une
vengeance (sous forme détournée)...

J'ai fait mes articles [1] sans prévention ni parti pris,
reconnaissant les parties agréables et supérieures de l'homme.
Que si pourtant on veut la guerre, on l'aura. Je suis en
mesure de traiter le point délicat, la participation de Talleyrand dans le meurtre du duc d'Enghien. Je n'ai pas
seulement des paroles de tradition, j'ai des textes : j'ai de
plus (chose singulière !) une lettre expresse à ce sujet que
m'a écrite, après mon premier ou mon second article,
M. Troplong lui-même [2]. Enfin, au premier mot de décla-

---

1. Les articles sur *Talleyrand*, qui paraissaient alors dans *le
Temps* et qui ont été recueillis depuis dans les *Nouveaux Lundis*,
t. XII.

2. Voici cette lettre de M Troplong :

« Palais du Petit-Luxembourg, le 3 février 1869.

» Mon cher collègue,

» Je regrette bien d'apprendre par votre bonne lettre que
l'état de votre santé nous prive de votre présence et vous retient
chez vous. Mais heureusement qu'il sort de votre studieuse

ration de guerre, je vous propose de vous donner un supplément d'article où je traiterai ce point : « M. de Talleyrand était certainement vénal et corrompu : mais est-il vrai que, dans sa longue carrière, il n'ait fait de mal à personne ? »

Et en avant !

Tout à vous.

P.-S. — Dieu nous garde, si un intérêt majeur pour eux y est engagé, de la douceur des corrompus !

CCXCV.

A M. LE COMTE A. DE CIRCOURT.

Ce 12 mars 1869.

Cher monsieur,

Votre suffrage m'est toujours précieux, et il me l'est cette fois plus encore, s'il est possible, qu'en d'autres circonstances, eu égard à la qualité du sujet sur lequel, à

prison des morceaux littéraires que recherchent tous les gens de goût. J'ai lu vos deux derniers articles sur ce *bon sujet* de Talleyrand, comme disait M. de Maistre dans ses lettres. Vous avez parfaitement raison quand vous inclinez vers l'opinion qui le regarde comme un des instigateurs de l'arrestation et du meurtre du duc d'Enghien. Au témoignage de M. de Meneval, que vous opposez au livre de M. Bulwer, on peut joindre celui de M. Rœderer (*Mémoires*, t. III, p. 541). Il y a aussi un ouvrage qui jette beaucoup de jour sur cette affaire, c'est celui de M. de Nougarède, intitulé : *Recherches sur le procès et la condamnation du duc d'Enghien* (2 vol.). Ces documents mettent dans la plus grande lumière l'imposture de M. de Talleyrand voulant dégager sa responsabilité de ce fatal événement.

» Mais je m'aperçois que je porte de l'eau à la fontaine, tandis que je ne veux que vous offrir tous mes sentiments empressés de bon et dévoué collègue.

» TROPLONG »

tous les titres, vous êtes un juge si compétent. Ce *Talleyrand* a eu bien de la peine à passer au gosier de certaines gens du monde : il y a eu des arêtes : nous sommes un peuple si réellement léger, si engoué de ses hommes, si à la merci des jugements de société, que l'histoire, pour commencer à se constituer, a souvent besoin de nous arriver par l'étranger...

CCXCVI.

A M. ÉMILE DÉLEROT.

Ce 21 mars 1869.

Mon cher ami,

Je me suis mis à ramasser tout ce que je puis de témoignages sur madame de Staël. Si vous en rencontrez, je me recommande à vous. Je parle des témoignages allemands ou du Nord. J'ai celui d'OEhlenschlœger dans son autobiographie. J'aimerais à avoir, plus exactement que je ne l'ai eu, ce qu'en dit Zacharias Werner, dans une lettre de 1809, au conseiller Schneffer. Si j'étais plus jeune, j'entreprendrais un ouvrage, pendant de mon *Chateaubriand*, et qui aurait pour titre et pour sujet : *Madame de Staël et son groupe littéraire*. Mais je fais comme les gens qui ont une gastrite et qui rêvent des festins de Gargantua.

Je vous prie d'offrir mon hommage respectueux à madame Délerot et je suis

Tout à vous, mon cher ami.

CCXCVII.

A M. VENCESLAS.

Ce 23 mars 1869.

Monsieur,

Vous êtes un avocat excellent, et dans une très belle cause. Aussi, en applaudissant à votre noble effort, ce n'est qu'une excuse personnelle que je viens vous présenter. Ma santé m'interdit toute extension de soins et de travail : je suffis à peine à m'acquitter du strict nécessaire.

Les patronages ne me vont pas; je suis moi-même un ouvrier dans mon genre, et, tout en m'intéressant aux travaux d'autrui, il ne m'appartient pas de paraître y présider. L'espèce de prosélytisme même, qui peut inspirer un tel rôle, me fait, je le crains, un peu défaut. Je laisse aux Michelet et aux Quinet ce genre d'ardeur et d'initiative que je leur envie. Je serai certes un de vos lecteurs autant que je pourrai l'être. J'ai connu en effet l'illustre Mickiewicz : j'ai lu autrefois, dans *la Revue des Deux Mondes*, les généreuses productions du poète *anonyme*, et j'en ai admiré l'inspiration autant que me l'ont permis mon incertitude et mon ignorance dans les choses du Nord et de ce lointain orient de l'Europe. J'ai trop été, je le sens, un critique casanier.

Veuillez agréer, monsieur, l'hommage de mes sentiments de considération et de respectueuse sympathie.

CCXCVIII.

A UN COMPATRIOTE.

Ce 28 mars 1869.

Cher compatriote,

J'ai été bien long à répondre à votre aimable souvenir ; c'est que j'étais et suis resté souffrant.

Cette découverte d'une société littéraire, à Boulogne, en 1779, est une curiosité. Je ne suis pas étonné que mon père ait été l'un des promoteurs : il était essentiellement littéraire ; et tous ses livres, couverts de notes à la marge, déclarent ses goûts.

Je n'ai plus besoin de rectifications pour ce *de*, ayant fait réunir les titres de rente qui me venaient de ma mère avec ceux de mon chef, moyennant un acte notarié constatant l'identité.

Continuez de travailler, mon cher ami ; c'est la meilleure façon d'occuper les heures de santé, comme celles de langueur.

Tout à vous.

CCXCIX.

A M. CHARLES NOLET, A TOULOUSE.

Ce 4 avril 1869.

Monsieur ;

Il est difficile par lettre de traiter un pareil sujet : *l'Influence de la presse périodique sur notre littérature contemporaine.*

Je pense que vous entendez par *presse périodique* nos revues et même nos journaux. Vous trouverez dans *l'Histoire de la presse* de M. Hatin les indications bibliographiques. Selon moi, cette influence est récente. Avant *la Revue de Paris* et *la Revue des Deux Mondes* (car je ne parle que de la France), il n'y avait guère d'influence ni d'action. *La Mercure* n'a jamais guère compté. *La Décade*, la *Revue encyclopédique* n'étaient que des recueils de notices. Mais, avec les revues modernes, la littérature dans ses cadres a changé. Beaucoup de livres ne se sont plus faits que par des articles successifs, dans les revues, de même que, pour les romans, l'insertion par feuilletons successifs dans les journaux a dû changer leur caractère et leur mode de composition. En bien ou en mal, le talent des auteurs s'en est ressenti.

Une collection complète de *la Revue des Deux Mondes* dès l'origine vous aiderait à préciser vos remarques. Je vous avouerai pourtant que je vois peu là dedans de quoi faire le fond et le corps d'une *thèse* proprement dite. J'y verrais plutôt la matière d'un article de revue. Mais vous avez sans doute plus songé que moi aux ressources et aux considérations auxquelles peut prêter un pareil sujet, envisagé dans son étendue.

Veuillez agréer, monsieur, l'assurance de mes sentiments très distingués.

CCC.

A M. JULES DOINEL, BIBLIOTHÉCAIRE A NIORT.

Ce 4 avril 1869.

... Votre jugement sur Alfred de Vigny se rapproche un peu de celui que j'ai eu au commencement et à la fin. On doit reconnaître toutefois que de Vigny avait l'imagination noble, élevée, la conception grandiose, bien que l'exécution chez lui fût presque toujours précieuse. Son *Cinq-Mars* est faux : c'est un roman historique à l'usage des dames du faubourg Saint-Germain de 1827; les jeunes femmes de ce monde en raffolaient. L'auteur n'a jamais reconnu qu'il s'était trompé; il avait le don de voir faux en histoire, quoique cependant il sût dégager du spectacle des événements des pensées élevées ou délicates. Le cœur n'a pas grand'chose à faire avec lui.

CCCI.

Ce 4 avril 1869.

Cher monsieur[1],

On me dit que je ne paraîtrai pas trop importun de venir vous écrire et pour la personne même que vous avez déjà

---

1. Sans nom de destinataire.

introduite dans l'administration, protégée et avancée jusqu'à ce jour. Il s'agit de Chivot, qui est entré à l'administration grâce à vous, il y a quatorze ans déjà. Ses services, vous les connaissez mieux que personne, puisque c'est auprès de vous, au Secrétariat, qu'il a été pendant plus de trois ans. Il a eu, il y a deux ans, une mission en Égypte, et je crois qu'il a justifié la confiance qu'on avait mise en lui. Il aspire maintenant à monter d'un degré et à la place de sous-chef.

J'en ai trop dit et je veux surtout, cher monsieur, vous remercier de tout ce que vous avez fait, en ma considération, dès le principe et vous dire que j'en suis toujours reconnaissant. Ma mauvaise santé, qui me retient dans la chambre, ne me permet plus d'espérer les chances de vous rencontrer quelquefois. Cette privation même ne fait que graver les souvenirs.

Veuillez agréer, cher monsieur, l'assurance de mes sentiments de haute considération et de dévouement.

CCCII.

A M. BUISSON, AGRÉGÉ DE PHILOSOPHIE, A NEUCHATEL (SUISSE).

Paris, 6 avril 1869.

Monsieur,

Je me tiens pour très honoré de votre appel. J'ai déjà répondu à l'une de vos amies, madame Beck-Bernard (de

Lausanne), à ce même sujet[1]. Personnellement et à n'interroger que mes seuls sentiments individuels, je ne puis que souhaiter plein succès à votre entreprise : mais, au point de vue de la doctrine et de l'idée même, j'ai une objection insurmontable. Votre *christianisme libéral*, expression dont on a déjà tant usé et abusé en France dans le parti *Lamennais-Lacordaire-Montalembert*, est matière à confusion. Vous semblez admettre comme chose convenue et incontestable que l'Évangile et la morale du Christ est l'idéal auquel se rallieraient tous les esprits dissidents. Mais, je vous en demande bien pardon, cela n'est pas. Quantité de vrais philosophes et de sages ne trouvent pas que le Sermon sur la montagne soit le code le plus parfait de morale; il renferme à leur sens trop de pieuse folie et de divin ou d'humain délire. J'en puis parler d'autant plus à mon aise que, personnellement, et par ma propre sensibilité, je pencherais volontiers du côté de cet admirable Sermon ; mais d'autres plus sévères et plus raisonneurs résistent et veulent plus de logique jusque dans la morale. Ainsi ce ne serait qu'à l'aide d'un malentendu ou d'un sous-entendu que cette partie considérable de libres penseurs, honnêtes gens, adhérerait à votre programme.

Veuillez agréer, cher monsieur, avec mon excuse pour ma raison récalcitrante, l'assurance de mon affectueux respect.

---

[1]. Voir tome II de la *Correspondance*, page 360 (lettre à madame ***, datée du 18 mars 1869).

CCCIII.

A M. HARMANT, DIRECTEUR DU VAUDEVILLE.

Ce 10 avril 1869.

Monsieur,

C'est une grande présomption à moi de venir m'adresser à vous pour une pièce de théâtre qui m'a intéressé à la lecture, qui m'a paru rentrer dans le cadre de ces pièces passionnées et vraiment modernes que votre théâtre a le privilège de faire réussir. Je sais et je me suis dit toute la différence qu'il y a entre un jugement formé dans un fauteuil et celui d'un lecteur qui se met au point de vue de la rampe. Malgré tout, l'auteur de la pièce, qui me paraît avoir fort étudié les procédés scéniques, pourrait bien avoir réussi du premier coup et sauf les conseils que la mise en œuvre suggère nécessairement. Oserai-je appeler toute votre attention sur la lecture du manuscrit et vous prier de recevoir et d'entendre l'auteur, qui est de mes bons amis, homme d'esprit et d'art, — de plusieurs arts, — qui a fort étudié surtout certains côtés plastiques trop négligés peut-être au théâtre et qui peuvent avoir leur nouveauté? il sera auprès de vous le meilleur interprète de son ouvrage.

Et maintenant il ne me reste, monsieur, qu'à vous prier de vouloir bien agréer mes excuses avec l'assurance de ma haute considération.

CCCIV.

A M. EDMOND BIRÉ[1].

Ce 19 avril 1869.

Monsieur,

Je parcours avec empressement et intérêt votre volume. Personnellement, j'ai à vous remercier de vos remarques et des paroles dont vous les accompagnez. J'aurais bien quelque objection à faire sur l'idée générale du livre. Vous avez voulu, avant tout, réfuter le tableau qu'avait tracé Victor Hugo de l'année 1817. Je ne crois pas que Hugo ait voulu systématiquement être malveillant, et l'idée générale de ses pages me paraît autre. Moi aussi, j'ai vu l'année 1817, et je m'en souviens. Mettez, si vous voulez, 1816 ou 1818, on n'en est pas à quelques mois près ; mais ce qui est certain, c'est que, de quelque point de vue qu'on prenne la Restauration, le caractère de ce régime n'était point encore prononcé et tranché à cette date. Il y avait amalgame, mélange, tâtonnement ; la forme nette n'était pas encore *désengaînée*. Il y a dans l'âge de l'homme et de l'enfant un certain moment de transition qu'on appelle *l'âge bête*. Eh bien, l'an 1817 répondait assez fidèlement, pour ce régime, qui eut son éclat et tout son développement heureux vers 1828, à ce premier âge intermédiaire et

---

1. Auteur d'un livre qui parut en 1869, *Victor Hugo et la Restauration*, et que Sainte-Beuve a déjà réfuté dans le tome XI des *Nouveaux Lundis*, à la suite d'un article sur le poète Charles Loyson.

gauche. Je me figure que c'est cette idée qui a inspiré les pages de Hugo. Quant aux détails inexacts, vous avez bien fait de les relever ; toute erreur appelle sa rectification.

Je réimprime en ce moment mes *Portraits contemporains*. Deux premiers volumes de cette réimpression paraîtront à la fois. Dans le premier, où j'ai placé tout ce que j'avais écrit sur Victor Hugo, vous verrez une note sur le mot d'*enfant sublime*. Je suis persuadé et convaincu que le mot a été dit par Chateaubriand ; après m'être assuré, comme vous, qu'il ne se trouvait point dans une note du *Conservateur littéraire*, j'en suis venu à penser que c'était en causant avec M. Agier, que Chateaubriand l'avait dit, et M. Agier l'aura répété et l'aura même imprimé dans quelque article de *la Quotidienne* ou de quelque autre journal royaliste. La grimace que faisait Chateaubriand et sa dénégation quand on lui rappelait le mot, ne prouvent rien que sa variation de sentiments à l'égard de Hugo.

Veuillez agréer, monsieur, l'assurance de ma considération la plus distinguée.

CCCV.

A M. GUSTAVE REVILLIOD.

Paris, ce 20 avril 1869.

Cher monsieur,

Je n'ai cessé de penser à vous pendant ces articles[1]. Ce dernier *Recueil*, et qui a paru à quelques bons juges le

---

1. Les articles du *Temps* sur *Madame Desbordes-Valmore*.

plus original de madame Valmore, on vous l'a dû ; et c'est de Genève que nous sont revenus ces chants du *cygne* de notre Philomèle.

Hippolyte aura à préparer lentement, avec tous les trésors épistolaires qu'il a entre les mains, un dernier volume qui peut surpasser en intérêt et en puissance sympathique tous les autres. Je ne fais que poser un jalon et indiquer le rivage. L'effet produit par ces feuillets déchirés et déchirants m'est un garant du succès qu'aurait un ensemble et un faisceau rassemblé à loisir.

Il me reste encore à écrire un dernier article où je réunirai les témoignages, et il m'en vient de partout.

Veuillez agréer, cher monsieur, l'assurance de mes sentiments dévoués.

CCCVI.

A M. CHARLES CORAN [1].

Ce 23 avril 1869.

Cher poète,

Je deviens lent à tout. Je voulais vous écrire dès longtemps et vous répondre depuis bien des jours. Non, vos *Dernières Élégances* ne sont pas une erreur : c'est un recueil charmant, distingué, renfermant des pièces d'une grâce et d'une coquetterie infinies, dans lesquelles le rythme a des inventions et des harmonies aussi hardies qu'heureuses, témoin la pièce qui a titre *Ombres portées*. Le seul inconvénient est d'avoir affaire à un public absent ou du moins dispersé, qui aurait besoin, pour être averti, de quelque

1. Auteur des *Dernières Élégances*.

coup de tam-tam immense. Votre recueil ne s'adresse qu'aux poètes, et les nouveaux en ce moment sont trop préoccupés d'eux-mêmes pour sortir de leur cercle. Il aurait fallu, pour les piquer, recommencer par quelque nouveauté ou bizarrerie à leur usage. Je voudrais que le cours de mes études, qui m'est le plus souvent imposé par les circonstances, me procurât l'occasion de dire quelques-unes de ces choses.

Tout à vous.

CCCVII.

Ce 23 avril 1869.

Cher confrère [1],

Que je voudrais pouvoir espérer que vous, Augier et moi fissions la même chose à l'élection du 29! Si vous consentiez (sans mot dire) à ce qui vous a été suggéré (je le sais), à ce que vous devinez bien, à ce que, moi-même, je suis déterminé à faire, l'élection de Th... [2] me paraîtrait assurée. Laissons nos autres amis faire à leur manière, laissons dire, il nous suffirait de ne parler qu'au scrutin.

Tout à vous.

P.-S. — Je ne me permets de vous écrire de la sorte qu'après avoir été fort sollicité. Mais c'est tout à fait ma pensée.

1. Le nom du destinataire s'est perdu.
2. Théophile Gautier. — On a raconté, dans Souvenirs et Indiscrétions, les détails de cette journée académique du 29 avril 1869, où Théophile Gautier échoua, malgré les efforts de Mérimée et de Sainte-Beuve. Cette élection tenait à cinq voix que ses amis refusèrent à MM. Duvergier de Hauranne contre M. de Champagny.

CCCVIII.

A M. TÉTARD.

Ce 5 mai 1869.

Cher monsieur,

J'ai lu avec plaisir votre joyeuse comédie-vaudeville. C'est gai, c'est franc et spirituel. Si on jouait cela exactement comme vous l'avez fait et avec verve, cela certainement amuserait. Mais le père dupé par les coquins d'amants, — et la chanson *Toujours ! toujours !* — et le portrait-croquis ressemblant du peintre, notre contemporain, — la morale et la bienséance scéniques permettraient-elles rien de cela, je ne dis pas à Duquesnel, mais à La Rochelle? « Le sel est un peu gris et un peu gros! » diront les chipies. — Oui, mais c'est du sel.

Tout à vous.

CCCIX.

A M. CHARLES RITTER.

Paris, ce 5 mai 1869.

Cher monsieur,

J'aurais dû vous remercier depuis longtemps. Je l'ai fait du moins dans un certain sens, en poursuivant de mon mieux ce travail qui vous avait agréé. Les facilités que m'a données la famille, et ce libre consentement de tout dire et de tout produire, m'ont permis, cette fois, de pousser la biographie à ses dernières limites et d'atteindre au vif. Je crois et j'espère que cette douce et tendre figure de madame

Valmore y gagnera en durée comme en ressemblance et qu'on ne pourra plus l'oublier. Travaillez ferme, cher monsieur, et dotez-nous d'un Strauss moral, vivant, et que, lui aussi, on ne puisse plus l'oublier. — Renan va nous donner son *Saint Paul.*

J'ai eu le plaisir dernièrement de causer Suisse et Genève avec M. Adert, venu à Paris.

Veuillez agréer, cher monsieur, l'assurance de mes sentiments dévoués.

CCCX.

A M. VALMORE[1].

Ce 6 mai 1869.

Cher monsieur,

C'est à moi à vous remercier de m'avoir procuré l'occasion et les moyens de présenter ainsi *l'intérieur* de cette charmante et pathétique figure. Bien peu de familles auraient eu, comme vous, cette manière élevée et noble de penser et de sentir, qui met la plus grande gloire d'une personne si chère, dans l'expression la plus intime de la vérité.

Vous et votre excellent fils[2], vous êtes pour moi, à cet égard, des modèles, et tels que je n'en ai pas rencontré deux fois dans ma carrière de critique littéraire et de biographe. J'espère que le public vous en récompensera par l'admiration plus tendre qu'il accordera — qu'il a déjà accordée à cette nature unique de femme poète.

Tout à vous de mon plus affectueux respect.

---

1. Après les articles sur madame Desbordes-Valmore (*Nouveaux Lundis*, t. XII).
2. M. Hippolyte Valmore.

CCCXI.

A M. ***

Ce 14 mai 1869.

Monsieur,

Je ne doute pas que les Rangeardières n'appartiennent encore aux Pavie. Je le demanderai à la prochaine rencontre à M. Victor Pavie ou à son fils. Ce sont d'aimables et pieuses gens qui ont et qui comprennent le culte des souvenirs. Tout ce que vous leur demanderiez de renseignements serait accueilli par des cœurs amis. J'ai gardé de ce lieu champêtre un doux souvenir comme de l'une des journées de soleil de ma jeunesse. Quoique les vers m'aient depuis longtemps abandonné, et que ce que j'appelais un peu orgueilleusement mon *chant* soit éteint, il y a beaux jours, les sentiments qui m'inspirèrent me sont toujours présents, ne fût-ce que comme regrets; et ceux qui, comme vous, daignent m'y reporter en idée sont sûrs de toucher en moi une fibre toujours vivante.

Veuillez agréer, monsieur, l'assurance de ma considération très distinguée.

CCCXII.

A M. JULES DOINEL.

Ce 15 mai 1869.

Cher monsieur,

Je conçois autant et plus que personne la contrariété et la fluctuation des sentiments en ce qui touche ces matières métaphysiques ou religieuses, car, moi-même, j'y ai passé : toute ma jeunesse n'a été qu'une longue recherche et un long doute. Je ne crois pas qu'il y ait des livres qui guérissent cela. L'essentiel est, ce me semble, de n'obéir dans cette voie qu'à ses propres inclinations, à sa propre maturité. Il vient un moment où l'on suspend son nid quelque part, et, quoiqu'il puisse encore trembler quelquefois, on a chance de s'y habituer avec le temps et d'y rester. — Pour ce qui est de l'étude et de la lecture, je crois que, pour qu'elle profite, il faut qu'elle ne soit pas trop facile et qu'elle donne un peu de peine. Puisque vous aimez les poètes, j'aimerais à vous voir lire et chercher des poètes dans une autre langue, en anglais par exemple. Il y a là la plus riche, la plus douce, la plus saine et la plus neuve littérature poétique : en deux ou trois ans, on peut en être maître, et alors on a pour toute sa vie des trésors de poésie domestique, morale, une poésie d'affection et d'imagination. La Correspondance des poètes recueillie après leur mort forme aussi une suite de lectures charmantes. J'ai un ami à Troyes qui vit dans un grand jardin, seul, avec sa femme, depuis des années, et qui n'a pas encore épuisé cette source intellectuelle et sensible de jouissances. — Nos poëtes français sont trop vite lus; ils sont trop légers, trop mêlés, trop corrompus le plus souvent, trop pauvres d'idées, même quand ils ont le talent de la strophe et du vers, pour attacher longtemps et pour occuper un esprit sérieux.

Comme je suis un homme souffrant et vite fatigué, vous me permettrez, cher monsieur, de ne pas vous en dire plus long aujourd'hui! J'offre à vous et à madame Doinel mes affectueux hommages.

CCCXIII.

A M. C. COIGNET [1].

Ce 20 mai 1869.

... Il était impossible de rendre compte de ces gros volumes avec plus de bienveillance, de clarté, et en extrayant, soit pour les doctrines, soit pour les personnes, tous les traits caractéristiques. Le jansénisme, dans le sixième et dernier article, est jugé en lui-même d'une manière définitive dans ce qu'il a d'étroit et de petit, mais aussi en ce qu'il a de respectable aux yeux du philosophe, et je vous envie la forme de la conclusion toute dernière où vous ren-

1. Réponse à ses articles sur *Port-Royal*, publiés dans *la Morale indépendante* des 9, 16, 23, 30 août, 6 et 13 septembre 1868.

dez hommage à ces « ouvriers austères et courageux, qui, semblables à bien d'autres dans l'histoire, ont manqué le but qu'ils voulaient atteindre pour arriver à celui qu'ils ne visaient pas ».

CCCXIV.

A M. CHARPENTIER.

Ce 23 mai 1869.

Je sépare l'ami de l'éditeur, et c'est cet ancien ami que je prends pour intermédiaire auprès de mon éditeur même, ne prétendant lui demander que ce qu'il trouvera strictement juste.

Malgré le chiffre élevé du tirage, la rétribution reste infiniment petite, ce qui fait qu'il est permis de mettre en ligne de compte ce qui doit la grossir un peu [1].

J'ai dû revoir toutes les épreuves de ce volume, et c'est un soin assez long. Je l'eusse fait sans doute dans tous les cas et pour moi-même. Il n'est pas moins vrai que tous mes éditeurs (Garnier, Michel Lévy) ont l'habitude de me tenir compte de ce travail à chaque réimpression de volume dont ils sont en tout ou en partie propriétaires.

Enfin, je joins à cette sixième édition un appendice des plus curieux qui ne se lit si couramment que parce que j'ai mis beaucoup de temps et de soins à l'assembler, à le digérer, à le rendre facile sans rien modifier toutefois

---

1. Il s'agissait de la dernière édition du roman de *Volupté*.

dans les textes, ni sans rien ajouter, mais en y apportant toutefois un certain goût caché dans la manière de présenter, d'extraire et de choisir. Mon éditeur m'a dit à ce propos que cela ne lui ferait pas vendre un exemplaire de plus. J'aime à croire qu'il se trompe, mais je ne puis comprendre qu'un homme d'esprit et qui ne voit pas dans la littérature un pur commerce, puisse invoquer cet ordre d'argument en présence de textes d'une aussi haute valeur littéraire que ceux de Chateaubriand, George Sand, etc.

Mais, encore une fois, je laisse l'ancien ami dire tout cela à mon éditeur, et je lui serre cordialement la main.

CCCXV.

A M. E. BENOIST
PROFESSEUR A LA FACULTÉ DES LETTRES DE NANCY.

Paris, ce 16 juin 1869.

Cher monsieur,

Je reçois le tome II de votre beau *Virgile*. J'avais déjà lu par extraits votre Introduction. Je me sens bien honoré de la part que vous m'y avez faite dans la discussion [1]. Vous avez bien fait de ne pas suivre mon conseil : je vois que votre commentaire est de plus en plus simple, sévère, essentiel, et surtout critique. Vous aviez dans le pre-

---

1. Voir E. Benoist, *Œuvres de Virgile*, t. II, Introduction.

mier volume quelques digressions qui m'avaient donné l'idée qu'on pourrait y en adjoindre quelques autres. Mais ces jeux d'amateur n'étaient point votre fait et vous êtes rentré plus que jamais dans le vrai de la bonne méthode [1].

J'ai été désolé d'avoir pu manquer d'égards, sans m'en douter, envers ce maître et arbitre des virgiliens, Wagner. Je viens de lui écrire à Dresde pour m'excuser. Veuillez, si vous lui écrivez, lui dire que je réparerai ma faute à une prochaine réimpression.

Me permettrez-vous une observation ? c'est au sujet de votre ponctuation et du sens qu'elle entraîne, au livre II de l'*Énéide*, vers 433. Je ne consulte que l'oreille et le courant naturel du sens, et je mets la virgule après *Danaum*. *Manu* veut dire *par mon courage*. Je ne croirai jamais que Virgile ait laissé ce *Danaum* en l'air pour attendre *manu* à huit mots de distance. *Tela* va très bien avec *Danaum*, et *vices* est un de ces mots vagues qui viennent par redoublement ; le *Danaum* enjambe par-dessus et va rejoindre *tela* par attraction et entraînement [2].

---

1. Sainte-Beuve avait d'abord exprimé le désir (Voir *Nouveaux Lundis*, t. XI, p. 197) de voir se conserver dans les éditions françaises de Virgile, indépendamment de la partie philologique, une certaine part de critique littéraire admirative, et aussi « quelques accessoires historiques qui fissent ornement ». M. Benoist s'empressa, dès le début du second volume de son *Virgile*, de discuter cette opinion et développa les raisons qui l'empêchaient de s'y ranger. Avec une absence de parti pris et d'entêtement bien rare, Sainte-Beuve le félicite de n'avoir pas suivi son conseil. (G. L.)

2. Il importe pour l'intelligence de cette intéressante discussion, qui montre Sainte-Beuve philologue, de rappeler les vers

Excusez mon impertinence, mais en ceci j'obéis à un sens intime d'homme qui était né pour faire des vers latins.

Agréez, cher monsieur, tous mes compliments, remerciements et laissez-moi ajouter, mes amitiés.

CCCXVI.

AU MÊME.

Ce 29 juin 1869.

Cher monsieur et ami,

Je prends acte de tous vos excellents arguments. Vous me direz si les quelques philologues qui comptent dans notre Université rendent les armes sur la virgule de ce *Danaum*.

Aujourd'hui, je viens vous prier d'une chose. J'ai écrit pour m'excuser auprès du respectable Wagner, qui a bien

---

auxquels il fait allusion. Il tenait pour la ponctuation généralement acceptée en France :

> Testor in occasu vestro nec tela nec ullas
> Vitavisse vices Danaum ; et, si fata fuissent
> Ut caderem, meruisse manu.

M. Benoist, au contraire, avec le philologue hollandais Peerlkamp et toute l'école allemande, mettait un point et virgule après *vices* et rapportait *Danaum* à *manu*. Il crut devoir maintenir une opinion qui, à défaut de l'harmonie et de l'oreille invoquées par Sainte-Beuve, avait pour elle la grammaire et la métrique. Sainte-Beuve tient bon lui aussi ; il reviendra vivement à la charge dans sa lettre du 9 juillet. (G. I..)

voulu me répondre par une belle lettre en latin. Mais j'aimerais à savoir les propres termes de sa plainte pour pouvoir poser l'appareil à l'endroit juste en réimprimant. Je vois bien que je lui ai trop retiré en le présentant comme simple annotateur à la suite de Heyne : pourtant c'est bien ainsi qu'il s'est présenté. Le cinquième volume qui donne son texte à lui est-il donc le point de départ d'une nouvelle revision critique ? Je ne pourrais, sans bouleverser tout mon article, introduire dans le texte que quelques modifications, mais je compte bien lui faire large part et faire amende honorable dans une note. Si j'avais sous les yeux le texte de son grief, elle en serait meilleure [1].

Pardon de tout ce soin et croyez-moi, cher confrère en Virgile,

Tout à vous.

P.-S. — J'aurai cette semaine, par Klincksieck, l'édition *parabilior* que vous m'avez indiquée.

---

[1]. Dans l'article consacré au tome Ier du *Virgile* de M. Benoist (*Moniteur universel* du 2 décembre 1867), Sainte-Beuve avait écrit d'abord : « Wagner, en donnant la quatrième édition du *Virgile* (de Heyne) et en se permettant d'y indiquer quelques corrections et d'y ajouter çà et là des perfectionnements... » Wagner se plaignit avec quelque dépit dans une revue allemande de la part assez mince qui lui était faite dans l'œuvre commune des éditeurs de Virgile. Sainte-Beuve s'empressa aussitôt d'écrire au vénérable doyen de la philologie allemande, pour s'excuser d'un manque d'égards involontaire (voir lettre du 16 juin 1869) et dans la réimpression de son article, au tome XI des *Nouveaux Lundis,* il modifia (page 178) la phrase citée plus haut, en y ajoutant une note qui rendait pleine justice à « l'arbitre des virgiliens ». C'est une preuve, ajoutée à tant d'autres, des scrupules de Sainte-Beuve en matière de critique et de son désir d'exacte justice. (G. L.)

CCCXVII.

A M. OCTAVE PIRMEZ.

Paris, ce 30 juin 1869.

Monsieur,

Je vous remercie d'avoir pensé à moi pour me faire lire vos *Jours de solitude*.

C'est toute une jeunesse, toute une vie, — toute celle du moins qui mérite *d'être vécue* et *qu'on s'en souvienne*.

J'ai repassé avec vous sur bien des traces d'autrefois.

Je vous ai suivi (comme si je me souvenais moi-même) dans les beaux lieux que vous avez parcourus et où vous avez recueilli et semé bien des rêves.

C'est tout un cycle, naturel et poétique tout ensemble. Vous avez fait l'histoire de bien des pèlerinages et de bien des cœurs.

La philosophie de Marc-Aurèle, qui couronne cette tristesse sereine, est une belle conclusion.

Heureux qui peut y habiter en paix, assez près et assez loin des hommes!

Veuillez agréer, monsieur, l'assurance de mes sentiments les plus distingués et de mes sympathies.

CCCXVIII.

A M. DE SAINT-GENIS.

Paris, 3 juillet 1869.

Cher monsieur,

Vous m'aurez excusé; toujours souffrant, avec cela engagé dans un travail périodique, je manque à bien des devoirs et à des plaisirs : c'en eût été un pour moi de vous avoir déjà félicité de votre deuxième volume, sur lequel je me rencontre tout à fait de sentiment avec notre ami M. Lallier.

Vous faites bien de détacher ce portrait du plus aimable des saints[1] : je l'ai beaucoup étudié autrefois, et je pense que vous ne le surfaites en rien. Si quelqu'un a jamais reçu un don, c'est lui bien visiblement : il avait *l'attrait*, et le charme qu'il répandait alentour était irrésistible. La Savoie doit l'aimer entre tous, car, lui-même, il la fait aimer et il la représente en ce qu'elle a de plus naïf, de plus fin, de plus riant, de plus cher aux âmes poétiques et tendres. Vous avez très bien remarqué qu'il avait l'amour de la nature, mais de telle façon et à tel degré, qu'on ne sait trop si c'est la nature qui l'a mené à la charité ou la charité à la nature. Comme son doux et puissant Maître le Nazaréen, il avait le don des symboles; tout ce qu'il voyait autour de lui lui parlait et il traduisait, lui aussi, ce langage en paraboles. Il allait évangélisant. C'est comme cela qu'on les voudrait tous, et, quoiqu'il n'ait été ni fade ni

---

1. Saint François de Sales.

mou dans sa douceur, on s'accommoderait de semblables adversaires, mieux encore quelquefois que de certains amis. Que j'aurais eu de joie à l'avoir pour confrère à la Florimontane !

Tout à vous.

CCCXIX.

A M. E. BENOIST,
PROFESSEUR A LA FACULTÉ DES LETTRES
DE NANCY.

Ce 9 juillet 1869.

Je vous remercie, cher monsieur, de toute cette peine que vous avez prise. Je viens d'arranger tout le passage sur Wagner, et j'espère que, cette fois, il ne sera pas mécontent. Je me suis procuré, depuis, cette troisième édition. J'ai Ribbeck, j'ai Peerlkamp, j'ai bien des choses sur Virgile, et vous suppléeriez amplement à ce que je n'ai pas.

Je ne puis cependant croire que le progrès sur ces textes soit indéfini. Il y a un moment où tout est vu, et où l'on ne peut plus guère renchérir qu'en raffinant[1]. Quand toute l'Allemagne, tout le Nord se déclarerait pour la ponctuation de *Danaum,* etc., je ne céderais point. Je n'ai pas bien saisi vos observations sur les coupes de vers : tout ce que

---

1. Dans sa lettre du 12 août, Sainte-Beuve revient sur cette opinion, et corrige ce qu'elle semble avoir d'excessif. Voir cette lettre et la note qui l'accompagne. (G. L.)

je sais, c'est que Virgile est le meilleur interprète musical de Virgile. Plus je le lis, moins je rencontre d'exemples d'une telle dislocation et interversion de mots que celle dont Peerlkamp a eu l'idée pour ce passage. Un élève de rhétorique qui arrangerait ainsi une phrase avec son *Danaum manu* me paraîtrait devoir manquer le prix. Je ne saurais jamais croire qu'un Italien, un Espagnol, un Portugais ou un jésuite de la bonne latinité française eût jamais eu l'idée que l'ingénieux et subtil Hollandais voudrait faire prévaloir. Vous voyez, cher monsieur, que je me livre à vous avec toutes mes faiblesses et mes opiniâtretés traditionnelles.

On ne s'aime un peu que quand on dispute beaucoup.

Tout à vous.

CCCXX.

A M. LOUIS ULBACH.

Ce 26 juillet 1869.

Mon cher ami,

Vous savez ce que je pense de la prison ou de la reclusion appliquée à des délits de presse : c'est une infamie, c'est un reste de barbarie, c'est une manière de dire aux gens : « Je ne puis vous torturer physiquement par des instruments et des ustensiles visibles ; mais je vous torturerai imperceptiblement, d'une manière non moins sûre, dans votre régime, dans votre hygiène, dans votre tempérament, dans tout le fond de votre organisme. — Je vous ôterai, sans en avoir l'air, des jours ou des années de vie. »

Trompez de votre mieux ces anodins *torturers* en vous promenant beaucoup dans le jardin du docteur et en multipliant l'exercice dans les mêmes allées.

J'ai lu le portrait *Princeps*. Le début en est très éloquent. Toute cette scène de Champagne est vivante, parlante et vraie. Depuis lors, l'acteur principal semblait avoir changé, et on ne saurait nier qu'il a rencontré quelquefois l'éclair et l'à-propos. Je crains qu'il ne les ait de nouveau perdus, et que nous n'en soyons revenus au tâtonnement et au silence. — Toute la suite du portrait est très habilement faite. Tout votre développement analytique joue et serpente en quelque sorte autour de ce mot d'une mère « Mon doux entêté ». Littérairement (et c'est le seul point de vue que je me permette), il y a eu là un tour de force d'habileté et une extrême difficulté vaincue.

Je vois chaque semaine notre ami d'Alton[1] ; mais, depuis ces grandes chaleurs, je me sens bien bas, et j'ai un besoin de repos immense.

Courage ! de l'exercice ! beaucoup d'exercice !

Tout à vous.

---

1. Le comte d'Alton Shée, qui est le dernier qui ait occupé la plume de Sainte-Beuve, avec lequel il était parent. Le journal *la Cloche*, fondé par M. Louis Ulbach, publia, après la mort de Sainte-Beuve, un article inachevé sur le comte d'Alton Shée, qui a été recueilli depuis dans le tome XIII et dernier des *Nouveaux Lundis*.

CCCXXI.

A M. LE BARON DE JOMINI FILS, A SAINT-PÉTERSBOURG.

Paris, 31 juillet 1869.

J'aurais déjà eu l'honneur de répondre à votre affectueuse lettre, monsieur, si ces dernières semaines et les chaleurs que nous avons eues ne m'avaient laissé très souffrant. Je suis heureux que cette Étude[1] vous ait satisfait, vous, madame votre mère et madame de Courville; quoique je fusse, en l'écrivant, tout occupé de mon sujet et du désir de le produire avec vérité, je ne pouvais me soustraire à la pensée que j'effleurais, en le traitant, bien des sensibilités morales, des plus délicates et des plus justement susceptibles. Votre remerciement et celui de madame votre mère demeurent ma meilleure récompense. Vous m'aviez, au reste, bien muni, monsieur, par les excellents mémoires que vous m'aviez fournis. — Je vois que le désir de madame de Jomini serait que je recueillisse ces articles en brochure. Je dois voir demain M. Michel Lévy, mon libraire, qui est acquéreur à l'avance de tous ces volumes de nouveaux et futurs Lundis, et je tâcherai d'arranger avec lui cette petite publication à part, conformément à vos désirs.

Veuillez agréer, je vous prie, monsieur, l'assurance de mes sentiments de gratitude et de dévouement.

1. Les articles sur *Jomini*, qui forment un volume à part, et ont été recueillis dans les *Nouveaux Lundis*, t. XIII.

CCCXXII.

A M. GUSTAVE BERTRAND[1].

Ce 10 août 1869.

Monsieur,

Aucun point de vue parmi ceux auxquels prêtent ces deux volumes ne pouvait me toucher plus au vif que celui que vous présentez. Je suis bien peu juge, étant partie à ce degré ; mais, en vérité, il me semble qu'il y a beaucoup de choses à dire dans le sens où vous avez bien voulu le faire et je vous remercie de l'avoir si bien et si indulgemment indiqué.

Dans ces Portraits, il y a une considération que je me permets de vous soumettre. J'ai toujours été très sensible (plus peut-être qu'il ne faudrait) à ce qu'était la personne d'un auteur. Si cette personne est distinguée, honnête, vertueuse, simple, sensée, sensible ou spirituelle, j'en tiens grand compte dans le jugement de l'œuvre, cette œuvre ne fût-elle pas tout à fait à la hauteur de l'homme. — Si le personnage est violent, grossier, aveugle d'amour-propre, extravagant en doctrine, peu délicat, débauché (et il s'en est vu de tels), j'ai toujours eu peine à ne pas rechercher dans l'œuvre quelque reflet de ces défauts, et mes jugements ou plutôt mes impressions ont dû s'en ressentir : ce qui peut

---

1. Après un article de *la Patrie* du 25 juillet 1869 sur les *Portraits contemporains*.

étonner et choquer, aujourd'hui qu'il n'y a plus que les œuvres, et que la personne a disparu.

Veuillez agréer, monsieur, l'assurance de mes sentiments très obligés et distingués.

CCCXXIII.

A M. E. BENOIST,
PROFESSEUR A LA FACULTÉ DES LETTRES
DE NANCY.

Ce 12 août 1869.

Cher monsieur,

Je serais impardonnable si je tardais plus longtemps à vous remercier de votre excellente et substantielle lettre qui répond à tout sur Virgile. La plupart des choses que vous voulez bien me dire, je les reconnais et serais bien mal venu à les contester. Je ne doute pas que, si un homme de goût et d'érudition possédait dans son cabinet les trois ou quatre principaux manuscrits de Virgile, qu'il y revînt sans cesse à bâtons rompus et à l'occasion, il ne lui vînt toujours à l'esprit quelque petit perfectionnement possible de texte [1]. Ce qu'il me semble seulement, c'est que, dans

---

1. *Énéide*. VI, 852. M. Benoist était d'avis, qu'au milieu de l'universelle enquête dont l'Antiquité latine est l'objet depuis près de quatre siècles et avec les grands progrès qu'a faits l'étude du latin depuis une trentaine d'années, surtout en Allemagne, les textes des Anciens n'ont encore rien de définitivement assis. Il reconnaissait avec Sainte-Beuve que les manuscrits de Virgile ont à peu près livré leur dernier mot; mais il pensait, et Sainte-Beuve admettait que, pour l'orthographe, les antiquités, le choix entre les diverses variantes, et surtout l'interprétation, la carrière était loin d'être fermée à de nouveaux progrès. (Voir l'*Introduction* des deux premiers volumes de *Virgile*.) (G. L.)

l'état de choses il y a une espèce de limite, passé laquelle il n'y a plus que bien peu à espérer. Ainsi Ribbeck lui-même me paraît quelquefois excéder ; dans le beau passage, par exemple : *Excudent alii...*, son *cedo*, comme vous le faites remarquer, est une intéressante variante ; mais quel plaisir trouve-t-il à mettre : *hæc tibi erunt artes !* C'est ce que j'appelle excéder. Mais je balbutie ce qu'il faut apprendre sans cesse et ce que vous savez : je ne veux, cette fois, que vous dire combien je vous suis obligé et reconnaissant.

Tout à vous.

CCCXXIV.

A M. CAMILLE ROUSSET.

Ce 13 août 1869.

Mon cher ami,

Je vois avec une sorte de scrupule et presque de remords toute la peine que je vous ai donnée avec ma question. La réponse, il est vrai, est tout à fait intéressante, et elle seule pouvait résoudre les contradictions et les incertitudes que je trouvais de plusieurs côtés sur le colonel — général d'Alton. Le résultat intéresse d'ailleurs toute une ville, et je le reproduirai avec soin dans son détail[1].

Je suis aussi peiné de ce qui menace cet homme d'un grand mérite et plein d'avenir[2]. Je l'ai entendu à la tribune et j'avais conçu de lui (indépendamment de sa valeur

---

1. Voir l'article sur le comte d'Alton Shée (*Nouveaux Lundis*, t. XIII).
2. Le maréchal Niel.

militaire) une haute idée comme d'un esprit élevé, précis et capable des applications les plus diverses.

Espérons encore.

Merci et tout à vous.

CCCXXV.

A M. THÉOPHILE DROZ, A GENÈVE.

Paris, 23 août 1869.

Monsieur,

Je reçois avec gratitude le numéro du *Cosmopolite* qui m'apporte le témoignage de votre attention bienveillante. Vous voulez continuer à mon égard la tradition de bon et hospitalier accueil que m'a fait de tout temps la Suisse française. J'y suis plus sensible peut-être encore aujourd'hui qu'en aucun temps; car j'habite dans les souvenirs, et je ne me sens plus en état d'aller les renouveler à leur source.

Soyez donc le bien remercié, monsieur, et croyez-moi votre parfaitement obligé et reconnaissant.

CCCXXVI.

A M. PRÉVOST-PARADOL.

Ce 5 septembre 1869.

Cher et aimable confrère, voici la lettre que vous m'avez fait lire de M. de Montalembert, j'en ai pris note, mais je ne suis point tout à fait persuadé. Je ne vous dis rien pour

lui : ce n'est pas dans les conditions de santé où il est et
où je suis qu'il convient d'échanger des aigreurs. Il a été
le premier à rompre entre nous ce que j'appelle la Trêve
de Dieu. Toutes relations particulières de lui à moi ont
cessé, et de son fait; nous n'aurons plus, d'ailleurs, jamais
occasion de nous rencontrer.

Voilà bien des événements qui se déroulent ; ce n'est rien
auprès de ceux qui viendront. Tout cela me rend un peu
politique malgré moi; vous savez que je ne le regrette
jamais, quand je vous lis.

Tout à vous.

CCCXXVII.

A M. CHARLES RITTER.

Paris, le 8 septembre 1869.

Cher monsieur et ami,

J'ai lu et relu votre lettre très belle. Je voudrais être digne
de toutes ces choses de haute valeur à moi adressées ; je
m'y suis pris un peu trop tard, mais enfin je suis parvenu
à m'élever et à me maintenir pour la dernière saison sur
ces degrés supérieurs de la pensée. Je serai infiniment
honoré de voir mon nom rattaché à pareille œuvre de
Strauss. Vous êtes meilleur juge que personne de votre
choix en fait de morceaux ; Renan lui-même ne peut faire
autre chose qu'adhérer. On se voit ici moins souvent que
vous ne pensez. Chacun y a une vie trop pleine, trop
chargée. — Pour le titre on aura à prendre en définitive

avis de l'éditeur, M. Lévy : mais je ne vois pas d'objection à celui que vous proposez. — Je suis, en effet, souffrant et dans un état d'incommodité durable qui, à la longue, amène dégoût et langueur.

J'ai beaucoup erré autrefois dans le fond de mes doctrines et aussi dans leur expression. Ne me considérant longtemps que comme un littérateur, un peintre de portraits et un auteur d'élégies, je ne prenais pas la peine de serrer de près ce chapitre des croyances, et j'avais, en l'abordant en public, bien des mollesses : et aussi, comme ce n'était point mon souci principal, je payais tribut aux convenances de lieu et de situation. J'ai dû le faire plus d'une fois dans ces articles de *Causeries* qui paraissaient souvent dans *le Journal officiel*. Mais vous ne vous trompez pas sur le fond de mes idées.

Pourquoi sommes-nous si fragiles, si mobiles, et n'avons-nous pas su imprimer à notre vie intellectuelle une seule et même teneur ?

Je suis tout à vous, cher monsieur, de cœur et d'amitié.

CCCXXVIII.

A M. PRÉVOST—PARADOL [1].

Ce 13 septembre 1869.

Cher et aimable confrère,

Il ne pouvait être parlé de moi dans *le Journal des Débats*

---

1. Remerciement de son article des *Débats* du 12 septembre 1869.

plus agréablement que par vous. Je vous remercie de tout, y compris les critiques. Ce *qui aurait pu être* est comme néant, et il serait puéril et vain de prétendre revenir là-dessus. Je me laisserais cependant aller à discourir un peu de ces choses publiques où nous sommes tous intéressés, si je n'étais depuis quelques jours dans un de mes mauvais quarts d'heure et plus mal assis encore qu'à l'ordinaire.

Tout à vous.

LETTRES SANS DATE [1]

I.

A MADAME LA COMTESSE MARIE D'AGOULT.

Il faut que vous soyez assez bonne et assez amie pour m'excuser de n'avoir pas été vous saluer tous ces jours. J'ai été et je suis très souffrant ; et, de plus, il est tombé sur moi un *spleen* des plus redoublés. Quand j'ai cela, je me cache et j'ai grand'raison. J'ai l'univers en horreur et la lumière en haine : la lumière et l'univers me le rendent bien. Vous qui êtes à part, même de l'univers, vous ne serez pas comme lui, et vous aurez tout simplement pitié de l'absent, sans trop lui en vouloir, ni sans trop l'oublier.

---

1. Dans l'impossibilité d'assigner une date, même approximative, aux lettres suivantes, on les a rangées, à la fin de ce volume, par ordre alphabétique des noms des personnes auxquelles elles étaient adressées.

II.

A LA MÊME.

Vous avez bien dû vous dire que, si, hier, je ne me suis pas rendu à votre aimable appel, c'est que j'en étais positivement et matériellement empêché. Il m'eût été bien doux de passer à côté de vous ce point du détroit[1] où le Temps, ce dur pilote, nous engage de plus en plus. J'ai été trop souffrant pour pouvoir à une telle heure, et même tout le soir, regarder aux étoiles. Vous savez du moins tous mes vœux. Continuez le calme, gardez tous vos amis et ne cessez de décorer les douces pentes.

A vous du meilleur de mes souhaits.

III.

....Cher enfant[2], étudiez la Révolution française avant de crier contre elle; étudiez-la, et vous l'admirerez! Elle est venue, je le sais, comme la loi du Sinaï, au milieu de la foudre et des éclairs. Il fallait bien qu'elle commençât par faire tourner la tête au monde. Fox a parlé pour elle, car l'étranger l'a autant aimée que nous; Gœthe la bénissait;

---

1. Cette lettre était datée d'un premier janvier.
2. Lettre communiquée à *l'Événement* (n° du 13 octobre 1874) par M. Philibert Audebrand et adressée au neveu de M. B. de R..., conseiller honoraire à la cour de Cassation.

Schiller l'a défendue; Byron l'a célébrée. Et elle n'avait alors que quinze ans de date. Dans cent ans, on y applaudira jusque chez les Samoyèdes !

IV.

A CHARLES BAUDELAIRE.

Ce 14.

Mon cher ami,

Ce jour est celui même où je fais mon article de lundi prochain. Je suis sans une minute jusqu'à mon entier accouchement. Dimanche même est occupé à torcher l'enfant et à nettoyer les épreuves. Voulez-vous lundi à une heure ?
Tout à vous.

V.

A M. BIXIO.

Ce samedi.

Mon cher Bixio,

Puisque vous êtes en correspondance avec Brizeux, voici, au nom d'André Chénier, ce dont je viens vous prier. Renduel veut en publier une deuxième édition complète. Brizeux avait remarqué, à la première édition complète, qui fut faite très négligemment, des erreurs et inadvertances impardonnables ; il en avait pris note. J'ai dit dans ce temps la chose à Renduel, qui se l'est rappelée et qui voudrait avoir la correction de ces fautes pour les corriger. S'il était propriétaire (tandis qu'il n'est qu'éditeur) de l'*André Chénier*, il ferait faire une édition annotée avec l'indication des imitations grecques et latines au bas des pages, telle que nous en avons souvent causé avec Brizeux.

Mais, en attendant, le mieux et le possible, c'est d'avoir une édition avec le texte le moins fautif.

Veuillez, à l'occasion, écrire de ceci à Brizeux, s'il vous plaît, et croyez-moi bien

Tout à vous.

Je présente mon respectueux hommage à madame Bixio.

P.-S. — Il suffirait que Brizeux envoyât sur une page ses principales remarques, s'il ne veut pas entrer dans plus de soins.

VI.

A UN CORRECTEUR D'IMPRIMERIE.

Ce 16 janvier.

Je prie qu'on veuille bien transmettre à M. le nouveau correcteur à *l'encre rouge* la petite note que voici.

En le remerciant d'avance de ses bons soins, je fais remarquer qu'il est bien convenu que les corrections en dernière ne portent en aucune façon sur le texte, ni même sur la ponctuation, à part quelques cas très simples ; car la ponctuation fait jusqu'à un certain point partie du style. Il y a aussi quelques majuscules auxquelles je tiens plus qu'on ne le fait dans le courant typographique ordinaire. Toutes les fois que M. le correcteur croira voir une faute, de quelque nature qu'elle soit, je lui serai bien obligé de me la signaler par un point d'interrogation à la marge. Si quelquefois je ne tiens pas compte de sa remarque, je le prie de ne pas voir là dedans un manque d'égards, et de ne pas cesser pour cela de continuer ce genre de bons soins. On est trop heureux d'être averti d'une négligence ou d'une inadvertance, la remarque ne tombât-elle juste qu'une fois sur quatre ou cinq.

Je remercie d'avance de cette sorte de collaboration dont j'apprécie toute l'utilité.

P. S. — Il serait bon d'avoir sous les yeux un précédent volume pour s'y conformer en tout typographiquement, lorsqu'il y a des suites d'articles avec les indications de *suite*, de *fin*, etc.

VII.

A M. DELAROA [1].

Ce 8 mars (soir).

Je trouve en rentrant le mot aimable de M. About, et je suis aux regrets d'avoir manqué l'honneur de vous voir. Je vous aurais expliqué l'impossibilité matérielle où je

---

1. Auteur des *Patenôtres d'un surnuméraire*. (Voir la lettre qui concerne ce volume, t. Ier de la *Correspondance*, p. 250.)

suis de répondre à votre appel flatteur. Nous voilà au mercredi ; je n'ai pas fait mon article du *Constitutionnel* pour lundi ; je n'ai pas vu encore la pièce de Dumas, et je ne pourrai trouver le temps d'y aller que la semaine prochaine. Vous voyez, monsieur, combien je suis une plume accaparée et inutile jusqu'à nouvel ordre. Je rougis un peu de cette impuissance et de cet assujettissement, surtout lorsque je me vois en présence d'un appel cordial comme le vôtre.

Veuillez agréer, monsieur, mes excuses avec l'expression de mes sentiments les plus distingués.

VIII.

A M. ÉMILE DESCHAMPS.

Jeudi.

Merci, cher Émile, du mélodieux livret dont je dois entendre l'accompagnement dimanche. J'avais à vous remercier depuis longtemps de l'offre aimable que vous m'êtes venu faire un jour : j'avais demandé à Antony si vos paroles sur la musique de Schubert étaient imprimées et réunies. Je ne vous en ai pas écrit, parce que je me disais chaque jour : « J'irai demain. » Comme ce manant qui attend que la rivière passe, j'attendais que mon gros ruisseau fût passé : mais il revient chaque matin, et voilà comment je suis le vrai *manant*. Heureusement votre amicale indulgence tient compte et répare.

Offrez à madame Émile mes plus humbles hommages et croyez à ma vieille amitié.

IX.

A M. JULES JANIN.

Ce 8 juillet.

Mon cher ami,

Vous avez réveillé, l'autre jour, tous mes souvenirs de jeunesse. Je vous remercie de m'y avoir mêlé. Les oiseaux alors chantaient plus gaiement, même pour les mélancoliques et élégiaques comme j'étais alors. Vous m'avez rappelé de fraîches matinées.

Et aussi vous avez accueilli avec bienveillance une douce personne qui s'est présentée de ma part. Merci.

A vous.

X.

A M. J. LECHEVALIER.

Ce mardi soir.

Mon cher Jules,

Je vous remercie des bons envois que vous voulez bien me faire. Je voudrais pour mon compte y mieux répondre : ce n'est pas même à moi que vous devez cette annonce de *la Revue.* Je suis si abondamment et si complètement occupé pour six semaines ou deux mois encore, que je n'appelle pas cela vivre, vivre de la vie de relations, de la vie d'amitié et d'intelligence. Excusez-moi et croyez à l'intérêt vif que je prends à tout ce que vous faites et au profit que j'y trouve. Vos archives me paraissent pouvoir donner un excellent centre de perspective à ce mouvement philosophique qui reprend de plus belle. Je vais écrire à Quinet ce que vous me demandez.

Tout à vous d'amitié.

XI.

A M. N. MARTIN.

Ce jeudi.

Votre petite histoire du sonnet est très agréable et me revient tout à fait. Chez nous, les Goëthe et les Byron — MM. de Lamartine et Hugo — n'ont jamais daigné condescendre au sonnet, et je crois bien qu'ils en pensent ce qu'en pensait le grand Olympien germanique. S'ils en font jamais, je tâcherai de me souvenir de la conversion chantée par Uhland; mais je ne crois pas qu'ils s'y hasardent; Goëthe était encore meilleur enfant qu'eux en poésie : le plus calculé des Allemands a encore de la naïveté, si on le compare à nos grands hommes.

Je suis bien occupé et souffrant. Excusez-moi si je ne gravis qu'en esprit votre montagne et croyez à mes sentiments obligés et dévoués.

XII.

AU MÊME.

Ce dimanche soir.

Combien ai-je à vous remercier, monsieur, de tout ce que vous me faites lire d'agréable, de flatteur, et de ce que vous nous préparez de poétique ? Si votre lettre-prologue m'a beaucoup fait rougir, vos traductions en vers m'ont charmé. Je serais heureux d'en causer avec vous et je venais le tenter. Veuillez me dire, par un petit mot à la poste, quel jour vous pourriez venir vers sept heures du soir pour que je vous attende.

Recevez, monsieur, l'expression de ma gratitude. Cordiaux sentiments bien distingués.

XIII.

AU MÊME.

Vendredi.

Vos vers sont charmants, et que vous êtes bon de ne pas m'en croire indigne, malgré mes distances et mes irrégularités ! Vous avez vu peut-être que nous en avons mis dans *la Revue de Paris* d'il y a trois semaines ? Je regrette bien que nous n'ayons pas eu *Violette de mars* et *les Glaneurs* pour les ajouter au bouquet : mais ce sera pour une prochaine fois. Soyez de plus en plus sévère et pur dans vos vers, pur à l'oreille, pur pour le style ; ne faites pas de mots nouveaux comme *espéreurs*. Hélas ! nous en avons trop fait, ç'a été notre mal. Le simple et le vrai, quand le poétique y est d'ailleurs, voilà ce qui triomphe.

J'irai vous voir sans faute un de ces après-midi, après quatre heures.

Amitiés.

XIV.

AU MÊME.

Ce jeudi.

Vos vers ont été les bienvenus, monsieur, et les *vôtres* bien particulièrement.

Je veux cloîtrer mon âme et *En voyage* sont dignes de tout, même de ce voisinage d'Uhland. Pourquoi ne pas traduire les siens vous-même ? Combien les sonnets (d'*Écho et la Forêt*) me plaisent ! Je suis, par malheur, dans ce moment tout à la prose et pour longtemps. *Port-Royal* me cloître, mais j'aime à entendre du dehors les voix : cœur très peu contrit, vous le voyez bien. J'espérais, en voyant la belle lune de ces soirs, pouvoir vous aller dire cela bientôt ; mais voilà le déluge revenu. Je n'ai pas du moins voulu tarder plus longtemps à vous redire mes remerciements et tous mes sentiments très dévoués.

XV.

A M. MARTINET,
DE L'ACADÉMIE DES BEAUX-ARTS.

Ce 21 octobre.

Cher confrère,

Je viens à vous en solliciteur, et pour un ami presque intime, qui a de grands désirs d'être admis comme membre libre dans votre Académie, et qui a des titres par son goût des arts, par les excellents et distingués discours qu'il a prononcés dans les circonstances publiques où il représentait le ministre, par l'impulsion qu'il donne à cette branche si intéressante du ministère d'État. C'est M. Pelletier. Tout ce que vous pourrez faire pour lui, je vous en serai aussi reconnaissant que si c'était pour moi : ce serait un aimable collègue que vous vous donneriez d'ailleurs, et d'un caractère très sûr. Mais j'oublie que je parle à un juge, à un conclaviste presque, qui ne doit compte à personne de son vote. Chut ! excusez-moi, cher confrère, et croyez-moi bien tout à vous[1].

XVI.

A M. MEYER, INSPECTEUR PRIMAIRE.

... Montesquieu parlait volontiers par traits, en images.

---

1. On regrette qu'une autre lettre de Sainte-Beuve à M. Martinet, recommandant la candidature de Barye à l'Académie des Beaux-Arts, ne se soit pas retrouvée. Elle avait été dictée par Sainte-Beuve à son secrétaire.

Pour la religion, je crois, malgré tout, qu'il n'en avait guère qu'un respect politique et social. Dans ses *Pensées*, on lit que *la dévotion, c'est l'idée qu'on vaut mieux qu'un autre*. Je crois cela bien plus le fond de sa pensée que ses belles paroles tant citées, et qui ne sont que des précautions magnifiques peut-être; mais il vaut mieux ne pas fouiller au delà. Il avait, selon moi, une forte tête avant tout, et méprisant toute sorte de choses (comme il le laissa échapper dans les *Lettres persanes*); il se contint depuis, et ne parla plus qu'avec sérieux, sentant au moins la grandeur de l'invention sociale, sinon de la nature humaine.

XVII.

A M. POULET-MALASSIS.

Ce 11 décembre.

Monsieur,

Je m'étais dit une bonne partie des choses que vous me dites, lorsque j'ai reçu la visite de mon ancien camarade G..., que je n'avais pas vu depuis des années. Il ne m'a plus paru en état de mener à fin ce qu'il avait projeté et avancé il y a déjà longtemps. Il faudrait lui adjoindre un collaborateur *effectif*, et je ne sais si ce sera possible. Si je savais quelqu'un de propre à cette tâche, je l'indiquerais et à vous et à lui.

J'ai relu mon traité avec Charpentier, sur le *Tableau de la poésie française au* XVIe *siècle*. Je suis libre en effet de réimprimer dans un autre format que le sien, et plus grand. Nous pourrons donc y penser, monsieur, et, dès que je serai libre de l'impression de *Port-Royal*, j'aviserai à perfectionner ce volume et à le rafraîchir d'érudition pour le rendre digne des autres ornements que vous méditez.

Agréez, monsieur, mes remerciements et l'expression de mes sentiments très distingués.

XVIII.

A M. F. POUY, MEMBRE DE LA SOCIÉTÉ DES ANTIQUAIRES DE PICARDIE, A AMIENS.

Paris, 29 mai.

Monsieur,

Je sais très peu de chose sur le passé de ma famille paternelle, et, ce peu, je l'ai su d'une tante qui a élevé mon enfance. Mon grand-père et mon arrière-grand-père paternels étaient de Moreuil, où ils étaient notables ou maires, du moins le bisaïeul. C'est dans les registres de l'état civil de Moreuil, où mon père est né également, que vous pourrez trouver la réponse la plus probable à la question sur laquelle je regrette de ne pouvoir mieux vous renseigner.

Je recevrai et lirai avec plaisir le travail que vous me faites l'honneur de m'annoncer.

XIX.

Ce 5 avril.

Monsieur [1],

Il me serait très agréable de vous répondre en vous prêtant l'unique petit volume que j'ai des *Lettres neuchateloises*: par malheur, il est déjà prêté et promis encore après de deux côtés. Je ne crois pas qu'on en ait d'autre ici : on en aurait, je crois, de Neuchatel, en écrivant aux imprimeurs Petitpierre et Prince, qui ont fait la réimpression il y a quelques années ; cette réimpression est suffisamment exacte, sauf un mot qui gâte une jolie scène : c'est quand Meyer se baisse et baise la *robe* de mademoiselle Prisc : on a mis la *main* dans la réimpression. Lorsque mon petit exemplaire aura fait son tour, si, monsieur, votre envie n'est point passée, et si vous n'avez point écrit à Neuchatel, je me ferai un plaisir de vous satisfaire.

Veuillez recevoir, monsieur, mes remerciements pour une attention si flatteuse et l'expression de ma parfaite considération.

XX.

Jeudi 17.

Monsieur,

Je ne puis qu'être infiniment reconnaissant de votre ai-

---

1. La suscription de cette lettre et des suivantes n'a pas été donnée par la personne qui les a communiquées.

mable attention. Votre morceau me paraît plein de vues justes et même, dans les reproches que vous faites, je ne contesterai pas. C'est le remède qui est difficile : le tirage se fera sans doute, mais est-ce nous-mêmes qui pouvons le faire ? Je suis bien persuadé qu'on pourrait composer une admirable anthologie avec des vers contemporains; mais, si une telle collection choisie pouvait s'entreprendre, ce ne serait pas en France, où les auteurs et les libraires ne le permettraient pas : on se ferait toute sorte de mauvaises affaires et même des procès. Il faudrait acheter au poids de l'or ces vers choisis de nos grands poètes. Si on vivait en Suisse ou en Belgique, on pourrait sans trop de remords risquer une telle entreprise; ce n'est que moyennant un tel détour que votre vœu pourrait être rempli.

Merci toujours, monsieur, de l'avoir exprimé en voulant bien y joindre d'une manière si honorable mon nom et croyez à mon sentiment de gratitude et de considération bien distinguée.

XXI.

Ce 18 janvier.

Monsieur,

J'ai le tort de ne vous avoir pas encore écrit selon votre désir pour vous exprimer un avis sur les papiers que je tiens de votre aimable confiance. Ce que j'ai lu me paraît, monsieur, très digne d'estime et vous avoir demandé beaucoup de recherches en effet; pour la forme cependant, j'aurais quelques observations à vous adresser : et aussi sur les jugements que vous portez quelquefois. Il m'est impossible, par exemple, d'entendre qualifier d'entreprises *gigantesques* des compilations comme le *Dictionnaire de la Conversation*, assez mauvais ouvrage où il peut se rencontrer quelques bons articles. Ce n'est guère qu'en causant que je pourrais entrer dans ces détails. Voulez-vous venir reprendre un de ces jours votre manuscrit ? Je le tiendrai demain mercredi à votre disposition, à trois heures.

Agréez, monsieur, l'expression de mes sentiments très distingués et très obligés.

XXII.

Ce 20.

Je voudrais bien vous aller rendre réponse, chère madame, ce soir à dîner, mais j'ai invité l'abbé de Cazalès à un dîner maigre : ainsi je suis empêché. Mon maître grec s'appelle Pantasidès [1], il est né au Pinde, mais il demeure rue *Mazarine*, 13. Il est très capable ; je crains seulement qu'il ne nous quitte dans peu de temps pour aller à Marseille suivre l'éducation de jeunes Grecs qui y sont. Pourtant, comme ce dernier point n'est pas encore décidé, je vais lui parler demain, car je le vois. Je lui demanderai

---

1. Voir sur cet excellent homme le portrait qui en a été tracé dans *Souvenirs et Indiscrétions* (pp. 138, 143 et suivantes).

ses conditions, les miennes seraient un peu trop chères, ce me semble. Je lui donne cinquante francs pour dix leçons ; mais je lui parlerai.

A bientôt, chère madame ; croyez à mes respectueuses amitiés.

APPENDICE

LETTRE DU PRINCE NAPOLÉON.

Villa de Prangins (Suisse), le 15 décembre 1867.

Mon cher monsieur Sainte-Beuve,

Voilà la question romaine revenue devant nos Chambres. La discussion n'a pas eu plus d'éclat que les années précédentes ; mais elle a amené une déclaration d'une gravité inaccoutumée, et qui ne laisse plus place à l'équivoque.

J'en ai été, je l'avoue, étonné et vivement attristé. Quand *le Moniteur* est arrivé dans ma retraite de campagnard, j'ai cru que j'étais en proie à une hallucination, à quelque mauvais rêve, amené par la bise qui souffle sur la neige et la glace dont je suis entouré. Mais non, c'était une réalité, et je m'en suis trop aperçu à ma vive émotion.

Dans cette discussion, M. Thiers a accumulé tant d'erreurs, M. Rouher a si lestement oublié les faits les plus incontestables, qu'il m'a fallu un peu de réflexion pour classer tant de faits confondus, pour démêler tant d'idées dénaturées, et rétablir dans ce grave sujet les notions du juste et du vrai.

Le discours de l'empereur à l'ouverture des Chambres laissait croire à une politique de temporisation, oscillant entre les contraires, alternativement italienne et papale, sans doute rendue plus difficile par l'acte considérable de la seconde expédition de Rome; mais on pouvait espérer qu'avec sa grande habileté l'empereur ne compromettrait pas le résultat final, et que, n'osant ou ne voulant pas assumer la chute du pouvoir temporel, il ne voudrait pas non plus prendre la lourde charge de le conserver seul, et qu'il saurait trouver le moyen de quitter Rome et de substituer la responsabilité de l'Europe à la sienne.

Je n'ai aucun penchant pour cette politique peu tranchée; j'y suis impropre, et je crois que les grands buts doivent être poursuivis et atteints par les grands moyens. Je n'aime pas les chemins détournés; cependant, soucieux de ne compromettre en rien le succès d'une cause où je ne vois que l'intérêt de la France, n'ayant aucun désir de faire cesser la retraite absolue dans laquelle je vis depuis trois ans, je me suis tenu éloigné du Sénat; je n'ai pas voulu qu'une attaque qui, en restant respectueuse et modérée, eût été très ferme, pût déranger l'équilibre instable de notre politique et provoquer une réaction qu'il importait avant tout d'éviter.

Le discours sans conclusion de M. de Moustier, le silence qu'a gardé M. Rouher devant le Sénat, et que je ne pouvais attribuer à une dédaigneuse indifférence pour ce corps, les négociations poursuivies avec l'Italie, tous ces actes, comme ces paroles, paraissaient confirmer la politique d'atermoiement du discours de l'empereur.

Les déclarations de M. Rouher ont modifié tout à coup cette situation ; d'une politique fâcheuse pour le présent, mais qui gardait une certaine liberté dans l'avenir, nous voilà jetés violemment dans une politique qui compromet, engage l'avenir, et livre le présent à une réaction cléricale, légitimiste, fusionniste : nous voilà ramenés à l'alliance néfaste du trône et de l'autel.

Voilà tantôt vingt ans que je me suis plus ou moins mêlé aux affaires de mon pays, et je n'ai pas souvenir d'une semblable inconséquence. Je ne m'étonne pas que l'effet ait été immense. L'opinion en France, avec sa sagacité et surtout sa logique, a compris toute la portée de cet événement ; les suites n'en sont que trop certaines. Quand une réaction est commencée, on ne l'arrête pas ; c'est en vain que le pouvoir croit ne la conduire que jusqu'où le permet son intérêt : elle ira au delà, soyez-en convaincu.

Le changement de politique est évident : M. Rouher est en contradiction avec l'empereur, avec MM. Billault, Thouvenel, de Moustier, et, ce qu'il.y a de plus curieux, avec lui-même, avec l'empereur !

Les sentiments et la conduite de l'empereur dans la question romaine appartiennent à l'histoire. En 1831, il prenait les armes contre le pouvoir temporel ; et, dans cette guerre contre le despotisme théocratique, il voyait tomber à ses côtés un frère chéri. Fidèle, en 1848, à ses idées de jeunesse, il ne s'associe pas à l'envoi d'une expédition à Rome, bien qu'elle ne tendît qu'à la protection personnelle du pape.

Si, depuis, il a engagé l'expédition de 1849, il a semblé indiquer, du moins, qu'il y avait été entraîné par les chefs de la réaction de cette époque ; il n'entendait pas prêter les mains à une restauration de l'ancien régime, et il consignait un indestructible témoignage de sa pensée dans sa lettre à Edgar Ney.

« La République française, disait-il, n'a pas envoyé une
» armée à Rome pour y étouffer la liberté italienne ; mais,
» au contraire, pour la régler, en la préservant contre ses
» propres excès...

» ... J'apprends avec peine que les intentions bien-
» veillantes du saint-père comme notre propre action,
» restent stériles en présence de passions et d'influences
» hostiles. On voudrait donner comme bases à la rentrée
» du pape la proscription et la tyrannie. Dites, de ma
» part, au général Rostolan qu'il ne doit pas permettre
» qu'à l'ombre du drapeau tricolore, on commette aucun
» acte qui puisse dénaturer le caractère de notre inter-
» vention.

» Je résume ainsi le rétablissement du pouvoir tempo-
» rel du pape : amnistie générale, sécularisation de l'ad-
» ministration, code Napoléon et gouvernement libéral.

» ... Lorsque nos armées firent le tour de l'Europe, elles
» laissèrent partout, comme trace de leur passage, la des-
» truction des abus de la féodalité et des germes de la
» liberté. Il ne sera pas dit que, en 1849, une armée
» française ait pu agir dans un autre sens et amener
» d'autres résultats... »

En 1862, on retrouve la même manière de voir dans la lettre à M. Thouvenel :

« ... Il (le Saint-Siège) a contre lui tout ce qui est li-
» béral en Europe ; il passe pour être en politique le re-
» présentant des préjugés de l'ancien régime, et, aux yeux
» de l'Italie, pour être l'ennemi de son indépendance, le
» partisan le plus dévoué de la réaction. Aussi est-il
» entouré des adhérents les plus exaltés des dynasties
» déchues, et cet entourage n'est pas fait pour augmenter
» en sa faveur les sympathies des peuples qui ont ren-
» versé ces dynasties...

» Les hommes même les plus sincèrement attachés à
» leurs croyances sentent leur conscience se troubler, et le
» doute entre dans leur esprit, incertains qu'ils sont de
» pouvoir allier leurs convictions politiques avec des prin-
» cipes religieux qui sembleraient condamner la civilisation
» moderne. »

Qui ne serait frappé du soin avec lequel l'empereur évite, dans tous ses discours, de s'engager au maintien du pouvoir temporel du pape ? Une seule fois, en février 1867, il prononce le mot de pouvoir temporel :

« Si des conspirations démagogiques cherchaient, dans

» leur audace, à menacer le pouvoir temporel du Saint-
» Siège, l'Europe, je n'en doute pas, ne laisserait pas s'ac-
» complir un événement qui porterait un si grand trouble
» dans le monde catholique. »

Le pouvoir temporel est certainement affirmé dans ces mots; mais l'empereur ne l'affirme que pour repousser de lui la charge de le soutenir et pour la remettre à l'Europe. La contradiction de M. Rouher avec l'empereur est donc manifeste. Elle ne l'est pas moins avec M. Billault.

La rare et subtile habileté du premier ministre d'État m'a souvent irrité quand j'avais l'honneur d'être son adversaire à la tribune; je ne pouvais m'habituer à cette parole, qui évitait toujours ce qui était net et précis et qui s'adaptait si bien à l'instruction célèbre : « Ne vous engagez pas ; » mais, si cette prudence laissait la porte ouverte à toutes les solutions, si elle rendait les mauvaises possibles, elle n'excluait pas du moins les bonnes.

Je dois même reconnaître, après une lecture attentive des discours de M. Billault, qu'il n'a été précis que pour condamner le despotisme du gouvernement temporel, et pour affirmer et répéter que nous étions à Rome contre le droit.

M. Thouvenel, non plus, n'a jamais contesté le droit des Romains d'avoir un gouvernement supportable ; il a toujours repoussé, souvent avec énergie, cette absurdité qui veut faire de Rome un fidéicommis catholique, une propriété de main-morte de tout ce qu'il y a de clérical et de réactionnaire dans le monde; ce qu'il exprime très nettement dans une note du 6 juin 1861, en réponse à l'Autriche et à l'Espagne, qui insinuaient une réunion des puissances catholiques.

« Je ne crois pas utile de discuter ici le système d'après
» lequel *les États du pape et la ville de Rome* constitueraient,
» pour ainsi dire, *une propriété de main-morte*, affectée à la
» catholicité tout entière, et placée, en vertu d'un droit
» qui n'est écrit nulle part, *au-dessus des lois qui régissent*
» *le sort des autres souverainetés*. Je me borne simplement
» à rappeler que les traditions historiques les plus an-
» ciennes comme les plus récentes ne paraissent pas sanc-
» tionner cette doctrine, et que l'Angleterre, la Prusse, la
» Russie et la Suède, puissances séparées de l'Église, ont
» signé à Vienne, au même titre que la France, l'Au-
» triche, l'Espagne et le Portugal, les traités qui resti-
» tuaient au pape les possessions qu'il avait perdues. »

Quant aux différences entre le langage du ministre des affaires étrangères et celui du ministre d'État, elles se sont produites trop récemment pour qu'il soit utile de vous les rappeler.

Il y aurait lieu de demander quel est le véritable organe du gouvernement, de celui qui agit ou de celui qui parle. Mais ceci est une observation qu'il ne m'appartient pas de soulever, du moment où le ministre des affaires étrangères accepte la contradiction que lui inflige le ministre d'État.

M. Rouher est en contradiction avec lui-même ; personne n'ignore ses dissentiments avec M. Drouyn de Lhuys, ancien ministre des affaires étrangères. Je ne puis supposer que des motifs de rivalité personnelle eussent seuls suscité cet antagonisme, qui devait, évidemment, être politique. Or, quand M. Drouyn de Lhuys a-t-il jamais été aussi affirmatif que M. Rouher pour le pouvoir du gouvernement papal, contre les Romains et sans condition ?

Nous connaissons tous son intimité avec M. de Lavalette, qui a dignement su se retirer du ministère à la suite de notre seconde expédition. M. Rouher, dans son attitude générale, se donnait toujours pour un ami de l'Italie, faisant bon marché du pouvoir temporel du pape dans l'avenir.

Voici ce que M. Rouher disait, le 15 avril 1865, à la tribune :

« L'occupation indéfinie, c'est le problème ajourné;
» c'est le danger perpétué; c'est l'agitation et l'espérance
» continuées dans les sens les plus divers; et c'est, au fond,
» la possibilité d'une guerre et d'un redoutable conflit, si
» des événements venaient encore attrister et compromettre
» la sécurité de l'Europe. »

Que la mémoire des hommes d'État est courte ! Quels tristes enseignements ils donnent !

Chez M. Rouher, l'orateur trahit et découvre l'homme d'État; celui-ci devrait être modéré, prudent, éviter des paroles et des engagements téméraires; l'orateur, avant tout, avide d'applaudissements nécessaires à son existence ministérielle, ne connaît pas de mesure; il s'emporte, se passionne, et, ne songeant qu'au succès du jour pour enlever sa majorité, il affirme toujours, peu soucieux des démentis que lui réserve l'avenir.

La première fois que j'ai entendu M. Rouher, c'était à la tribune de l'Assemblée législative; il qualifiait de *catastrophe* la révolution de février. Serait-il ministre sans cette catastrophe ? Napoléon III serait-il sur le trône sans la révolution de février ? Ce sont de ces mots qu'il n'aurait jamais dû prononcer. La majorité lui paraît si redoutable, qu'il veut à tout prix l'avoir pour lui; qu'il sacrifie tout à un vote momentané. Il ne sait pas la diriger; c'est elle qui le mène, ou plutôt, comme la majorité elle-même est conduite par les plus habiles jouteurs parlementaires, il se met à leur remorque. Il ne peut comprendre qu'il y ait une dissidence dans cette majorité qu'il doit bien connaître par les candidatures officielles, et, plutôt que de la voir se diviser, il cède tout, même aux adversaires inconciliables du gouvernement, comme MM. Thiers et Berryer, et notre grande France de la Révolution se trouve ainsi sacrifiée.

M. Thiers, avec sa limpide et facile éloquence, abuse un peu de son droit de donner des leçons; son discours est moins une discussion qu'une série d'affirmations qu'il qualifie hautainement d'irréfragables, d'indiscutables; je ne sais pas si beaucoup sont disposés à accepter les leçons de patriotisme de l'illustre orateur; quant à moi, je les repousse absolument, et j'appelle la défiance sur les conseils de cet homme d'État, qui compte tant de défaites dans ce qu'il appelle sa vieille expérience. Il est bien trois gouvernements au renversement desquels il a contribué : la Restauration, le gouvernement de Juillet, enfin la République.

Que penser d'un gouvernement qui suit les conseils de l'homme d'État dont la carrière n'est semée que de désastres ? Que diriez-vous d'un général se déclarant seul capable de conduire des armées, après n'avoir fait que perdre des batailles ? Il faut que le prestige momentané de cette éloquence ait été bien grand pour que personne n'ait rappelé ce passé, et que ce qu'il y a d'hommes dévoués au gouvernement dans la majorité se soit laissé entraîner à la suite d'un tel chef.

Soutenir que le pouvoir temporel du pape est un principe de la politique française, c'est une affirmation inexacte, surprenante de la part d'un homme qui a tant écrit sur l'histoire. Louis XIV ne s'occupait pas du pouvoir temporel, c'est vrai ; mais il allait plus loin, en attaquant et restreignant le pouvoir spirituel du pape en France, qui n'est pas en cause ici. Le pape, de son temps, n'était donc pas une de ces autorités que l'on peut discuter.

La première République a supprimé le pouvoir temporel du pape.

Napoléon Ier, après avoir essayé d'une conciliation, a reconnu que la destruction du pouvoir temporel était la condition d'existence pour une Italie forte, à laquelle il préparait l'avenir : ce n'est pas à l'historien de mon oncle que j'ai à apprendre comment il l'a supprimé.

Sans m'appesantir sur les procédés employés à l'égard

de Pie VII, s'il est un fait évident, indiscutable, clair comme le jour, c'est que l'empereur était un adversaire convaincu du pouvoir temporel, dont il considérait le maintien comme incompatible avec la société moderne. Les preuves en fourmillent sous mes mains; ici même, où je suis, entouré de toutes les lettres de l'empereur, j'en trouve des dizaines qui affirment ce que j'avance.

Le 17 mai 1809, Napoléon donne l'ordre à son ministre des relations extérieures de lui faire le rapport devant précéder le décret qui retire Rome au pape. Il écrit lui-même la minute du document d'où j'extrais les passages suivants :

« Il aurait fallu se résoudre à voir Rome devenir le
» refuge des brigands suscités ou vomis par nos ennemis
» dans le territoire de Naples.

» ... Si des dissensions ont si longtemps agité l'inté-
» rieur de la France, la cause en était non dans le pouvoir
» spirituel, mais dans le pouvoir temporel de Rome.

» ... S'ils sont les successeurs de Jésus-Christ, ils ne
» peuvent exercer d'autre empire que celui qu'ils tiennent
» de lui, et son empire n'était pas de ce monde.

» ... Si Sa Majesté ne fait que ce que seule elle pour-
» rait faire, elle laissera à l'Europe des semences de dis-
» cussions et de discordes. La postérité, en la louant
» d'avoir rétabli le culte et relevé les autels, la blâmera
» d'avoir laissé l'Empire, c'est-à-dire la plus grande majo-
» rité de la chrétienté, exposé à l'influence de ce mélange
» bizarre, contraire à la religion et à la tranquillité de

» l'Empire. Cet obstacle ne peut être surmonté qu'en sépa-
» rant l'autorité temporelle de l'autorité spirituelle. »

Le gouvernement de Juillet a-t-il été à Ancône pour se faire l'auxiliaire des Autrichiens et les aider à défendre le pouvoir temporel du pape ? Non. L'équité m'oblige à reconnaître que l'occupation d'Ancône a été un gage contre l'Autriche, le gendarme du pape, et, par conséquent, une attaque contre le gouvernement des prêtres, et une satisfaction au moins partielle à la révolution italienne, qu'on ne saurait maudire aujourd'hui dans son triomphe sans la condamner en 1831.

Si, sous notre seconde République, nous sommes allés à Rome, est-il possible d'oublier à quelle série d'affirmations non véridiques les ministres d'alors ont été obligés de recourir pour tromper l'Assemblée constituante, l'entraîner et se garantir de son ressentiment ? Rarement l'histoire parlementaire d'un peuple offre un plus fâcheux exemple. Alors aussi la majorité était conduite et dirigée par MM. Thiers et Berryer.

Toute la correspondance de la diplomatie française depuis plus de cent ans, que j'ai étudiée, n'est qu'un acte d'accusation contre le mauvais gouvernement des prêtres à Rome.

Aussi, je le répète, faire du maintien du pouvoir temporel un principe de la politique française, c'est de l'histoire de fantaisie; la vraie histoire enseigne que la politique française n'a, grâce à Dieu, jamais été inféodée au maintien du pouvoir temporel. Cette prétendue tradition ne date que de l'époque où un représentant du parti clérical et légitimiste entra dans les conseils du président de la République en 1849.

Ce ne fut pas sans peine qu'il entraîna l'héritier de Napoléon dans cette voie nouvelle ; il le raconte lui-même en ces termes dans une publication :

« Lorsqu'au lendemain de l'élection du 10 décembre 1848,
» le président de la République hérita du commencement
» d'expédition romaine projetée par le général Cavaignac,
» il ne consentit pas d'abord à y donner suite. »

Pour moi, rappeler ces hésitations, c'est rendre hommage aux sentiments du président de la République et confirmer mes affirmations.

Sans doute, soyons Français ; sachons tout sacrifier à l'intérêt de notre pays, surtout nos passions ; mais il ne faudrait pas commencer par nous donner l'exemple du contraire, en se montrant homme de parti et clérical avant d'être Français.

Pour ma part, je suis avant tout Français ; mais puis-je oublier que, en 1846, alors que M. Guizot soutenait les jésuites et le Sunderbund suisse, contre la majorité du peuple helvétique, on invoquait aussi la liberté des consciences catholiques ; le séjour des jésuites à Fribourg et à Lucerne était indispensable à la paix des âmes pieuses, et alors cependant M. Thiers faisait des discours tout aussi éloquents que ceux qu'il prononce aujourd'hui, avec la différence qu'il attaquait les cléricaux qu'il soutient aujourd'hui. Ceci prouve combien l'esprit de parti domine sa tactique parlementaire. Il veut bien louer Voltaire et approuver la conduite du grand philosophe dans sa défense du malheureux Calas, et à ceci j'applaudis des deux mains ; mais quelle différence y a-t-il entre les indignes traitements subis par Calas et ceux qu'inflige le pieux gouvernement de Rome au jeune Mortara?

Je me souviens d'avoir entendu un mémorable discours de M. Thiers sur les cinq libertés indispensables à tout peuple civilisé, et j'y ai trouvé d'excellentes choses : croit-il sérieusement que le gouvernement du pape veuille ou puisse même donner ces libertés si indispensables!

Qu'on le sache bien, les actes odieux comme celui de Mortara sont nombreux à Rome. Prouver que ce gouvernement est un des plus exécrables qui aient jamais existé; qu'il ne garantit ni la liberté, ni la sécurité, ni la propriété des citoyens; qu'à l'heure qu'il est, avec son tribunal de l'inquisition, qui fonctionne encore, avec ses tribunaux exceptionnels, avec son absence de justice, avec sa police toute puissante, il est un des plus purs et un des rares représentants du moyen âge parmi les nations civilisées, c'est une tâche trop facile, et il n'est pas un homme de bonne foi qui puisse le contester; il est jugé par lui-même dans ses discours, ses encycliques, son syllabus ; les lire, c'est le condamner.

Ce qui me frappe vraiment, c'est cette revue fantasmagorique des deux cents millions de catholiques que l'on fait sans cesse défiler dans toutes les discussions de la question romaine. D'abord deux cents millions de catholiques, en est-on bien sûr ? Je crois que, si on les faisait examiner par un jury de MM. les évêques, il s'en trouverait un grand nombre à éliminer au spirituel; mais est-ce à dire que même tous les vrais catholiques soient pour le pouvoir temporel du pape ? Vous y comptez tous les Français, parmi lesquels je crois fermement que la majorité partage mes opinions ; vous y comptez vingt-cinq millions d'Italiens adversaires du pouvoir temporel ; vous y comptez ces catholiques Allemands chez lesquels nous pourrions prendre des leçons de tolérance ; vous y comptez ces Autrichiens et ces Hongrois émancipés qui, parmi leurs premières conditions au gouvernement autrichien qui veut se réformer, mettent l'abandon de sa politique envers le pape et le rappel du concordat qui les lie au Saint-Siège.

Ce qu'il faut dire pour rester dans le vrai : ce ne sont pas les catholiques sincères, que je respecte profondément, c'est le parti clérical, composé dans sa grande majorité, sinon dans son unanimité, du parti légitimiste; ce sont malheureusement presque tous nos évêques, dont un des plus renommés s'est vanté de faire marcher son clergé comme un régiment, qui empruntent leur force surtout à l'appui que leur accorde généreusement l'administration; ce sont les cardinaux auxquels la Constitution ouvre le Sénat : voilà à quoi se réduit, en réalité, le parti que l'on appelle : « 200 millions de catholiques, » auquel il faut immoler le droit, la justice; auquel il faut livrer en pâture sept cent mille Romains; auquel il faut sacrifier un peuple que nous avons émancipé, et qui ne demande qu'à se montrer allié reconnaissant et utile.

Que voulez-vous! pour satisfaire ces consciences si douces, si inoffensives, si peu agressives, il faut que leur chef spirituel soit revêtu de la pourpre royale! Sans cela, la papauté spirituelle disparaîtrait! Et voilà comment vous voulez affermir la foi catholique!

Mais, enfin, il faut poursuivre le sophisme qui dit que, pour que les catholiques soient rassurés, leur chef spirituel doit régner à Rome. Que répondre aux protestants, qui réclameraient un pouvoir temporel pour le chef de leur consistoire? Que répondre aux juifs, qui demanderaient une petite souveraineté pour le grand rabbin? Les protestants, les juifs, les philosophes, les libres penseurs, les dissidents de toute nature n'ont donc pas la liberté de leur conscience, parce que leur chef n'a pas un peuple à opprimer et à mal gouverner?

Tenez, mon cher ami, s'il est quelque chose qui peut confondre la raison humaine, c'est de voir, au XIXe siècle, une assemblée française approuver ces sophismes, ces erreurs cléricales, et cela, sous l'égide du noble drapeau de l'indépendance et de la liberté.

Que cet exemple serve de leçon à ces coalitions qui déconsidèrent les parlements, entre des hommes qui, ayant des principes opposés, doivent rester séparés!

M. Thiers n'a pu nier l'unité sans affirmer les droits des princes chassés par leurs peuples, et sans les défendre; c'est tout simple, la logique est inexorable. Si vous voulez maintenir le pouvoir temporel, il faut être contre l'unité; si vous êtes contre l'unité, il faut restaurer les princes, et, comme les Italiens ne veulent pas de ces restaurations, il faut les leur imposer par la force.

C'est bien dommage que l'Autriche ne veuille plus de ce rôle. Il serait si facile alors de la laisser faire! Mais peu importe : la France fera ce que les Autrichiens ne veulent plus faire ; on l'y prépare par les éloges des princes dépossédés; n'y ont-ils pas des titres incontestables?

Le roi de Naples est un Bourbon; n'est-il pas tout naturel que cette qualité lui obtienne l'appui d'un Napoléon ?

Peut-on davantage méconnaître les titres du duc de Toscane? Il était contre nous à Solférino, avec son uniforme autrichien et sa qualité d'archiduc.

Les titres du duc de Modène, de l'honorable duc de Modène, selon M. Thiers, qui lui donne sans doute cette qualification par habitude de la tribune, sont encore plus irrésistibles, et il ne faut pas tarder à le rendre à ses anciens sujets : n'a-t-il pas refusé de reconnaître non seulement le gouvernement impérial, mais encore celui de 1830? Cet hommage rendu au duc de Modène témoigne d'une grande abnégation de la part d'un homme d'État du gouvernement de Juillet. Voilà les prétendants recommandés à l'Italie, et que M. Thiers voudrait patronner par la politique française!

Avoir secouru, en 1859, l'Italie contre l'Autriche a été d'une bonne et patriotique politique; c'est sans nul doute ce que l'empereur a fait de mieux à l'extérieur et ce qui restera dans l'histoire ; mais, s'il en est ainsi, il faut accepter les conséquences de cette expédition ; l'unité en est la première et la plus impérieuse.

Pour les gens les moins clairvoyants, la guerre de 1859 menait forcément à l'unité, et il fallait dès ce jour subir les Autrichiens maîtres de l'Italie ou prévoir l'unité complète.

Mais serrons les arguments. On nous objecte qu'il ne faut pas confondre l'émancipation de l'Italie avec son unité, que l'unité n'est pas une idée française, que l'intérêt de la France demandait une confédération entre les princes italiens, et que c'est ce que voulait le traité de Villafranca.

Je suis peut-être plus que personne en situation de vous dire la vérité sur Villafranca, puisque c'est moi qui ai été envoyé par l'empereur auprès de l'empereur d'Autriche à Vérone. Villafranca n'était qu'une trêve loyale sans doute des deux côtés, mais qui devait forcément aboutir à l'unité ou à la restauration de la domination autrichienne en Italie. Il n'y avait pas de place pour la confédération ; c'eût été une agglomération forcée entre ennemis qui n'auraient pas tardé à s'entre-déchirer.

D'abord une confédération de rois et de monarchies est une idée radicalement fausse et inapplicable, non viable par elle-même. L'histoire nous montre que la forme fédérative ne convient réellement qu'aux républiques. Quoi qu'on pense de cette thèse philosophique, il est du moins certain que, pour une confédération, il faut des confédérés.

Or c'est juste ce qui manquait à Villafranca ; en fait de confédérés, il n'y avait que le gouvernement français, qui ne devait pas faire partie de la confédération : le pape n'en voulait pas ; l'Autriche n'était nullement disposée à faire de la Vénétie un royaume indépendant pour l'archiduc Maximilien et à entrer dans la confédération ; le roi Victor-Emmanuel n'en voulait à aucun prix, et, par-dessus tout, le vrai souverain, celui dont les aspirations nationales devaient tout dominer, le peuple italien, que nous venions émanciper, n'en voulait pas.

Les bases donc des préliminaires de Villafranca n'étaient pas celles d'une paix applicable, et la preuve en est que la clause des restaurations, inscrite dans le traité de Zurich, n'était par encore signée, que déjà elle était considérée comme non avenue. Tous l'ont reconnu d'un consentement tacite ; la France, qui n'a pas insisté sur la confédération ; l'Autriche, qui n'a pas osé intervenir pour restaurer les souverains, et l'Italie, qui ne pouvait et ne devait pas poursuivre un autre but que l'unité.

Il y a deux choses bien distinctes dans les préliminaires de Villafranca : 1° Les faits reconnus et acceptés de la cessation des hostilités et de la cession de la Lombardie ; 2° des *desiderata* platoniques, c'est-à-dire l'acceptation de la rentrée possible des princes italiens ; mais cette rentrée ne devait être opérée que par la volonté des populations, et nous avons fait la déclaration positive, loyale, péremptoire, que jamais la France ne permettrait que ces restaurations se fissent par les armes autrichiennes ; quant à les opérer par nous-mêmes, nous eussions considéré une telle proposition comme une insulte; il n'y a pas eu la moindre équivoque là-dessus.

Dès la paix, les Italiens du Nord ont évacué complètement les provinces de l'Italie centrale, livrant ces peuples à eux-mêmes: le roi Victor-Emmanuel, quoiqu'il ait toujours eu la conscience de ses devoirs envers l'Italie, a presque hésité à accepter les plébiscites des provinces dont la volonté énergique et persévérante se manifestait pour l'annexion.

Sans doute la volonté des peuples peut sembler dérisoire à certains esprits; mais nous n'en étions pas là en 1859; que les inspirateurs de la loi du 31 mai, qui supprimait trois millions d'électeurs en France; que ceux qui subissent le suffrage universel sans l'accepter, aiment à le décrier et à le contester en Italie avant de l'attaquer ouvertement chez nous, cela est aisé à comprendre.

Pour rester dans la pratique, je n'entrevois même pas quelle possibilité il y avait d'empêcher l'annexion des provinces centrales, d'abord, et l'unité de l'Italie ensuite. Pour ma part, je n'ai jamais hésité devant ces conséquences logiques et forcées, qu'il fallait être naïf pour ne pas prévoir, et, j'ose le dire, c'est parce que j'étais partisan sincère de la guerre de 1859, que j'ai toujours été partisan de l'unité de l'Italie, et que je désire qu'elle se complète.

Je comprends mieux l'enthousiasme de M. Berryer; il est logique, et son émotion venait sans doute de ce qu'il ne pouvait croire à son succès: tel un ennemi se présentant devant une place forte, et ne trouvant pour la défendre qu'un chef prêt à capituler sans combat et à lui livrer plus qu'il n'osait espérer. C'est bien le cas de rappeler ces paroles de mon oncle, qui, par un retour sur lui-même, et comme un conseil légué à la postérité, dit: « Les blancs seront toujours blancs. »

Les paroles de M. Rouher ne contiennent pas d'attaques directes contre l'unité de l'Italie; il veut bien la reconnaître, mais en lui posant une nécessité impossible de coexistence avec le pape souverain.

Usant d'une vieille tactique souvent employée depuis 1848, il a évoqué devant la majorité le spectre rouge, et montré, à l'occasion d'un congrès de la paix, les aspirations anarchiques prêtes à triompher à Rome, Florence et Paris. Ces procédés sont bien usés; c'est tenir peu compte du bon sens français.

A côté de cela, comme corollaire indispensable, il s'est livré à une série d'injures contre le général Garibaldi. Je n'ai point à défendre le général des volontaires; il ne représente pas les principes que je voudrais voir triompher; il en est l'exagération emportée, fâcheuse, déplorable, mais enfin cela ne m'aveugle pas sur la place qu'il occupera dans l'histoire, et, pour vous dire toute ma pensée, quand la postérité aura oublié beaucoup d'éloquents ministres, le nom de Garibaldi vivra comme celui d'un citoyen qui a beaucoup fait pour son pays, a donné de grandes preuves d'abnégation et de désintéressement, et restera comme une figure extraordinaire, difficile à comprendre dans nos temps. Plus que jamais je fais cette réflexion que, si la modération est bonne pour tous, elle est d'autant plus nécessaire qu'on a plus de pouvoir.

J'aborde la rectification des faits.

Que voulait la convention du 15 septembre ? Elle avait troits buts : 1º dégager le gouvernement français d'une mauvaise situation à Rome ; 2º rendre nécessaire une conciliation entre l'Italie et le pape; 3º laisser entier le droit des Romains vis-à-vis de leur gouvernement.

C'était une expérience pour laquelle il fallait, de part et d'autre, une grande modération qui malheureusement a fait défaut.

Nous dégager de Rome était une idée que l'empereur a toujours poursuivie. Son gouvernement a reconnu à plusieurs reprises qu'il y était contre le droit des Romains, qu'il y soutenait un gouvernement, dont il n'approuvait pas la conduite et duquel il ne pouvait obtenir aucune réforme depuis dix-huit ans, qui méconnaissait ses conseils les plus modérés, les plus désintéressés, et qui y répondait par des doctrines telles que le Syllabus.

L'Italie a transporté sa capitale de Turin à Florence par sa propre volonté, et non d'après les stipulations de la convention que j'ai sous les yeux, et qui n'en dit pas un mot. C'était un acte que le gouvernement italien faisait comme preuve de ses intentions conciliatrices, sans qu'il y fût obligé par le traité.

Comment la cour pontificale a-t-elle répondu à cet acte conciliant que le gouvernement français avait conseillé non officiellement à l'Italie ? Par les discours et le *Syllabus* que l'on connaît : toujours ce Syllabus qui, quoi qu'on dise, est la charte de la politique romaine.

Que la convention du 15 septembre fût une tentative de conciliation, cela résulte de ce fait que la France stipulait sans consulter le pape, pour le forcer à un arrangement avec l'Italie, une fois livré à lui-même.

Les bases de l'arrangement n'étaient pas précisées ; chacune des parties conservait son appréciation sur la souveraineté du pape. Dè là les explications différentes données à Paris et à Florence.

Il m'est facile de retrouver dans mes souvenirs les bases, un peu vagues, de l'entente entrevue et désirée par la France. Il s'agissait, avant tout, de la reconnaissance de l'Italie actuelle par le pape, d'une simple souveraineté nominale pour celui-ci sur des municipalités presque indépendantes, de la suppression des douanes et passeports entre les deux États ; du droit qu'auraient les Romains de pouvoir jouir de tous les avantages des citoyens italiens, être députés, fonctionnaires, etc., sans compromission pour eux quand ils rentreraient à Rome.

Tout ceci n'était pas officiel ; je ne juge pas de la possibilité de l'application ; mais je ne vous apprendrai rien en vous disant qu'un acte aussi important que ce traité a dû être précédé et suivi de longues explications, qui sont très présentes à ma mémoire; et croyez bien que je ne vous écris que la vérité la plus incontestable.

L'Italie s'engageait à ne pas attaquer ni laisser attaquer

le gouvernement du pape ; mais le droit des Romains vis-à-vis de leur souverain, ce qui constitue la souveraineté nationale de ces populations, était respecté ; pas un mot ne faisait allusion à sa suppression ; c'était une affaire à régler entre le pape et ses sujets, avec la France et l'Italie pour témoins. La France avait stipulé le droit pour le pape d'avoir une armée composée d'étrangers ; mais c'était une armée purement pontificale, sans intervention française et qui ne devait pas menacer l'Italie.

La légion d'Antibes n'a-t-elle pas constitué une intervention déguisée de la France ? L'inspection d'un général français à Rome a-t-elle été une simple promenade de touriste ? Un illustre maréchal, ministre de la guerre, a-t-il écrit comme particulier et nullement comme ministre ?

Si la légion d'Antibes n'était composée que de simples volontaires, comment se fait-il que le temps pendant lequel ils servaient dans l'armée papale leur fût compté en déduction de celui qu'ils avaient à servir dans l'armée française ? Comment votre loi de conscription recrute-t-elle l'armée du pape ? Un général passant une inspection en uniforme, adressant un discours à des soldats au nom de la France, n'engage-t-il pas la responsabilité de son gouvernement ? Un ministre qui envoie des déserteurs aux compagnies de discipline françaises, ne considère-t-il pas ces individus comme des soldats français ?

Cela ne supporte pas la réflexion. La meilleure preuve que la légion d'Antibes n'a été un concours sérieux pour le gouvernement du pape qu'à la condition de considérer les soldats qui la composaient comme encore au service de la France, c'est que, au moment de l'évacuation, quand le général commandant les troupes françaises a demandé ceux qui, parmi nos soldats, voulaient servir le pape, il n'a trouvé, si j'ai bonne mémoire, que *dix-huit volontaires* sur un effectif de près de *dix mille hommes*. Tant qu'il y a eu des doutes sur le pays que servait la légion d'Antibes, une désertion énorme s'y est produite et n'a été arrêtée que par les paroles du général qui leur a dit qu'ils servaient la France.

Tout mauvais cas est niable, avec beaucoup de talent, devant une majorité passionnée. Elle n'a cependant pas été informée que l'illégalité de la composition de la légion d'Antibes a été reconnue par une note du gouvernement français, du mois de septembre, qui est une sorte de désaveu, et qui promet formellement qu'à l'avenir nos soldats ayant encore à servir dans la réserve ne seront pas autorisés à s'engager dans cette légion.

L'Italie a commencé par remplir loyalement tous ses engagements ; elle a exécuté la volonté qu'elle avait exprimée de transporter sa capitale, au prix du sang italien répandu à Turin ; elle a pris à sa charge une partie de la dette pontificale ; elle a consenti, au delà des termes de la convention, à verser son argent entre les mains du gouvernement français, le pape voulant bien profiter de l'argent italien, mais ne voulant pas lui en donner reçu. Elle a grevé ses finances pour surveiller une frontière de plus de soixante kilomètres, très difficile à fermer. Elle a envoyé deux fois à

Rome des missions officieuses qui ont échoué. Elle a réintégré dans leurs diocèses italiens, peut-être imprudemment, les évêques les plus hostiles à sa cause.

Comment le gouvernement du pape a-t-il répondu à cette conduite? En criant, en protestant, en soudoyant le brigandage sur le territoire italien, en reconnaissant l'ancien roi de Naples, non en lui donnant un simple asile, mais en faisant des États romains un foyer d'intrigues bourboniennes ; en donnant un grade dans son armée à un prince napolitain ; en se servant de Rome comme d'une forteresse, d'où les boulets réactionnaires partaient sur l'Italie, qui avait bien le droit de recevoir ces boulets, mais qui n'avait pas celui de prendre la pièce qui les lançait; enfin, en faisant un appel à la désobéissance directe aux lois italiennes, à l'occasion des biens du clergé.

Que dirions-nous si, en France, le pape faisait des mandements enjoignant au clergé et aux citoyens de désobéir à nos lois?

Avec l'excitation réciproque que tous ces faits devaient causer, une explosion était inévitable: qu'a-t-on fait pour la prévenir? N'avons-nous pas eu trois ans de répit pour obtenir cette conciliation dont on trouve le vœu dans tous les documents français? Mais qu'a produit ce vœu? Rien. C'est ou une grande incapacité ou un refus péremptoire de la part du pape; on ne ne peut pas sortir de ce dilemme.

En face des événements poussant fatalement à une crise, rien, absolument rien, n'a été fait pour la prévenir; le gouvernement italien, sentant le terrain de la convention fléchir sous ses pieds, a perdu son équilibre malgré ses observations réitérées et Garibaldi l'a débordé.

Je n'entreprendrai pas de justifier la violation d'un traité ; je tâche seulement de me rendre compte de la situation. Imprévoyance et fatalité sont les deux mots qui précisent cette situation, tandis que, pour appliquer la convention du 15 septembre, il fallait réciproquement de la prudence et de la fermeté.

M. Rouher a beaucoup insisté sur la conduite des Romains, et s'en est servi comme d'un argument pour prouver leur adhésion au gouvernement des prêtres.

Ce raisonnement est facile à combattre. Sur une population de 700,000 âmes, 12 à 15,000 émigrés, tout ce qu'il y a de plus actif dans la population, ont été exilés ou se sont enrôlés dans les bandes garibaldiennes ; 2 à 3,000 hommes arrêtés étaient dans les prisons du pape ; le reste était maintenu par une armée étrangère pas mal organisée, se montant à 10 ou 12,000 hommes, dont les éléments, sans aucun lien avec le pays, éloignaient toute idée de ménagement.

La population romaine, ainsi séparée de tout ce qu'il y avait de plus ardent, soit par la proscription, soit par la prison, est éminemment fine et aime peu le combat, suite inévitable du long despotisme qui pèse sur elle : un peuple n'acquiert pas en un jour les qualités nécessaires à son émancipation.

Avec la menace incessante d'une intervention française, les Romains se sont dit : « Le débat est au-dessus de nos

» têtes ; il est entre la France, le pape et l'Italie ; attendons
» et voyons le résultat avant de nous compromettre. »

Les hommes capables de tous les sacrifices dans l'intérêt de leur pays sont rares partout, et je ne m'étonne pas qu'on n'en ait pas trouvé un plus grand nombre parmi ceux élevés sous la tyrannie des prêtres ; mais l'expérience ne serait pas difficile à faire, et je n'ai aucun doute sur le résultat du vote des Romains, si on veut tenter le plébiscite d'une façon loyale, avec une déclaration de se soumettre d'avance à son verdict, même en présence des troupes françaises.

Comme l'affaire de Rome est le point culminant de la politique française dans ces dernières années, M. Rouher, en parlant des affaires d'Allemagne, a insinué que la conduite de l'Italie, dans sa dernière alliance avec la Prusse, nous avait été peu sympathique. Je crois savoir le contraire, et je ne commets aucune indiscrétion en vous disant que le traité entre la Prusse et l'Italie a été connu et approuvé par la France, que s'il y a eu quelques indécisions, elles sont venues de l'Italie, qui aurait préféré faire la guerre à l'Autriche sans traiter avec la Prusse.

Si le ministre d'État n'a appris le traité qu'il regrette que par les journaux, c'est qu'il est bien mal informé, et qu'il serait par trop exclusivement regardé comme ministre de la parole. Non, je ne puis le croire ; cela peut être un argument de tribune, mais ce n'est point un fait exact ; la France connaissait le traité entre la Prusse et l'Italie, et n'a rien fait pour l'empêcher ; au contraire.

J'arrive au départ des troupes françaises. Je vais faire une grande concession, en reconnaissant que, d'après le texte étroit du traité, dégagé de toutes les communications verbales, faisant abstraction de l'intervention indirecte de la France par la légion d'Antibes, de l'hostilité flagrante du pape vis-à-vis de l'Italie, de l'absence de tentatives sérieuses faites pour une conciliation, le droit d'intervention de la France pouvait être soutenu : mais certes elle n'en avait pas le devoir, et les intérêts français seuls devaient l'inspirer. Or ces intérêts étaient de ne pas remettre les pieds dans ce guêpier romain pour remplir à Rome le triste rôle des Autrichiens, et d'accepter cette siuation sans aucune des réserves qui, du moins, avaient accompagné notre première intervention.

Notre intérêt était de laisser l'Italie aux Italiens ; car tous les arguments diplomatiques, tous les sophismes, ne feront pas que Rome ne soit pas en Italie, que les Italiens n'aient pas à se préoccuper de ce qui se passe dans le centre de la péninsule, que l'état actuel puisse durer, que le pape souverain ne soit pour l'Italie une cause de trouble, d'agitation, qui doit cesser ; de la part de Pie IX, surtout, il est surprenant de le voir oublier sa mission de paix sur la terre, lui qui, en 1848, a refusé de déclarer la guerre à l'Autriche au milieu de l'élan national de son pays, et qui recrute aujourd'hui une armée étrangère contre ses propres sujets et verse le sang de ces concitoyens italiens.

La longue histoire de la papauté n'est qu'un appel aux armes étrangères pour imposer une somme de mauvais gouvernement qu'un peuple ne peut pas supporter.

Toute l'histoire papale se résume ainsi : *faire du mal à son pays à l'aide des baïonnettes étrangères*...

Si une conférence européenne a toujours été si difficile que, pour ma part, je n'ai jamais cru à sa réalisation, fallait-il encore et avant tout, en face des objections préliminaires qu'elle soulevait, une grande réserve diplomatique.

M. de Moustier l'avait ainsi compris dans ses discours ; mais annoncer à l'avance que *jamais*, et quoi qu'il arrivât, la France n'abandonnerait le pouvoir temporel du pape, et qu'elle lui maintiendrait son territoire actuel, c'était dicter d'avance à la conférence ses résolutions et la rendre tout à fait impossible. Les États indépendants de l'Europe ne sont pas des enfants que l'on appelle en conférence pour signer des résolutions toutes rédigées ; et, en jetant la conférence aussi bien que l'Italie aux pieds d'une majorité égarée, sous le coup des injonctions de MM. Thiers et Berryer, M. Rouher peut avoir obtenu un succès de tribune, mais il a certainement sacrifié les intérêts de la France.

Peu de mots suffisent pour réfuter cette assertion d'égale sympathie pour l'unité de l'Italie et le pouvoir temporel des papes dans leurs conditions actuelles ; cela n'est pas plus admissible que l'idée de la Confédération.

Il est au-dessus des forces du plus grand pays d'obtenir des résultats contradictoires : l'unité actuelle et le pouvoir des papes s'excluent radicalement, ne peuvent se concilier : vouloir l'un, c'est combattre l'autre. Faites un choix ; il n'y a que deux politiques ; vous en chercherez inutilement une troisième ; si les faits du passé ne vous l'ont pas assez prouvé, l'avenir, un avenir prochain, se chargera de le démontrer.

Sous le coup de l'émotion que me cause le triomphe du parti clérical dans la politique française, je me demande ce que nous réserve l'avenir. Vous et moi, nous avons, dans nos sphères d'action respectives, poursuivi l'alliance de l'Empire avec la liberté, avec des institutions franchement constitutionnelles; certes, ce but devient plus difficile à atteindre.

Tout se tient, et en France plus que partout ailleurs : la politique étrangère influence et détermine la politique intérieure. Soutenir les principes de liberté à l'étranger, c'est en rendre le triomphe inévitable à l'intérieur. La campagne d'Italie a amené l'amnistie, les décrets du 24 novembre et les promesses contenues dans la lettre du 19 janvier. Vouloir livrer la France aux cléricaux, on peut le tenter, mais non y réussir : je ne suis pas inquiet du résultat, je le suis des graves difficultés que cette tentative peut amener.

La majorité, sous des inspirations fatales, se montrera défiante du pays et antilibérale; nous allons le voir dans la discussion des lois sur la presse et sur le droit de réunion; le droit, même limité et restreint, ainsi qu'il l'est dans le projet du gouvernement, que j'ai assez combattu, sera, je le crains, la seconde victime des déclarations du 5 décembre.

Les cléricaux veulent bien pour eux la liberté de la presse, la liberté de réunion, dont ils jouissent dans les églises, le droit d'invectives du haut de la chaire; mais ils ne veulent pas que leurs adversaires jouissent des libertés, même restreintes, que l'on avait promises. La cause du progrès ne se sépare pas; quand on la combat au delà des Alpes, on ne tarde pas à la combattre chez soi.

Comment sortir de Rome aujourd'hui? Par la conférence? Elle est impossible. Par des concessions du pape? Il n'y faut pas songer. Par l'abdication des aspirations italiennes? On ne l'obtiendra pas, et je ne le désire pas. Cause permanente d'agitation en Europe, notre intervention sera aussi fâcheuse que celle des Autrichiens, et, après avoir tant fait pour expulser ces étrangers, nous allons les remplacer et avoir notre Vénétie à Rome.

Nous combattons le pouvoir temporel dans l'intérêt français : le jour où il tombera sera un plus grand jour d'émancipation pour la France que pour l'Italie, et, si cette délivrance nous vient de l'Italie, ce sera un service de plus à ajouter à tous ceux que cette terre féconde a rendus à l'humanité. Semblable aux martyrs des causes justes, elle a beaucoup souffert et le monde a profité de ses malheurs. Les arts, les sciences, la littérature, la politique ont eu leur berceau en Italie. Je l'avoue, mon patriotisme s'alarme de lui être redevable de ce grand affranchissement du pouvoir temporel des papes. J'aurais voulu, pour mon pays, la gloire de cette réforme, indispensable aujourd'hui.

Cependant n'exagérons rien; quand l'aiguille du temps marque l'heure voulue, ce n'est pas la majorité d'une assemblée qui peut l'arrêter : elle peut entraver, retarder, mais voilà tout.

Ne nous abandonnons pas au découragement. Lors des

APPENDICE.

discussions sur le Mexique, n'avons-nous pas vu une minorité encore plus faible que celle qui a blâmé la seconde expédition de Rome? La majorité a voté tous les crédits, elle a tout approuvé, tout ratifié ; et cependant n'a-t-elle pas été elle-même satisfaite de la fin d'une expédition qui a si longtemps obtenu ses votes et ses applaudissements?

Des complications graves peuvent venir de l'étranger; en restant à Rome, nous perdons une alliée dévouée et utile, le bénéfice de la guerre de 1859, et tout cela pour le pouvoir temporel du pape!

Cette guerre, cependant, c'était une noble et grande idée; c'était la destruction territoriale de ces traités de 1815, résultat de nos désastres.

Nous lui devons Nice et la Savoie, ces provinces françaises nécessaires à nos frontières. C'était la première assise d'une reconstruction européenne à notre profit et au profit de la liberté.

L'Europe, mal constituée en 1815, sur des principes iniques, devait se transformer ; les événements l'ont prouvé; il fallait prévoir, aider et diriger cette transformation nécessaire à la France, aux peuples de l'Europe et à la paix; mais ce développement ne trouve pas sa place ici, où il ne s'agit que de la question romaine.

Un seul progrès nous est acquis ; c'est de tracer une ligne de démarcation nette entre les amis et les ennemis de la liberté; aujourd'hui, plus d'équivoque possible Que l'esprit clérical trouve partout, comme l'ennemi commun, des adversaires convaincus et fermes.

J'ai été frappé de ce qu'a dit un orateur sur la liberté des églises : le prêtre libre et respecté dans l'église; mais sans action dans l'État : voilà la voie de l'avenir.

Ma lettre est bien longue, et je ne vous ai point dit toutes les réflexions que me suggèrent les derniers événements. Politiquement isolé, sans aucune influence sur les affaires de mon pays, je me consolerai sans peine si j'assiste au triomphe de la France et de notre cause. La tristesse du présent ne doit pas faire désespérer de l'avenir : plus que jamais le patriote doit chercher sa consolation et sa force dans son désintéressement, sa conviction, sa conscience, et non dans l'espoir d'un succès plus ou moins prochain?

Recevez, mon cher monsieur Sainte-Beuve, l'expression de tous mes sentiments d'amitié.

Votre affectionné,

NAPOLÉON JÉRÔME.

TABLE.

1818

		Pages.
I.	A M. l'abbé Barbe.	1

1819

| II. | Au même. . . . . . . 11 janvier . . . . | 2 |

1823

| III. | Au même . . . . | 4 |

1828

| IV. | Au même . . . . | 8 |

1829

| V. | Au même . . . . 3 janvier . . . . | 10 |
| VI. | Au même . . . . 26 juillet . . . . | 12 |

1830

| VII. | Au même . . . . 30 mai . . . . . | 15 |

1831

| VIII. | Au même . . . . 18 décembre . . . | 18 |

1832

| IX. | A M. Raulin . . . . . . 20 juin . . . . . | 20 |

TABLE.

1833

			Pages.
X.	A M. Émile Souvestre, à Brest.	6 septembre	21
XI.	A Madame Carlier, au collège de Saint-Omer. . .	10 octobre	22

1834

XII.	A Madame Pélegrin	24

1835

XIII.	A M. l'abbé Barbe	1ᵉʳ février	26
XIV.	A M. Hippolyte de la Morvonnais.	28 mars ou avril . .	29
XV.	A Madame Pélegrin. . . .	25 novembre	31
XVI.	A M. Louis Noël	18 décembre.	32

1836

XVII.	A Jean-Jacques Ampère. .	15 juillet	34
XVIII.	A Madame Pélegrin	13 août.	37
XIX.	A la même.	21 septembre	38
XX.	A M. l'abbé Barbe	1ᵉʳ octobre.	40

1837

XXI.	A Madame Pélegrin. . . .	26 août.	42

1838

XXII.	A la même.	17 mars	44
XXIII.	A Madame ***	29	45
XXIV.	A M. le Rédacteur en chef du *Siècle*.	15 août.	47
XXV.	A M. Arsène Houssaye. .	15 novembre	49
XXVI.	A M. Monnard	25 août.	50
XXVII.	A M. Arsène Houssaye.		52
XXVIII.	A M. Monnard	7 novembre	53

TABLE.

			Pages.
XXIX.	Au poète Mickiewicz	28 novembre	54
XXX.	Au même.	21 décembre	55

1839

| XXXI. | A M. l'abbé Barbe | 13 janvier | 56 |
| XXXII. | A M. A. E. Chaudesaigues | | 59 |

1840

XXXIII.	A Madame la comtesse Marie d'Agoult	9 février	60
XXXIV.	A Madame O..., de Lausanne		61
XXXV.	A Mademoiselle Herminie Chavannes	20 mai	62
XXXVI.	A M. Charles Eynard	7 juillet	65

1841

XXXVII.	A M. Arsène Houssaye.		67
XXXVIII.	A Rodolphe Töpffer		68
XXXIX.	A un compatriote.	22 août	70
XL.	A M. Alfred Asseline	20 novembre	73
XLI.	A Rodolphe Töpffer	1ᵉʳ décembre	75

1842

| XLII. | A M. le professeur Eugène Borel, à Stuttgard. | 8 janvier | 77 |
| XLIII. | A M. Arsène Houssaye | 14 janvier | 78 |

1842 ou 1843

| XLIV. | A M. Vulliemin | juillet | 79 |
| XLV. | A M. Charles Eynard | 22 avril | 80 |

1843

| XLVI. | Au même | 3 janvier | 81 |
| XLVII. | A Madame Gaillard | | 83 |

		Pages.
XLVIII.	A M. Nicolas Martin . . . *28 mai*	84
XLIX.	A M. Alfred Asséline.	84
L.	A M. Charles Eynard. . . *27 août*.	85

1843 ou 1844

LI.	A Madame la comtesse d'Agoult.	87
LII.	A M. Arsène Houssaye	89

1844

LIII.	A M. Philarète Chasles . . *3 juin*.	90
LIV.	A M. Arsène Houssaye.	90
LV.	A M. l'abbé Barbe . . . . *5 mai*.	91
LVI.	A Madame Vertel . . . . . *10 juillet*	94
LVII.	A M. Charles Eynard . . . *2 août*	94
LVIII.	A un compatriote. . . . . *11 août*.	96

1845

LIX.	A M. l'abbé Barbe . . . . *18 juin*.	97
LX.	A M. Arsène Houssaye . . *14 juillet*	99
LXI.	A M. Charles Eynard. . . *18 novembre*	100

1846

LXII.	A Rodolphe Töpffer. . . . *28 avril*	103
LXIII.	Au même. . . . . *5 mai*.	104
LXIV.	A M. Nicolas Martin . . . *mai ou juin* . . .	106
LXV.	A M. Arsène Houssaye . . *13 août*.	107
LXVI.	A Madame Töpffer . . . . . *16 novembre*	108
LXVII.	A M. l'abbé Barbe . . . . *26 novembre*	109

1847

LXVIII.	A M. Charles Eynard. . . *17 juin*.	111
LXIX.	Au même . . . . *2 décembre*	112

1848

LXX.	A Madame Tourte-Cherbuliez, à Genève	*8 mars*	113
LXXI.	A M***.	*30 juin*	115

1849

LXXII.	A M. Charles Eynard.	*23 juin*	116
LXXIII.	A M. H. Fréd. Amiel, professeur à l'académie de Genève	*1er juillet*	118
LXXIV.	A M. H. Violeau		119

1850

LXXV.	Au directeur du *Constitutionnel*	*16 avril*	121
LXXVI.	A M. Adolphe Cazalet		122
LXXVII.	A Madame Arsène Houssaye	*22 décembre*	123
LXXVIII.	A M. l'abbé Barbe	*25 décembre*	124

1850 ou 1851

LXXIX.	A M. Jules Janin	*29*	125

1851

LXXX.	A M. Arsène Houssaye	*23*	126

1852

LXXXI.	Au même.	*1er février*	127
LXXXII.	A M. Adolphe Cazalet	*21 février*	128
LXXXIII.	A M. Philarète Chasles		129
LXXXIV.	A M. Ernest Renan	*29 août*	130
LXXXV.	A M. Fortoul, ministre de l'instruction publique	*6 septembre*	132

1853

LXXXVI.	A M. Jules Guillemin, à Mervans	*15 mai*	133

			Pages.
LXXXVII.	A Madame Louise Colet.	*4 juin*.	134
LXXXVIII.	A un compatriote.	*27 septembre*	135
LXXXIX.	A M. Laisné	*13 octobre*	136

1855

XC.	A M. Morel.	*10 octobre*	138

1856

XCI.	A M. Nicolas Martin	*6 juillet*.	139
XCII.	A M. Chéruel	*27 octobre*	140
XCIII.	A M. Dussieux, professeur d'histoire à Saint-Cyr.	*31 octobre*	141
XCIV.	Au même.	*3 novembre*	142

1857

XCV.	A M. Poulet-Malassis	*23 février*.	142
XCVI.	A M. Paul Dalloz, note pour *le Moniteur universel*.	*mai*.	143
XCVII.	A M. Ernest Renan.	*28 septembre*	146

1858

XCVIII.	A M. André van Hasselt .	*février*.	147
XCIX.	A M. Ernest Renan.	*17 mars*	148
C.	A M. Sommers.	*29 septembre*	149
CI.	A M. Amédée Roux.	*28 décembre*.	151
CII.	A M. Ernest Renan.	*30 décembre*	152

1859

CIII.	A Charles Baudelaire.	*23 février*.	153
CIV.	A un compatriote.	*11 juin*.	155
CV.	A M. Jules Janin.	*3 août*.	156
CVI.	A M. Ernest Renan.	*13 août*.	157
CVII.	A Madame Solange Sand	*septembre*	158

1860

			Pages.
CVIII.	A M. Joséphin Soulary, à Lyon	8 janvier	159
CIX.	A M. Jules Gaillard	11 mai	160
CX.	A M. Poulet-Malassis	12 mai	161
CXI.	A M. de Lescure	15 mai	162
CXII.	A M. Jules Janin	2 septembre	163
CXIII.	A M. Ernest Renan	9 septembre	164
CXIV.	A Hippolyte Lucas	1er décembre	165
CXV.	A M. Prévost-Paradol	28 décembre	167

1861

CXVI.	A M. Poulet-Malassis	13 avril	167
CXVII.	A M. Thiers	29 août	168
CXVIII.	A M. Prévost-Paradol	9 novembre	169
CXIX.	A M. Victor Lambinet, juge à Versailles	14 décembre	170

1862

CXX.	A M. Prévost-Paradol	20 mars	171
CXXI.	A M. Ernest Renan	8 avril	172
CXXII.	A M. B. Jouvin	1er mai	173
CXXIII.	A M. Ernest Renan	5 mai	174
CXXIV.	Au même	26 mai	175
CXXV.	Au même	3 août	176
CXXVI.	A M. Poulet-Malassis	14 août	176
CXXVII.	A M. Parent-de-Rosan	22 décembre	177
CXXVIII.	Au même	23 décembre	178
CXXIX.	A M. William L. Hughes	27 décembre	179
CXXX.	Au même	30 décembre	180

1863

CXXXI.	A M. Ernest Renan	2 janvier	180
CXXXII.	Au même	2 février	181
CXXXIII.	A M. l'abbé Barbe	1er mars	182
CXXXIV.	A M. Ernest Renan	18 mars	183
CXXXV.	Au même	19 septembre	183
CXXXVI.	A M. Maurice La Chesnais	28 septembre	184

1864

			Pages.
CXXXVII.	A M. Victor Lambinet, juge à Versailles.	20 février.	185
CXXXVIII.	A un compatriote.	29 février.	186
CXXXIX.	A M. de Lescure.	30 avril.	188
CXL.	A M. Charles Berthoud, de Gingins (canton de Vaud)	1er mai.	190
CXLI.	A M. Henry Vetteron, avocat à Sedan.	28 mai.	191
CXLII.	A M. de Lescure.	13 juin.	191
CXLIII.	Au même.	19 juin.	192
CXLIV.	A M. de Lamartine.	13 juillet.	193
CXLV.	A M. de Lescure.	14 août.	195
CXLVI.	A un compatriote.	30 octobre.	196

1865

CXLVII.	Au prince Napoléon.	29 janvier.	197
CXLVIII.	A M. William Hughes.	13 février.	199
CXLIX.	Au même.	11 mars.	200
CL.	A M. Gustave Revilliod.	27 mars.	201
CLI.	A M. Philarète Chasles.	29 mars.	202
CLII.	Au prince Napoléon.	5 avril.	203
CLIII.	A M. l'abbé Barbe.	23 mai.	207
CLIV.	A M. F. M. Luzel.	28 mai.	208
CLV.	Au même.	9 juillet.	209
CLVI.	Au même.	15 juillet.	210
CLVII.	A M. Félix Delhasse, à Bruxelles.	11 septembre.	211
CLVIII.	A M. Poulet-Malassis.	16 septembre.	213
CLIX.	A M. Paul Verlaine.	19 novembre.	213

1866

CLX.	A un Compatriote.	3 janvier.	215
CLXI.	A M. Chéruel.	26 février.	216
CLXII.	Au même.	14 mars.	217
CLXIII.	A M. William L. Hughes.	19 mars.	218
CLXIV.	A M. Belmontet.	25 mai.	291

			Pages.
CLXV.	A M. Arsène Houssaye.	2 juin.	220
CLXVI.	A Madame d'Agoult	14 juin.	220
CLXVII.	A M. Pierre Pradié, ancien représentant.	8 août.	222
CLXVIII.	A M. Charles Diguet.	25 août.	223
CLIX.	A M. Jules Vallès.	28 août.	224
CLXX.	A M. Adrien Marx.	4 décembre.	226
CLXXI.	A M. Prévost-Paradol.	19 décembre.	228

1867.

CLXXII.	A M. de Lescure.	6 février.	228
CLXXIII.	A M. Émile Zola.	10 février.	229
CLXXIV.	A M. Philibert Soupé, professeur à la faculté des lettres de Lyon.	12 février	231
CLXXV.	A M. Philippe Burty.	26 février.	232
CLXXVI.	A M. Félix Bovet.	16 mars.	232
CLXXVII.	A M. Henry Houssaye.	23 mars.	233
CLXXVIII.	A M. Louis Dépret.	27 mars.	235
CLXXIX.	Au même.	30 mars.	236
CLXXX.	A M. Dubédat, conseiller à la Cour d'appel de Limoges.	2 avril.	237
CLXXXI.	A M. Jules Loiseleur, bibliothécaire de la ville d'Orléans.	19 juin	238
CLXXXII.	A M. Renan.	2 juillet.	239
CLXXXIII.	A MM. les ouvriers typographes, fondateurs de la bibliothèque nationale	3 juillet	240
CLXXXIV.	A des citoyens de Guines en Calaisis.	10 juillet	241
CLXXXV.	A M. Athanase Forest, ancien notaire, membre de l'*Union des Poètes*, à Tours	13 juillet	241
CLXXXVI.	A M. E. Benoist, ancien élève de l'école normale, docteur ès-lettres.	3 août	242

			Pages.
CLXXXVII.	A un caricaturiste.	3 octobre.	244
CLXXXVIII.	A un compatriote.	20 octobre.	244
CLXXXIX.	A M. Renan.	16 novembre.	246
CXC.	A M. Alexandre Hahn.	30 novembre.	246
CXCI.	A M. Durandeau.	4 décembre.	247

1868

CXCII.	Au prince Napoléon.	5 janvier.	248
CXCIII.	A M. Rapetti.	7 janvier.	250
CXCIV.	Au même.	8 janvier.	250
CXCV.	A M. Havin, député, directeur du journal le Siècle	9 janvier.	251
CXCVI.	Au prince Napoléon.	14 janvier.	252
CXCVII.	A M. Louis Viardot.	26 janvier.	252
CXCVIII.	A M. Gustave Revilliod.	30 janvier.	253
CXCIX.	A M. Julien Piogey, avocat	6 février.	254
CC.	A M. Milcent, médecin homœopathe	10 février.	256
CCI.	A M. Arthur de Gravillon	6 mars.	257
CCII.	A M. Jules Richard, rédacteur du Figaro	7 mars.	258
CCIII.	A M. Babaud-Laribière à Villechaise, près Confolens (Charente).	8 mars.	259
CCIV.	A M. Paul Arène.	11 mars.	260
CCV.	A M. Goumy, directeur de la Revue de l'instruction publique	21 mars.	261
CCVI.	A M. Charles Deulin	31 mars.	262
CCVII.	A M. Victor Lambinet, juge, à Versailles.	9 mai	263
CCVIII.	A M. René Fossé-Darcosse, imprimeur-journaliste, à Soissons	9 mai	263
CCIX.	A M. Jules Richard.	11 mai	264

CCX.	A M. Émile Villars, rédacteur de l'*Événement*.	13 mai.	265
CCXI.	A M. Jules Le Sire	14 mai.	266
CCXII.	A M. Frédéric Damé	14 mai.	267
CCXIII.	A M. Duruy	17 mai.	268
CCXIV.	A M. de Saint-Paul.	21 mai.	268
CCXV.	A M. Harrisse	21 mai.	269
CCXVI.	Sur la liberté d'enseignement demandée par les cléricaux.	23 mai.	270
CCXVII.	A un professeur d'allemand, à Colmar.	23 mai.	271
CCXVIII.	A M. Henry Liouville.	24 mai.	272
CCXIX.	A M. A. Burtal	24 mai.	272
CCXX.	A M. René Fossé-Darcosse.	24 mai.	273
CCXXI.	A M. Odysse Barot.	25 mai.	274
CCXXII.	A M. Jules Vallès	25 mai.	274
CCXXIII.	A M. Jean Gay.	26 mai.	275
CCXXIV.	A M. Fischer.	28 mai.	276
CCXXV.	A M. Santallier, à Beaujeu (Rhône)	28 mai.	276
CCXXVI.	A M. de Musgrave Clay, élève en médecine	28 mai.	277
CCXXVII.	A M. Charles Martius.	2 juin.	278
CCXXVIII.	A M. Charles Diguet.	7 juin.	278
CCXXIX.	A M. le baron Leroy, sénateur, préfet de la Seine-Inférieure.	11 juin.	279
CCXXX.	A un compatriote.	15 juin.	280
CCXXXI.	A propos du Christ en croix de Gérôme	19 juin.	280
CCXXXII.	A M. Ernest Renan.	21 juin.	281
CCXXXIII.	A M. Ernest Daudet	23 juin.	282
CCXXXIV.	A ***	26 juin.	283
CCXXXV.	A M. Pierre Boyer	27 juin.	283
CCXXXVI.	A M. Charles Ritter	28 juin.	284
CCXXXVII	A ***	6 juillet.	285
CCXXXVIII	A M. Ernest Allard.	8 juillet.	286
CCXXXIX.	A Théophile Gautier	12 juillet.	287

Pages.

CCXL.	A un président du Tribunal de police correctionnelle.	15 juillet	287
CCXLI.	A M. Joseph Delaroa	16 juillet	288
CCXLII.	A un poète.	17 juillet	289
CCXLIII.	A M. le comte de Circourt.	22 juillet	289
CCXLIV.	A M. Duruy	28 juillet	290
CCXLV.	A M. Prévost-Paradol	30 juillet	291
CCXLVI.	A ***	31 juillet	292
CCXLVII.	A M. Amédée Pommier	3 août	293
CCXLVIII.	A M. Fernand Troubat	3 août	294
CCXLIX.	A M. Philippe Burty	10 août	294
CCL.	A M. Faugère	11 août	295
CCLI.	A Mademoiselle de Senancourt.	12 août	295
CCLII.	A ***	14 août	296
CCLIII.	A M. F.-M. Luzel	18 août	297
CCLIV.	A M. Octave de Parisis, rédacteur du *Gaulois*	26 août	298
CCLV.	A M. Louis Nicolardot	27 août	299
CCLVI.	A M. le docteur Cazin, surveillant de la loge maçonnique de Boulogne-sur-Mer	30 août	300
CCLVII.	A M. Ernest Havet	2 septembre	301
CCLVIII.	A Mme Danglars	4 septembre	302
CCLIX.	A M. de Pongerville	9 septembre	302
CCLX.	A M. Charles Tranchant	9 septembre	303
CCLXI.	A M. le pasteur Maulvault, à Guernesey	15 septembre	304
CCLXII.	A M. Colincamp	20 septembre	306
CCLXIII.	A M. Pérennès	29 septembre	306
CCLXIV.	A ***	8 octobre	307
CCLXV.	A M. Adrien Desprez, rédacteur du journal *le Progrès*, de Lyon.	11 octobre	308
CCLXVI.	A M. l'abbé Moigno	12 octobre	309
CCLXVII.	A M. Ernest Renan	12 octobre	310
CCLXVIII.	A un correcteur de l'imprimerie impériale pour le *Journal des Savants*.	22 octobre	311

TABLE.

			Pages.
CCLXIX.	A ***	23 octobre	312
CCLXX.	A un correcteur de l'imprimerie impériale pour le *Journal des Savants*..	23 octobre	312
CCLXXI.	A M. Honoré Sclafer . .	24 octobre	313
CCLXXII.	A M. E. Du Bois-Reymond	24 octobre	314
CCLXXIII.	A ***	2 novembre	315
CCLXXIV.	A M. Pierre Deschamps.	9 novembre	316
CCLXXV.	A M. Manuel Rodriguez.	10 novembre	317
CCLXXVI.	A M. Charles Aubert. .	17 novembre	319
CCLXXVII.	A ***	20 novembre	320
CCLXXVIII.	A M. Louis Ratisbonne. .	21 novembre	321
CCLXXIX.	A M. Egger	21 novembre	322
CCLXXX.	A ***	22 novembre	322
CCLXXXI.	A M. Lorédan Larchey. .	23 novembre	323
CCLXXXII.	A M. Ernest Renan. . .	30 novembre	324
CCLXXXIII.	A M. Félix Auvillain. . .	2 décembre	325
CCLXXXIV.	A M. Calvert.	2 décembre	326
CCLXXXV.	A M. Tuckermann, à New-York	12 décembre	327
CCLXXXVI.	A M. Ernest Renan. . .	23 décembre.	328
CCLXXXVII.	A M. Paul Foucher. . .	1868 ou 1869	329

1869

CCLXXXVIII.	A M. Cobet.	3 janvier	330
CCLXXXIX.	A M. Émile Délerot . . .	1er février.	331
CCXC.	A M. Conti.	5 février.	331
CCXCI.	A M. William L. Hugues.	19 février.	332
CCXCII.	A M. Parent de Rosan. .	26 février.	333
CCXCIII.	A M. Jules Loiseleur, bibliothécaire de la ville d'Orléans	26 février.	334
CCXCIV.	A M. Nefftzer, rédacteur en chef du *Temps* . .	8 mars	335
CCXCV.	A M. le comte de Circourt.	12 mars	336
CCXCVI.	A M. Émile Délerot. . .	21 mars	337

			Pages.
CCXCVII.	A M. Venceslas	23 mars	338
CCXCVIII.	A un compatriote	28 mars	339
CCXCIX.	A M. Charles Nolet, à Toulouse	4 avril	339
CCC.	A M. Jules Doinel, bibliothécaire à Niort	4 avril	341
CCCI.	A ***	4 avril	341
CCCII.	A M. Buisson, agrégé de philosophie à Neuchâtel (Suisse)	6 avril	342
CCCIII.	A M. Harmant, directeur du Vaudeville	10 avril	344
CCCIV.	A M. Edmond Biré	19 avril	345
CCCV.	A M. Gustave Revilliod	20 avril	346
CCCVI.	A M. Charles Coran	23 avril	347
CCCVII.	A ***	23 avril	348
CCCVIII.	A M. Tétard	5 mai	349
CCCIX.	A M. Charles Ritter	5 mai	349
CCCX.	A M. Valmore	6 mai	350
CCCXI.	A M. ***	14 mai	351
CCCXII.	A M. Jules Doinel	15 mai	352
CCCXIII.	A M. C. Coignet	20 mai	353
CCCXIV.	A M. Charpentier	23 mai	354
CCCXV.	A M. E. Benoist, professeur à la Faculté des lettres de Nancy	16 juin	355
CCCXVI.	Au même	29 juin	357
CCCXVII.	A M. Octave Pirmez	30 juin	359
CCCXVIII.	A M. de Saint-Genis	3 juillet	360
CCCXIX.	A M. E. Benoist, professeur à la Faculté des lettres de Nancy	9 juillet	361
CCCXX.	A M. Louis Ulbach	26 juillet	362
CCCXXI.	A M. le baron Jomini fils à Saint-Pétersbourg	31 juillet	364
CCCXXII.	A M. Gustave Bertrand	10 août	365
CCCXXIII.	A M. E. Benoist, professeur à la faculté des lettres de Nancy	12 août	366

			Pages.
CCCXXIV.	A M. Camille Rousset.	13 août	367
CCCXXV.	A M. Théophile Droz, à Genève.	23 août	368
CCCXXVI.	A M. Prévost-Paradol.	5 septembre.	368
CCCXXVII.	A M. Charles Ritter.	8 septembre.	369
CCCXXVIII.	A M. Prévost-Paradol.	13 septembre	370

LETTRES SANS DATE

I.	A Madame la comtesse Marie d'Agoult		373
II.	A la même.		374
III.			374
IV.	A Charles Baudelaire.	Ce 14	375
V.	A M. Bixio.	Ce samedi	375
VI.	A un correcteur d'imprimerie	Ce 16 janvier.	376
VII.	A M. Delaroa	Ce 8 mars, soir.	377
VIII.	A M. Émile Deschamps.	Jeudi.	378
IX.	A M. Jules Janin	Ce 8 juillet.	379
X.	A M. J. Lechevalier	Ce mardi soir	379
XI.	A M. N. Martin	Ce jeudi	380
XII.	Au même	Ce dimanche soir	381
XIII.	Au même	Vendredi.	381
XIV.	Au même	Ce jeudi	382
XV.	A M. Martinet, de l'Académie des beaux-arts.	Ce 21 octobre.	383
XVI.	A M. Meyer, inspecteur primaire		383
XVII.	A M. Poulet-Malassis.	Ce 11 décembre.	384

		Pages.
XVIII.	A M. F. Pouy, membre de la société des antiquaires de Picardie, à Amiens. *Paris, 29 mai*	385
XIX.	*Ce 5 avril*	386
XX.	*Jeudi, 17.*	386
XXI.	*Ce 18 janvier,*	387
XXII.	*Ce 20*	388

APPENDICE

LETTRE DU PRINCE NAPOLÉON 391

NOUVEAUX OUVRAGES EN VENTE

Format in-8°.

H. DE BALZAC — f. c.
ŒUVRES COMPLÈTES, tome XXIV et dernier. — CORRESPONDANCE.... 7 50

LE FEU DUC DE BROGLIE
LE LIBRE ÉCHANGE ET L'IMPOT. 1 vol. 7 50

VICOMTE D'HAUSSONVILLE
L'ENFANCE A PARIS. 1 vol.......... 7 50

ERNEST HAVET
LE CHRISTIANISME ET SES ORIGINES, tome III. 1 vol................. 7 50

VICTOR HUGO
LE PAPE. 1 vol........................ 4 »
LA PITIÉ SUPRÊME. 1 vol.......... 4 »

A. DE LAMARTINE — f. c.
SAÜL. 1 vol......................... 4 »

CHARLES DE LOVENJOUL
HISTOIRE DES ŒUVRES DE BALZAC, 1 vol............................ 7 50

MERLE D'AUBIGNÉ
HISTOIRE DE LA RÉFORMATION AU TEMPS DE LUTHER. 5 vol....... 37 50

ERNEST RENAN
L'ÉGLISE CHRÉTIENNE. 1 vol....... 7 50

ROTHAN
LA POLITIQUE FRANÇAISE EN 1866. 1 vol............................ 7 50

THIERS
DISCOURS PARLEMENTAIRES. T. I à III. 22 50

Format gr. in-18 à 3 fr. 50 c. le volume.

ÉMILE AUGIER — vol.
THÉÂTRE COMPLET................. 6
ŒUVRES DIVERSES.................. 1

J. AUTRAN
SONNETS CAPRICIEUX................ 1

H. DE BALZAC
CORRESPONDANCE................... 2

***
L'INCONSOLÉE....................... 1

G. BARILLON
UN DRAME EN AMÉRIQUE............. 2

HECTOR BERLIOZ
CORRESPONDANCE INÉDITE........... 1

LOUIS BLANC
DIX ANS DE L'HISTOIRE D'ANGLETERRE. T. I et II.......................... 2

DUC DE BROGLIE
LE SECRET DU ROI................... 2

ÉMILE BURNOUF
LE CATHOLICISME CONTEMPORAIN.... 1

EDOUARD CADOL
LA GRANDE VIE...................... 1

P. DE CASTELLANE
SOUV. DE LA VIE MILITAIRE EN AFRIQUE. 1

H. CAUVAIN
AMOURS BIZARRES................... 1

CHUT !!
SHOCKING !.......................... 1

CUVILLIER-FLEURY
POSTHUMES ET REVENANTS........... 1

E. DIDIER
LA PETITE PRINCESSE................ 1

X. DOUDAN
LETTRES............................ 4

A. DUMAS FILS
ENTR'ACTES......................... 3

O. FEUILLET — vol.
LE JOURNAL D'UNE FEMME........... 1

COMTE D'HAUSSONVILLE
SOUVENIRS ET MÉLANGES............ 1

ARSÈNE HOUSSAYE
DES DESTINÉES DE L'AME............ 1
HISTOIRES ROMANESQUES........... 1

VICTOR HUGO
L'ART D'ÊTRE GRAND-PÈRE.......... 1
LÉGENDE DES SIÈCLES............... 2

EUGÈNE LABICHE
THÉÂTRE COMPLET................... 9

JULIETTE LAMBER
GRECQUE............................ 1

L. DE LOMÉNIE
ESQUISSES HISTORIQUES ET LITTÉRAIRES. 1

MICHELET
INTRODUCTION A L'HISTOIRE UNIVERSELLE 1

J. NORIAC
LE CHEVALIER DE CERNY............. 1
LA COMTESSE DE BRUGES............ 1
LA FALAISE D'HOULGATE............. 1

A. DE PONTMARTIN
NOUVEAUX SAMEDIS. Tome XVII...... 1

VICOMTE RICHARD (O'MONROY)
LE CAPITAINE PARABÈRE............. 1
M. MARS ET M. VÉNUS............... 1

C. A. SAINTE-BEUVE
CORRESPONDANCE................... 2

SAYGÉ
MÉMOIRES DE TANTE GERTRUDE...... 1

E. TEXIER ET LE SENNE
DELBURQ ET Cie..................... 1
MÉMOIRES DE CENDRILLON.......... 1

LOUIS ULBACH
L'ENFANT DE LA MORTE.............. 1

JUAN VALERA
RÉCITS ANDALOUS................... 1

www.ingramcontent.com/pod-product-compliance
Lightning Source LLC
Chambersburg PA
CBHW070608230426
43670CB00010B/1451